Read Greek by Friday

The Gospel of John & 1 John

Ἐν ἀρχῇ
ἦν
ὁ λόγος

with Aids for Translating

Robert H. Smith
Paul Fullmer

WIPF & STOCK PUBLISHERS
EUGENE OREGON

Wipf and Stock Publishers
199 West 8th Avenue
Eugene, Oregon 97401
Www.wipfandstock.com

Read Greek by Friday: The Gospel of John and 1 John
By Robert H. Smith and Paul Fullmer
Copyright © 2005 by Robert H. Smith and Paul Fullmer
ISBN: 1-59752-190-6

The authors gratefully acknowledge express permission to reproduce
the Greek text of the Gospel of John and First John
courtesy of the United Bible Societies.

Table of Contents

It is possible to learn many things about swimming by contemplating a series of photos of people swimming or by practicing strokes while standing on perfectly dry ground. But real swimming and the real joy of swimming come only in the water.

We aim to get students into the water of the Greek New Testament at the earliest possible moment. People learn to read Greek not by reading books about Greek but by reading Greek.

VOLUME 1 in this series gives students a necessary fundamental orientation to the forms of New Testament Greek words and to their relationships in sentences. Even there, however, our focus is from the start on reading Greek sentences. The earliest exercises in that volume consist of translating artificial sentences that we have produced, but very quickly we begin to use sentences taken directly from the New Testament. By the time they have completed the first eight or nine lessons, students are ready to move into the present volume. They know how nouns consist of stems and case endings, and they know the basic meanings of the cases. They understand that a single verb may carry several pieces of information such as these: the verb stem names the action, a prefix may indicate past time, an infix can indicate voice, personal endings identify the doer of the action. And they have had plenty of experience of the fact that in Greek, as an inflected language, word order is far more flexible than in English.

So after Lesson 8 or 9 students are ready to take up the present volume. With it in hand, students move away from the Lessons of VOLUME 1 and begin to focus both in the classroom and in their assignments on reading the real Greek of the Gospel of John.

As they plunge into the first two chapters of John, we ask students to read first an abridged version of the Greek. The abridged version does not alter any noun or verb forms. It simply omits phrases and whole clauses if they contain participles or subjunctives, since these important forms have not yet been part of the students' experience. We treat imperatives and infinitives as well as middle and passive voice a bit differently, allowing most of them to stand in the abridged version and offering brief comments on them in our notes. All of these (especially middle and passive) can be learned with the least amount of pain and confusion in an inductive manner.

But then immediately following each abridged section of Greek text, we offer the unabridged text with additional notes. As they meet participles and subjunctives in the unabridged text, we teach the basics that ewe think students really need to know in the particular verse they are translating. As they continue to read and meet more forms, we respond to their questions and refer them to the relevant chapter of VOLUME 1. But the dominant text is the Gospel of John itself and not the textbook.

We do not think that students need to master every point of grammar before being released into the Greek text of John. By reading John in Greek, they will constantly be reviewing the grammar they know, and they will be introduced to new material, appropriate and useful for the task of reading John's Greek.

Nothing is more tiresome or dispiriting than having to look up every other Greek word in a dictionary, even one as user-friendly as the Concise Greek-English Dictionary prepared by Barclay Newman. Students will get practice using that dictionary and others also, but in our "Aids to Translating and Parsing" we offer help with vocabulary and points of grammar. We try to avoid offering too much information. Students need to wrestle with case and number of nouns and with tense, voice and mood of verbs. We do of course identify odd or otherwise difficult forms. But we expect students to develop their vocabulary and their understanding of the workings of the language gradually and steadily in the process of reading. As they move farther into the Gospel of John, they need out notes and helps less and less.

Our goals for this volume will be met as students experience the joy of reading the New Testament in Greek and as they begin to develop habits that they will carry with them long after the conclusion to this course.

Robert H. Smith
Christ Seminary—Seminex Professor of New Testament at
Pacific Lutheran Theological Seminary
Berkeley, California

Paul Fullmer
Ph. D. Candidate at
The Graduate Theological Union
Berkeley, California

January 2013

This revised edition, inspired by the memory of Robert Smith, was made possible by the careful readings of Profs. Gary Pence and Everett Kalin, both at Pacific Lutheran Theological Seminary. Thank you all!

Rev. Paul M. Fullmer, Ph.D.
Lebanon Valley College
Annville, Pennsylvania

Part One: Selections from The Gospel of John

¹ ἐν ἀρχῇ ἦν ὁ λόγος, καὶ ὁ λόγος ἦν πρὸς τὸν θεόν, καὶ θεὸς ἦν ὁ λόγος.
² οὗτος ἦν ἐν ἀρχῇ πρὸς τὸν θεόν. ³ πάντα δι' αὐτοῦ ἐγένετο, καὶ χωρὶς αὐτοῦ ἐγένετο οὐδὲ ἕν. ⁴ ἐν αὐτῷ ζωὴ ἦν, καὶ ἡ ζωὴ ἦν τὸ φῶς τῶν ἀνθρώπων. ⁵ καὶ τὸ φῶς ἐν τῇ σκοτίᾳ φαίνει, καὶ ἡ σκοτία αὐτὸ οὐ κατέλαβεν. ⁶ ἐγένετο ἄνθρωπος... ὄνομα αὐτῷ Ἰωάννης. ⁷ οὗτος ἦλθεν εἰς μαρτυρίαν ... περὶ τοῦ φωτός. ⁸ οὐκ ἦν ἐκεῖνος τὸ φῶς... ⁹⁻¹⁰ τὸ φῶς... ἐν τῷ κόσμῳ ἦν, καὶ ὁ κόσμος δι' αὐτοῦ ἐγένετο, καὶ ὁ κόσμος αὐτὸν οὐκ ἔγνω.

AIDS TO PARSING AND TRANSLATING

¹ **πρός**   usually "towards," but here "with"

   θεὸς ἦν ὁ λόγος.   λόγος has the definite article and is the subject; θεός without the definite article is a comment on λόγος.

² **οὗτος**   "this," referring to ὁ λόγος

³ **πάντα**   is the neuter plural of an extremely important adjective, πᾶς, πᾶσα, πᾶν, meaning "every, the whole, all" (as "*pan*theon"). πᾶς, πᾶσα, πᾶν is a 3-1-3 adjective. As a neuter plural, πάντα means "all things."

   δι' αὐτοῦ   διά with genitive: "through, by means of"

   ἐγένετο   The *augment* indicates that this word is a past tense. The *stem* is not the same as the present tense, so the verb is *not* imperfect, but aorist. γίνομαι means "I come into being, become, happen" (as English "genesis").

1. Present Active	2. Future Active	3. Aorist Active	4. Perfect Active	5. Perfect Middle	6. Aorist Passive
γίνομαι	γενήσομαι	**ἐγενόμην**	γέγονα	γεγένημαι	ἐγενήθην

   ἐγένετο is the third singular, yet translate "*they* came into being." The verb is singular rather than plural because *neuter plural subjects* (as πάντα) *take a singular verb.*

   χωρίς   "without"

   οὐδέ   a combination of οὐ and δέ meaning "not even"

   ἕν   nominative neuter εἷς, μία ἕν "one" This is a 3-1-3 word:

		M (3)	F (1)	N (3)
S i n g u l a r	N	εἷς	μία	**ἕν**
	G	ἑνός	μιᾶς	ἑνός
	D	ἑνί	μιᾷ	ἑνί
	A	ἕνα	μίαν	ἕν

⁴ **φῶς**   φῶς, φωτός τό "light" (as "*phot*ography")

⁵ **κατέλαβεν**   a compound of λαμβάνω "I master, comprehend, get hold of"

λαμβάνω	λήμψομαι	**ἔλαβον**	εἴληφα	εἴλημμαι	ἐλήμφθην

   The augment indicates past tense. The stem change indicates that the verb is aorist.

⁶ **ὄνομα**   ὄνομα, ὀνόματος τό "name" (as "syn*onym*") Literalistically, "John name to him," that is, "John was his name." A common way of expressing possession in Greek is to combine a form of the verb "to be" (εἰμί) with the dative of the "possessor": "was to him (= his), is to her (= hers), will be to them (= theirs)." In this text, as often, the verb "to be" is implied.

⁷ **ἦλθεν**   ἔρχομαι "I come, go"

ἔρχομαι	ἐλεύσομαι	**ἦλθον**	ἐλήλυθα	---	---

   εἰς μαρτυρίαν   Here εἰς means "for the purpose of," perhaps as slang: "John was into testimony."

¹⁰ **ἔγνω**   γινώσκω "I know" (as "Gnostic, agnostic, diagnosis, know")

γινώσκω	γνώσομαι	**ἔγνων**	ἔγνωκα	ἔγνωσμαι	ἐγνώσθην

Once you've read the abridged version on the facing page, read the full, unabridged text of John's Prologue (John 1:1-18) on this side of the page.

¹ Ἐν ἀρχῇ ἦν ὁ λόγος, καὶ ὁ λόγος ἦν πρὸς τὸν θεόν, καὶ θεὸς ἦν ὁ λόγος. ² οὗτος ἦν ἐν ἀρχῇ πρὸς τὸν θεόν. ³ πάντα δι᾽ αὐτοῦ ἐγένετο, καὶ χωρὶς αὐτοῦ ἐγένετο οὐδὲ ἕν. ὃ γέγονεν ⁴ ἐν αὐτῷ ζωὴ ἦν, καὶ ἡ ζωὴ ἦν τὸ φῶς τῶν ἀνθρώπων· ⁵ καὶ τὸ φῶς ἐν τῇ σκοτίᾳ φαίνει, καὶ ἡ σκοτία αὐτὸ οὐ κατέλαβεν. ⁶ Ἐγένετο ἄνθρωπος ἀπεσταλμένος παρὰ θεοῦ, ὄνομα αὐτῷ Ἰωάννης· ⁷ οὗτος ἦλθεν εἰς μαρτυρίαν, ἵνα μαρτυρήσῃ περὶ τοῦ φωτός, ἵνα πάντες πιστεύσωσιν δι᾽ αὐτοῦ. ⁸ οὐκ ἦν ἐκεῖνος τὸ φῶς, ἀλλ᾽ ἵνα μαρτυρήσῃ περὶ τοῦ φωτός. ⁹ ἦν τὸ φῶς τὸ ἀληθινόν, ὃ φωτίζει πάντα ἄνθρωπον, ἐρχόμενον εἰς τὸν κόσμον. ¹⁰ ἐν τῷ κόσμῳ ἦν, καὶ ὁ κόσμος δι᾽ αὐτοῦ ἐγένετο, καὶ ὁ κόσμος αὐτὸν οὐκ ἔγνω.

---

³ **ὃ**   neuter relative pronoun: "that which."

   γέγονεν   γίνομαι   "I become, happen"   See the principal parts on page 2.

⁶ **ἀπεσταλμένος**   ἀποστέλλω "I send"   (Compare "apostle.")

1. Present Active	2. Future Active	3. Aorist Active	4. Perfect Active	5. Perfect Middle	6. Aorist Passive
ἀποστέλλω	ἀποστελῶ	ἀπέστειλα	**ἀπέσταλκα**	ἀπέσταλμαι	ἀπεστάλην

Remember: "-μενος means middle/passive participle." The epsilon (ε) is not an augment, since participles do not have augments. It is a form of reduplication, so this is a perfect middle/passive participle.

⁷ **ἵνα**   regularly introduces a purpose clause ("in order that") with verb in the subjunctive (marked by lengthened personal endings, as -ῃ for -ει in the following verb, μαρτυρήσῃ).

   μαρτυρήσῃ   μαρτυρέω "I witness"

μαρτυρέω	μαρτυρήσω	**ἐμαρτύρησα**	μεμαρτύρηκα	μεμαρτύρημαι	ἐμαρτυρήθην

This is an aorist *subjunctive* verb. There is no epsilon augment (ε) because augments occur only in the *indicative* mood.

   περί   "about" or "concerning."

   πάντες nominative *masculine* plural πᾶς, πᾶσα, πᾶν "all (*people*)." Compare neuter πάντα in 1:3.

   πιστεύσωσιν   πιστεύω "I believe"

πιστεύω	πιστεύσω	**ἐπίστευσα**	πεπίστευκα	πεπίστευμαι	ἐπιστεύθην

The lengthened ending -ωσιν (as well as the accompanying ἵνα) indicate that the verb is *subjunctive*. So, the initial sigma in πιστεύσωσιν is not a sign of the future but of the aorist. (Remember, there are no augments outside of the indicative.) Like μαρτυρήσῃ, above, this is another aorist subjunctive verb.

⁸ **μαρτυρήσῃ**   See note on verse 7.

⁹ **ἦν... ἐρχόμενον**   The verb "I am" and the participle together constitute what grammarians call a "periphrastic verb." Translate "was coming."

   τὸ φῶς τὸ ἀληθινόν   does *not* mean "the light is true." That would be written as follows: τὸ φῶς ἀληθινόν or ἀληθινὸν τὸ φῶς, without an article before the adjective. Rather, the text says "the true light" because the sequence is *article / noun / article / adjective*. The author might also have written in the sequence ***article/ adjective/** noun,* τὸ ἀληθινὸν φῶς to express the same meaning.

   πάντα ἄνθρωπον   Although the endings look different from one another, both words are accusative singular masculine: πάντα is a third declension word, and ἄνθρωπον is second declension. Translate "every person."

^{11}εἰς τὰ ἴδια ἦλθεν, καὶ οἱ ἴδιοι αὐτὸν οὐ παρέλαβον. ^{12}ὅσοι δὲ ἔλαβον αὐτόν, ἔδωκεν αὐτοῖς ἐξουσίαν τέκνα θεοῦ γενέσθαι... ^{13}οἳ οὐκ ἐξ αἱμάτων οὐδὲ ἐκ θελήματος σαρκὸς οὐδὲ ἐκ θελήματος ἀνδρὸς ἀλλ' ἐκ θεοῦ ἐγεννήθησαν. ^{14}καὶ ὁ λόγος σὰρξ ἐγένετο, καὶ ἐσκήνωσεν ἐν ἡμῖν, καὶ ἐθεασάμεθα τὴν δόξαν αὐτοῦ, δόξαν ὡς μονογενοῦς παρὰ πατρός, πλήρης χάριτος καὶ ἀληθείας. ^{15}Ἰωάννης μαρτυρεῖ περὶ αὐτοῦ καὶ κέκραγεν. ^{16}ἐκ τοῦ πληρώματος αὐτοῦ ἡμεῖς πάντες ἐλάβομεν χάριν.... ^{17}ὁ νόμος διὰ Μωϋσέως ἐδόθη, ἡ χάρις καὶ ἡ ἀλήθεια διὰ Ἰησοῦ Χριστοῦ ἐγένετο. ^{18}θεὸν οὐδεὶς ἑώρακεν πώποτε. ἐκεῖνος ἐξηγήσατο.

---

^{11} **τὰ ἴδια** ἴδιος, -α, ον "one's own" This *neuter* plural means "his own (*things*)," but here "his own (home)."

οἱ ἴδιοι *Masculine* plural means "his own (*people*)."

παρέλαβον Another compound of λαμβάνω meaning "I receive, accept, welcome" See 1:5.

^{12} **ὅσοι** ὅσος, -η, -ον "as much as, as many as"

ἔλαβον See 1:5.

ἔδωκεν is from δίδωμι ("I give"), one of the most common verbs in the New Testament.

1. Present Active	2. Future Active	3. Aorist Active	4. Perfect Active	5. Perfect Middle	6. Aorist Passive
δίδωμι	δώσω	**ἔδωκα**	δέδωκα	δέδομαι	ἐδόθην

γενέσθαι aorist infinitive γίνομαι "I become" See the principal parts on the facing page.

^{13} **αἱμάτων** αἷμα, αἵματος, τό "blood" (as "*hema*tology")

θελήματος θέλημα, θελήματος τό "will, desire"

σαρκός σάρξ, σαρκός ἡ "flesh" (as "*sarco*phagus")

ἀνδρός ἀνήρ, ἀνδρός ὁ "man (male), husband" (as "*andro*centric")

ἐγεννήθησαν γεννάω "I bear or beget (a child)." The verb is a cognate of γίνομαι. The -θη- infix indicates aorist passive. Translate "they were born."

^{14} **σάρξ** See 1:13.

ἐσκήνωσεν σκηνόω "I dwell" is a cognate of σκηνή ("tent, tabernacle;" as English "scenery").

ἐθεασάμεθα θεάομαι "I see, behold" A deponent verb: translate "we saw."

ὡς "as"

μονογενοῦς genitive singular of a third declension adjective μονογενής, -ές. Initial (literalistic) translation: "of a one-of-a-kind person."

παρά with the genitive means "from (alongside)"

πατρός πατήρ, πατρός ὁ "father" (as "*patr*iarch").

πλήρης nominative singular πλήρης, -ες "full" This word is another third declension adjective like μονογενής above.

χάριτος genitive singular χάρις, χάριτος ἡ "grace."

^{15} **κέκραγεν** κράζω "I cry out"

^{16} **πληρώματος** πλήρωμα, πληρώματος τό "fullness" (as com*ple*te), related to πλήρης (see 1:14).

^{17} **ἐδόθη** See 1:12.

Μωϋσέως Μωϋσῆς, Μωϋσέως, Μωϋσεῖ (rarely –ῆ), Μωϋσῆν (Μωϋσέα in Luke 19:26) "Moses"

^{18} **οὐδείς** οὐδέ ("not") + εἷς ("one") => "no one" See 1:3.

ἑώρακεν ὁράω "I see"

ὁράω	ὄψομαι	εἶδον	**ἑώρακα**	ἑώραμαι	ὤφθην

πώποτε "ever"

ἐξηγήσατο ἐξηγέομαι "I explain, make known" (as "exegesis"). This verb is in the middle voice. Translate as active: "made known."

4

¹¹ εἰς τὰ ἴδια ἦλθεν, καὶ οἱ ἴδιοι αὐτὸν οὐ παρέλαβον. ¹² ὅσοι δὲ ἔλαβον αὐτόν, ἔδωκεν αὐτοῖς ἐξουσίαν τέκνα θεοῦ γενέσθαι, τοῖς πιστεύουσιν εἰς τὸ ὄνομα αὐτοῦ. ¹³ οἳ οὐκ ἐξ αἱμάτων οὐδὲ ἐκ θελήματος σαρκὸς οὐδὲ ἐκ θελήματος ἀνδρὸς ἀλλ' ἐκ θεοῦ ἐγεννήθησαν. ¹⁴ καὶ ὁ λόγος σὰρξ ἐγένετο καὶ ἐσκήνωσεν ἐν ἡμῖν, καὶ ἐθεασάμεθα τὴν δόξαν αὐτοῦ, δόξαν ὡς μονογενοῦς παρὰ πατρός, πλήρης χάριτος καὶ ἀληθείας. ¹⁵ Ἰωάννης μαρτυρεῖ περὶ αὐτοῦ καὶ κέκραγεν λέγων, Οὗτος ἦν ὃν εἶπον, Ὁ ὀπίσω μου ἐρχόμενος ἔμπροσθέν μου γέγονεν, ὅτι πρῶτός μου ἦν. ¹⁶ ὅτι ἐκ τοῦ πληρώματος αὐτοῦ ἡμεῖς πάντες ἐλάβομεν καὶ χάριν ἀντὶ χάριτος· ¹⁷ ὅτι ὁ νόμος διὰ Μωϋσέως ἐδόθη, ἡ χάρις καὶ ἡ ἀλήθεια διὰ Ἰησοῦ Χριστοῦ ἐγένετο. ¹⁸ θεὸν οὐδεὶς ἑώρακεν πώποτε· μονογενὴς θεὸς ὁ ὢν εἰς τὸν κόλπον τοῦ πατρὸς ἐκεῖνος ἐξηγήσατο.

---

¹² **πιστεύουσιν**   All by itself, this word could be read as the third plural of the present tense: "they believe." But here the definite article precedes the word: τοῖς πιστεύουσιν. This article, in the dative plural, is our hint that πιστεύουσιν in this context is in fact a participle in the dative plural. It is a contracted form of πιστεύο**ντ**σιν. The dative plural in the third declension frequently contracts by eliminating the expected (yet orally cumbersome) -ντ-.

¹⁵ **λέγων**   λέγω   "I say"   All genitive plurals are -ων, but not all -ων's are genitive plural; if a word that ends in -ων is not genitive plural, it is most likely masculine singular nominative *participle*." You will encounter very few exceptions to this rule.

ὃν εἶπον   ὃν is a relative pronoun (accusative singular masculine; "who, which"). Translate "whom I spoke-about" or "of whom I spoke or said."

Ὁ ὀπίσω μου ἐρχομενος   The chief words are the definite article and the participle: ὁ ἐρχόμενος. So, "the after-me coming (person)" becomes "the (person) coming after me."

ἔμπροσθέν μου   The opposite of ὀπίσω μου.

γέγονεν   γίνομαι   "I become, happen"   See the principal parts at 1:3.

ὅτι πρῶτός μου ἦν   is a difficult phrase. It might be (over-)literally translated "because first [compared with] me he [always] was." Here the word μου is the "genitive of comparison" and is ordinarily used after the comparative form of the adjective, for example "faster *than* I." Rather, the words "*than I*" are indicated simply by the genitive of the pronoun, μου.

¹⁶ **καὶ χάριν ἀντὶ χάριτος**   "even grace [accusative] upon grace [genitive]," signifying "one grace after another." See 1:14.

¹⁸ **θεόν**   The direct object for the second part of the sentence.

μονογενής   nominative singular form of a third declension adjective meaning "unique." Here it is substantival, that is, functioning as a noun, "unique [one]." See 1:14.

ὁ ὢν   A participle of the verb εἰμί "I am"   Translate "the being one." But then take the whole phrase as a unit: "the being-in-the-lap-of-the-father [one]."

θεόν   So, the second part of this sentence reads: "the unique [one], God, the being-in-the-lap-of-the-father [one], that [one] revealed" ... whom? θεόν, the first word in the whole sentence. This is an exceptionally difficult sentence. The ancient scribes also had trouble with it as the many variant readings in the fourth edition of the *Greek New Testament* of the United Bible Societies indicate.

¹⁹καὶ αὕτη ἐστὶν ἡ μαρτυρία τοῦ Ἰωάννου, ὅτε ἀπέστειλαν πρὸς αὐτὸν
οἱ Ἰουδαῖοι ἐξ Ἰεροσολύμων ἱερεῖς καὶ Λευίτας. ²⁰καὶ ὡμολόγησεν καὶ
οὐκ ἠρνήσατο, καὶ ὡμολόγησεν ὅτι Ἐγὼ οὐκ εἰμὶ ὁ Χριστός.
²¹καὶ ἠρώτησαν αὐτόν, τί οὖν; Σὺ Ἠλίας εἶ; καὶ λέγει, Οὐκ εἰμί.
Ὁ προφήτης εἶ σύ; καὶ ἀπεκρίθη, Οὔ. ²²εἶπαν οὖν αὐτῷ, Τίς εἶ...;
Τί λέγεις περὶ σεαυτοῦ; ²³ἔφη, Ἐγὼ φωνὴ... ἐν τῇ ἐρήμῳ.... καθὼς εἶπεν
Ἠσαΐας ὁ προφήτης. εὐθύνατε τὴν ὁδὸν κυρίου.... ²⁴καὶ (αὐτοὶ) ἦσαν
ἐκ τῶν Φαρισαίων. ²⁵καὶ ἠρώτησαν αὐτὸν καὶ εἶπαν αὐτῷ, Τί οὖν
βαπτίζεις εἰ σὺ οὐκ εἶ ὁ Χριστὸς οὐδὲ Ἠλίας οὐδὲ ὁ προφήτης;
²⁶ἀπεκρίθη αὐτοῖς ὁ Ἰωάννης λέγων, Ἐγὼ βαπτίζω ἐν ὕδατι. μέσος ὑμῶν

AIDS TO PARSING AND TRANSLATING

¹⁹ **ἀπέστειλαν** ἀποστέλλω "I send"   See the principal parts at 1:6.

ἱερεῖς accusative plural ἱερεύς, ἱερέως ὁ "priest" (as "*hier*archy")

Λευίτας accusative plural Λευίτης, Λευίτου ὁ "Levite"

²⁰ **ὡμολόγησεν** Three verbs in the next two verses have a lengthened initial vowel as an augment. This verb is the first: ὁμολογέω, meaning "I confess."

ἠρνήσατο ἀρνέομαι (deponent) "I deny"

1. Present Active	2. Future Active	3. Aorist Active	4. Perfect Active	5. Perfect Middle	6. Aorist Passive
ἀρνέομαι	ἀρνήσομαι	ἠρνησάμην	---	ἤρνημαι	---

²¹ **ἠρώτησαν** is the third verb in a row with a lengthened initial vowel as augment. ἐρωτάω "I ask"

ἐρωτάω	ἐρωτήσω	**ἠρώτησα**	ἠρώτηκα	ἠρώτημαι	ἠρωτήθην

τί an *interrogative pronoun* in the third declension. This form is *neuter* singular nominative: translate "what?"

ἀπεκρίθη ἀποκρίνω "I answer"

ἀποκρίνομαι	ἀποκρινῶ	ἀπεκρινάμην	---	---	**ἀπεκρίθην**

Translate this form as a deponent, that is, with an active voice ("I ask") despite the passive form (*not* "I was asked"). You will see this verb often: it occurs 79 times in John alone.

²² **εἶπαν** is an alternate form of εἶπον ("they said").

τίς nominative singular *masculine* of the interrogative pronoun: translate "who?" See 1:21.

τί See 1:21.

σεαυτοῦ is a *reflexive pronoun* of the second singular ("yourself"). Note the elements σε + αὐτοῦ.

²³ **ἔφη** φημί "I say, speak" (as "blas*phe*me, pro*phet*"). Translate "he said."

εὐθύνατε is not indicative or subjunctive, but rather an aorist *imperative* form of the verb. Note the -ατε ending, which indicates second person plural. That kind of ending is common in imperatives, since they are often *commands* to do something: "You, make straight...!"

²⁵ **τί** Here translate as "why?" Probably short for διὰ τί, "on account of what?" = "why?"

²⁶ **λέγων** nominative singular masculine form of an active participle meaning "saying." Notice that it does not function in the sentence as a genitive plural: "All genitive plurals are -ων, but not all -ων's are genitive plural; if the -ων is not genitive plural, it is almost certainly a nominative singular masculine *participle*." This participle agrees with ὁ Ἰωάννης in case, number, and gender.

ὕδατι ὕδωρ, ὕδατος τό "water" (as "hydra, hydrant, hydraulic")

μέσος ὑμῶν "in the midst of you"

¹⁹ καὶ αὕτη ἐστὶν ἡ μαρτυρία τοῦ Ἰωάννου, ὅτε ἀπέστειλαν [πρὸς αὐτὸν] οἱ Ἰουδαῖοι ἐξ Ἱεροσολύμων ἱερεῖς καὶ Λευίτας ἵνα ἐρωτήσωσιν αὐτόν, Σὺ τίς εἶ; ²⁰ καὶ ὡμολόγησεν καὶ οὐκ ἠρνήσατο, καὶ ὡμολόγησεν ὅτι Ἐγὼ οὐκ εἰμὶ ὁ Χριστὸς. ²¹ καὶ ἠρώτησαν αὐτόν, Τί οὖν; Σύ Ἡλίας εἶ; καὶ λέγει, Οὐκ εἰμί. Ὁ προφήτης εἶ σύ; καὶ ἀπεκρίθη, Οὔ. ²² εἶπαν οὖν αὐτῷ, Τίς εἶ; ἵνα ἀπόκρισιν δῶμεν τοῖς πέμψασιν ἡμᾶς· τί λέγεις περὶ σεαυτοῦ; ²³ ἔφη, Ἐγὼ φωνὴ βοῶντος ἐν τῇ ἐρήμῳ, Εὐθύνατε τὴν ὁδὸν κυρίου, καθὼς εἶπεν Ἡσαΐας ὁ προφήτης. ²⁴ καὶ ἀπεσταλμένοι ἦσαν ἐκ τῶν Φαρισαίων. ²⁵ καὶ ἠρώτησαν αὐτὸν καὶ εἶπαν αὐτῷ, Τί οὖν βαπτίζεις εἰ σύ οὐκ εἶ ὁ Χριστὸς οὐδὲ Ἡλίας οὐδὲ ὁ προφήτης; ²⁶ ἀπεκρίθη αὐτοῖς ὁ Ἰωάννης λέγων, Ἐγὼ βαπτίζω ἐν ὕδατι· μέσος ὑμῶν

---

¹⁹ **ἵνα ἐρωτήσωσιν αὐτόν**   ἐρωτάω   "I ask" See the principal parts on the facing page (1:21). Compare this purpose statement with the ἵνα clauses in verses 7 and 8.

τίς   and τί are words that pepper this dialogue. Keep in mind that τίς is a personal form (masculine or feminine) and τί is neuter. At the beginning of many questions, τί is often be translated "why?" See 1:25.

²² **ἀπόκρισιν**   accusative singular ἀπόκρισις, ἀποκρισέως ἡ "answer."

δῶμεν   aorist subjunctive   δίδωμι   "I give." Remember that the verbal roots -δο- and -δω- mean "give." See the principal parts at 1:12.

τοῖς πέμψασιν   πέμπω   "I send" Compare τοῖς πιστεύουσιν in 1:13. Note, however, the aorist tense indicator in this word (-σα). The verb πέμπω means "I send." It is a synonym of ἀποστέλλω.

1. Present Active	2. Future Active	3. Aorist Active	4. Perfect Active	5. Perfect Middle	6. Aorist Passive
πέμπω	πέμψω	ἔπεμψα	πέπομφα	πέπεμμαι	ἐπέμφθην

²³ **βοῶντος**   The -ντ- infix indicates that this word is most likely an active participle. Pay attention to *gender* and *case* as you translate this word. The verb here is βοάω, meaning "I cry out, shout."

²⁴ **ἀπεσταλμένοι**   ἀποστέλλω   "I send" See ἀπεσταλμένος at 1:6. Here the participle functions as part of a periphrastic verb. Locate the form of the verb εἰμί that functions periphrastically with this participle.

²⁵ **εἰ**   εἰμί "I am" At this point in the passage, you are confident in your translation of the verb εἶ (in 1:19, 21 [2x], 22). Be certain to note the minor but crucial difference between εἰ and εἶ in 1:25.

ἕστηκεν ὃν ὑμεῖς οὐκ οἴδατε, ²⁷οὗ οὐκ εἰμὶ ἄξιος.... ²⁸ταῦτα ἐν Βηθανίᾳ ἐγένετο πέραν τοῦ Ἰορδάνου.... ²⁹τῇ ἐπαύριον βλέπει τὸν Ἰησοῦν... καὶ λέγει, Ἴδε ὁ ἀμνὸς τοῦ θεοῦ... ³⁰οὗτός ἐστιν ὑπὲρ οὗ ἐγὼ εἶπον, Ὀπίσω μου ἔρχεται ἀνὴρ ὃς ἔμπροσθέν μου γέγονεν, ὅτι πρῶτός μου ἦν. ³¹κἀγὼ οὐκ ᾔδειν αὐτόν.... ³²καὶ ἐμαρτύρησεν Ἰωάννης λέγων ὅτι Τεθέαμαι τὸ πνεῦμα καταβαῖνον ὡς περιστερὰν ἐξ οὐρανοῦ καὶ ἔμεινεν ἐπ᾽ αὐτόν. ³³κἀγὼ οὐκ ᾔδειν αὐτόν.... οὗτός ἐστιν ὁ βαπτίζων ἐν πνεύματι ἁγίῳ. ³⁴κἀγὼ ἑώρακα καὶ μεμαρτύρηκα ὅτι οὗτός ἐστιν ὁ υἱὸς τοῦ θεοῦ.

---

²⁶ **ἕστηκεν** ἵστημι "I stand"

1. Present Active	2. Future Active	3. Aorist Active	4. Perfect Active	5. Perfect Middle	6. Aorist Passive
ἵστημι	στήσω	ἔστησα/ἔστην	**ἕστηκα**	ἕσταμαι	ἐστάθην

Like δίδωμι ("give," 1:12,) and φημί ("say," 1:23), ἵστημι is a "μι-Verb." It is helpful to remember their roots: δω-/δο- ("give"), φη-/φα- ("say"), and here στη-/στα- ("stand"). The perfect tense of ἵστημι (as here) is translated as though present: "stands."

οἶδα is the perfect of the stem ἰδ- meaning "know" or "see" (as "video").

---	---	---	οἶδα	---	---

Note: As with ἵστημι (above), the perfect of οἶδα is translated as though present ("I know").

²⁷ **οὗ οὐκ** Watch those breathing marks: one of these two words is a *relative pronoun*.

οὗ οὐκ εἰμὶ ἄξιος Note in particular the relative pronoun: "of whom I am not worthy."

²⁸ **ταῦτα... ἐγένετο** Note again that the neuter plural subject (ταῦτα) appears with a verb in the singular (ἐγένετο). (See also 1:3.) This is ordinary Greek usage.

πέραν "across"

²⁹ **τῇ ἐπαύριον** "on the next day" The article stands in for the noun "day": τῇ ἡμέρᾳ This common expression occurs two more times in this chapter (see 1:35, 43).

ἴδε "look!" (Here not an imperative, but an interjection.)

³⁰ **ὑπέρ** "concerning"

πρῶτός μου ἦν See 1:15 regarding μου as the genitive of comparison.

³¹ **κἀγώ** is a contraction of καί and ἐγώ. This "crasis" (mingling) of the two words is marked by the "coronis" (hook) above the alpha (ἀ; see Smyth 62). (When it is preceded by a consonant, this mark is not a breathing mark.)

ᾔδειν is the *pluperfect* of οἶδα (the root εἰδ- augments to ᾔδ-). Whereas οἶδα (the perfect) means "I know," and **ᾔδειν** (pluperfect) means simply "I knew." See note at 1:26.

³² **λέγων** *not* a genitive plural, but the nominative masculine singular of a participle. See 1:15 and 26.

Τεθέαμαι Verbs with initial theta have an unaspirated reduplication. θεάομαι "I see"

θεάομαι	θεάσομαι	ἐθεασάμην	---	τεθέαμαι	ἐθεάθην

πνεῦμα is one of several third declension neuter nouns with a similar set of endings: πνεῦμα, πνεύματος τό ("spirit"), etc. Other nouns of this type encountered so far include ὄνομα ("name," 1:6), αἷμα ("blood," 1:13), θέλημα ("will," 1:13), and πλήρωμα ("fullness," 1:16).

καταβαῖνον is a present active participle agreeing with πνεῦμα; it is nominative singular *neuter*.

ἔμεινεν is an aorist form of the verb μένω meaning "I remain, abide." Note the stem change: "liquids (ν here) don't like sigmas."

μένω	μενῶ	ἔμεινα	μεμένηκα	---	---

³⁴ **ἑώρακα** ὁράω "I see" See the principal parts at 1:18.

ἕστηκεν ὃν ὑμεῖς οὐκ οἴδατε, ²⁷ ὁ ὀπίσω μου ἐρχόμενος, οὗ οὐκ εἰμὶ ἐγὼ
ἄξιος ἵνα λύσω αὐτοῦ τὸν ἱμάντα τοῦ ὑποδήματος. ²⁸ ταῦτα ἐν Βηθανίᾳ
ἐγένετο πέραν τοῦ Ἰορδάνου, ὅπου ἦν ὁ Ἰωάννης βαπτίζων. ²⁹ τῇ ἐπαύριον
βλέπει τὸν Ἰησοῦν ἐρχόμενον πρὸς αὐτὸν καὶ λέγει, Ἴδε ὁ ἀμνὸς τοῦ θεοῦ
ὁ αἴρων τὴν ἁμαρτίαν τοῦ κόσμου. ³⁰ οὗτός ἐστιν ὑπὲρ οὗ ἐγὼ εἶπον,
Ὀπίσω μου ἔρχεται ἀνὴρ ὃς ἔμπροσθέν μου γέγονεν, ὅτι πρῶτός μου ἦν.
³¹ κἀγὼ οὐκ ᾔδειν αὐτόν, ἀλλ' ἵνα φανερωθῇ τῷ Ἰσραὴλ διὰ τοῦτο ἦλθον
ἐγὼ ἐν ὕδατι βαπτίζων. ³² καὶ ἐμαρτύρησεν Ἰωάννης λέγων ὅτι Τεθέαμαι τὸ
πνεῦμα καταβαῖνον ὡς περιστερὰν ἐξ οὐρανοῦ καὶ ἔμεινεν ἐπ' αὐτόν.
³³ κἀγὼ οὐκ ᾔδειν αὐτόν, ἀλλ' ὁ πέμψας με βαπτίζειν ἐν ὕδατι ἐκεῖνος
μοι εἶπεν, Ἐφ' ὃν ἂν ἴδῃς τὸ πνεῦμα καταβαῖνον καὶ μένον ἐπ' αὐτόν,
οὗτός ἐστιν ὁ βαπτίζων ἐν πνεύματι ἁγίῳ. ³⁴ κἀγὼ ἑώρακα, καὶ
μεμαρτύρηκα ὅτι οὗτός ἐστιν ὁ υἱὸς τοῦ θεοῦ.

---

²⁷ **ἵνα λύσω**   The presence of the word ἵνα indicates that λύσω "I break" is not future but aorist subjunctive.
ἱμάντα   accusative singular ἱμάς, ἱμάντος ὁ "strap"
ὑποδήματος   genitive singular ὑπόδημα, ὑποδήματος τό "sandal"
²⁸ **ὅπου**   "where"
ἦν... βαπτίζων   βαπτίζω "I baptize"   Instead of ἐβάπτιζεν, we have the verb "to be" in the past tense with the present participle. This is another "periphrastic" expression of a verb.
²⁹ **ἐρχόμενον**   ἔρχομαι "I come"   See the principal parts at 1:7. Recall that "-μενος means middle or passive participle."
ὁ αἴρων   is not a genitive plural noun, but the masculine singular nominative participle of the verb αἴρω meaning "take, remove, destroy." So this expression means "the destroying or removing (person)" or "the (one) destroying."
³¹ **φανερωθῇ**   φανερόω "I reveal"

1. Present Active	2. Future Active	3. Aorist Active	4. Perfect Active	5. Perfect Middle	6. Aorist Passive
φανερόω	φανερώσω	ἐφανέρωσα	πεφανέρωκα	πεφανέρωμαι	ἐφανερώθην

The -θη- infix indicates that the form is aorist passive and the lengthened personal ending -ῃ indicates the 3ʳᵈ singular subjunctive (lengthened -ει). Of course, we expect a subjunctive because this verb follows ἵνα.
³³ **ὁ πέμψας**   πέμπω   "I send"   Notice the aorist tense indicator in this word (-σα). Yet there is no augment and the word is preceded by a definite article: this is a participle, "the (one) having sent." Compare 1:22.
βαπτίζειν   is an infinitive that explains the *purpose* of the sending.
ἐν   here probably means "with" or "by means of" rather than simply "in."
ἐφ'   is short for ἐπί ("upon"). The change is affected by the following word, which begins with a rough breathing (ὅν).
ὃν ἂν   The indefinite particle ἂν is used with other words to make them general or vague. Here it stands with ὅν, the relative pronoun, and together the words mean not just "whom," but "whom*ever*."
ἴδῃς   ὁράω "I see"   Notice the lengthened personal ending (-ῃς from -εις). The verb is a subjunctive formed from the aorist εἶδον ("I saw"). There is no augment in the subjunctive.
καταβαῖνον   The verb καταβαίνω ("I go down, descend") has what appears to be an imperfect ending (-ον), yet there is no augment. In fact, this word is not an imperfect indicative, but a present *neuter* participle in the nominative singular (akin to the masculine -ων of participles).
μένον   Like καταβαῖνον, μένον is not an imperfect indicative, but a neuter *participle* of the verb μένω ("I remain, dwell").

³⁵τῇ ἐπαύριον πάλιν εἱστήκει ὁ Ἰωάννης καὶ ἐκ τῶν μαθητῶν δύο, ³⁶καὶ λέγει, Ἴδε ὁ ἀμνὸς τοῦ θεοῦ. ³⁷καὶ ἤκουσαν οἱ δύο μαθηταὶ αὐτοῦ.... καὶ ἠκολούθησαν τῷ Ἰησοῦ.... ³⁸καὶ ὁ Ἰησοῦς λέγει αὐτοῖς, Τί ζητεῖτε; οἱ δὲ εἶπαν αὐτῷ, Ῥαββί... ποῦ μένεις; ³⁹λέγει αὐτοῖς, ἔρχεσθε καὶ ὄψεσθε. ἦλθαν οὖν καὶ εἶδαν ποῦ μένει καὶ παρ' αὐτῷ ἔμειναν τὴν ἡμέραν ἐκείνην. ὥρα ἦν ὡς δεκάτη. ⁴⁰ἦν Ἀνδρέας ὁ ἀδελφὸς Σίμωνος Πέτρου εἷς ἐκ τῶν δύο.... ⁴¹εὑρίσκει οὗτος πρῶτον τὸν ἀδελφὸν τὸν ἴδιον Σίμωνα καὶ λέγει αὐτῷ, Εὑρήκαμεν τὸν Μεσσίαν.... ⁴²ἤγαγεν αὐτὸν πρὸς τὸν Ἰησοῦν.... ὁ Ἰησοῦς εἶπεν, Σὺ εἶ Σίμων ὁ υἱὸς Ἰωάννου. σὺ κληθήσῃ Κηφᾶς, ὃ ἑρμηνεύεται Πέτρος. ⁴³τῇ ἐπαύριον ἠθέλησεν ἐξελθεῖν εἰς τὴν

AIDS TO PARSING AND TRANSLATING

³⁵ **εἱστήκει**   Notice the root -στη- in this verb: ἵστημι "I stand" Referring to the principal parts at 1:26, notice also the personal ending -κει and the lengthened initial vowel (εἱ-). The perfect means "stand" (as at 1:26), and the pluperfect is simply translated "stood."

³⁷ **ἠκολούθησαν**   ἀκολουθέω "I follow" Perhaps the only verb for which the infix -θη- does *not* indicate aorist passive:

1. Present Active	2. Future Active	3. Aorist Active	4. Perfect Active	5. Perfect Middle	6. Aorist Passive
ἀκολουθέω	ἀκολουθήσω	**ἠκολούθησα**	ἠκολούθηκα	---	---

³⁸ **ζητεῖτε** is a form of an epsilon-contract verb, ζητέω, meaning "I seek."

   οἱ δέ   The definite article followed by δέ without a subsequent noun is a common way of changing the subject in Greek narrative: ὁ δέ... ("He..."). ἡ δέ... ("And she..."). οἱ δέ... ("And they...").

³⁹ **ἔρχεσθε**   ἔρχομαι "I come" The form here is a present imperative. The second person plural ending in the *imperative* mood is often identical to the second person plural endings of the *indicative* mood. In such cases it is the context that communicates the sense of the imperative.

   ὄψεσθε   ὁράω "I see" See the principal parts at 1:18.

   ἦλθαν... εἶδαν   ἔρχομαι "I come"; ὁράω "I see" See 1:22 for another example of -αν endings where -ον is expected. εἶδον/εἶδαν is the aorist of ὁράω (as in the principal parts at 1:18).

   ὡς   means "about" in expressions of time.

⁴⁰ **εἷς**   is "one," not the preposition εἰς. See the paradigm at 1:3.

⁴¹ **πρῶτον** One way to form an adverb is to use the singular or plural neuter of the adjective. Here πρῶτον means "in the first place, first of all." See other such neuter forms: δεύτερον at 3:4, πρότερον at 9:8, περισσόν at 10:10, ταχύ at 11:29, μικρόν at 16:16 and μέσον at 19:18.

   τὸν ἴδιον   ἴδιος, -α, -ον "one's own." Unlike the use at 1:10-11, here the adjective is *not* used as a substantive (a noun), but simply modifies τὸν ἀδελφὸν.

⁴² **ἤγαγεν**   ἄγω "I lead"

ἄγω	ἄξω	**ἤγαγον**	ἦχα	ἦγμαι	ἤχθην

   κληθήσῃ   καλέω "I call" The form is future passive.

καλέω	καλέσω	ἐκάλεσα	κέκληκα	κέκλημαι	**ἐκλήθην**

   ὃ   relative pronoun. Because the form is neuter (nominative singular), translate "which."

   ἑρμηνεύεται   ἑρμηνεύω "I interpret" (as "hermeneutics")

⁴³ **ἠθέλησεν**   θέλω "I want" This verb is often complemented by an infinitive ("I want *to* _____.") Here the infinitive, ἐξελθεῖν, is a form of the verb ἐξέρχομαι "I come out."

³⁵ τῇ ἐπαύριον πάλιν εἱστήκει ὁ Ἰωάννης καὶ ἐκ τῶν μαθητῶν αὐτοῦ δύο
³⁶ καὶ ἐμβλέψας τῷ Ἰησοῦ περιπατοῦντι λέγει, Ἴδε ὁ ἀμνὸς τοῦ θεοῦ.
³⁷ καὶ ἤκουσαν οἱ δύο μαθηταὶ αὐτοῦ λαλοῦντος καὶ ἠκολούθησαν τῷ
Ἰησοῦ. ³⁸ στραφεὶς δὲ ὁ Ἰησοῦς καὶ θεασάμενος αὐτοὺς
ἀκολουθοῦντας λέγει αὐτοῖς, Τί ζητεῖτε; οἱ δὲ εἶπαν αὐτῷ, ῥαββί (ὃ
λέγεται μεθερμηνευόμενον διδάσκαλε), ποῦ μένεις; ³⁹ λέγει αὐτοῖς,
Ἔρχεσθε καὶ ὄψεσθε. ἦλθαν οὖν καὶ εἶδαν ποῦ μένει καὶ παρ' αὐτῷ
ἔμειναν τὴν ἡμέραν ἐκείνην· ὥρα ἦν ὡς δεκάτη. ⁴⁰ ἦν Ἀνδρέας ἀδελφὸς
Σίμωνος Πέτρου εἷς ἐκ τῶν δύο τῶν ἀκουσάντων παρὰ Ἰωάννου καὶ
ἀκολουθησάντων αὐτῷ· ⁴¹ εὑρίσκει οὗτος πρῶτον τὸν ἀδελφὸν τὸν ἴδιον
Σίμωνα καὶ λέγει αὐτῷ, Εὑρήκαμεν τὸν Μεσσίαν (ὅ ἐστιν
μεθερμηνευόμενον χριστός) ⁴² ἤγαγεν αὐτὸν πρὸς τὸν Ἰησοῦν.
ἐμβλέψας αὐτῷ ὁ Ἰησοῦς εἶπεν, Σὺ εἶ Σίμων ὁ υἱὸς Ἰωάννου, σὺ κληθήσῃ
Κηφᾶς ὃ ἑρμηνεύεται Πέτρος. ⁴³ τῇ ἐπαύριον ἠθέλησεν ἐξελθεῖν εἰς τὴν

---

³⁶ **ἐμβλέψας** ἐμβλέπω "I look at" Compare πέμψας at 1:33. The aorist participial ending -σας is fairly common: learn to recognize it. Often the preposition "after" is helpful for conveying the sense of an aorist participle: "after looking at" or "after catching sight of."

περιπατοῦντι περιπατέω "I walk" (as Aristotle's "peripatetic" school of philosophers). The -ντ- infix suggests an active participle and the final iota (ι) indicates that the participle is in the dative case.

³⁷ **λαλοῦντος** λαλέω "I speak" In NT times, this verb is a synonym of λέγω. It occurs 59 times in John.

³⁸ **στραφεὶς** στρέφω "I turn (around)"

1. Present Active	2. Future Active	3. Aorist Active	4. Perfect Active	5. Perfect Middle	6. Aorist Passive
στρέφω	στρέψω	ἔστρεψα	---	ἔστραμμαι	**ἐστράφην**

This aorist form lacks an augment, so it must not be indicative. In fact it is an aorist passive *participle* in the nominative singular masculine. Again, the word "after" is helpful (see 1:36): "after turning around."

θεασάμενος θεάομαι "I see" θεάομαι is a deponent verb: its meaning is active despite its middle/passive forms. Pay close attention to the case of this word, noting whom it describes in the sentence. Try using "when" or "after" with this aorist participle.

ἀκολουθοῦντας is a participial form of ἀκολουθέω meaning "I follow." Again, pay close attention to the case of this word, noting whom it modifies *in contrast to* the previous θεασάμενος.

μεθερμηνευόμενον μεθερμηνεύω "I translate" Be certain to incorporate the *passive* sense (-μενος) of this verbal form into your translation.

⁴⁰ **ἀκουσάντων** Note the indicators -ντ- and -σα-. Be careful: this -ων is both a genitive plural *and* a participle. Determine who it is that the participle describes. Translating this and the next participle into English calls for a clause rather than a single-word adjective.

ἀκολουθησάντων Again, the infixes -ντ- and -σα- are indicators, though the -θη- is not (see the note at 1:37). Who is being described by this participle?

⁴² **ἐμβλέψας** See 1:36, above.

Γαλιλαίαν, καὶ εὑρίσκει Φίλιππον. καὶ λέγει αὐτῷ ὁ Ἰησοῦς, Ἀκολούθει μοι. ⁴⁴ἦν δὲ Φίλιππος ἀπὸ Βηθσαϊδά, ἐκ τῆς πόλεως Ἀνδρέου καὶ Πέτρου. ⁴⁵εὑρίσκει Φίλιππος τὸν Ναθαναὴλ καὶ λέγει αὐτῷ, Ὃν ἔγραψεν Μωϋσῆς ἐν τῷ νόμῳ καὶ οἱ προφῆται εὑρήκαμεν, Ἰησοῦν υἱὸν τοῦ Ἰωσὴφ τὸν ἀπὸ Ναζαρέτ. ⁴⁶καὶ εἶπεν αὐτῷ Ναθαναήλ, Ἐκ Ναζαρὲτ δύναταί τι ἀγαθὸν εἶναι; ⁴⁷εἶδεν ὁ Ἰησοῦς τὸν Ναθαναήλ... καὶ λέγει περὶ αὐτοῦ· Ἴδε ἀληθῶς Ἰσραηλίτης, ἐν ᾧ δόλος οὐκ ἔστιν. ⁴⁸λέγει αὐτῷ Ναθαναήλ, Πόθεν με γινώσκεις; ἀπεκρίθη Ἰησοῦς καὶ εἶπεν αὐτῷ,... ὑπὸ τὴν συκῆν εἶδόν σε. ⁴⁹ἀπεκρίθη αὐτῷ Ναθαναήλ, Ῥαββί, σὺ εἶ ὁ υἱὸς τοῦ θεοῦ, σὺ βασιλεὺς εἶ τοῦ Ἰσραήλ. ⁵⁰ἀπεκρίθη Ἰησοῦς καὶ εἶπεν αὐτῷ· Ὅτι εἶπόν σοι ὅτι εἶδόν σε ὑποκάτω τῆς συχῆς, πιστεύεις; μείζω τούτων ὄψῃ. ⁵¹καὶ λέγει αὐτῷ, Ἀμὴν ἀμὴν λέγω ὑμῖν, ὄψεσθε... τοὺς ἀγγέλους τοῦ θεοῦ... ἐπὶ τὸν υἱὸν τοῦ ἀνθρώπου.

ἀκολούθει   second singular *imperative* in the present tense.

⁴⁴ **πόλεως**   πόλις, πόλεως ἡ   "city" (as "politics")

⁴⁵ **Ὃν**   relative pronoun ("the one whom"). This is the object in the phrase Ὃν ἔγραψεν Μωϋσῆς, "the one whom Moses wrote (about)"

⁴⁶ **δύναται**   is a form of the verb δύναμαι (a deponent meaning "I am able" whose personal endings are attached directly to the verb stem δύνα-). Like θέλω (see 1:43 immediately above), this verb is often complemented by an infinitive (in this case the complement is εἶναι).

τι   without any accent is an *indefinite* pronoun ("something").

⁴⁷ **ἴδε**   ὁράω "I see"   See the principal parts at 1:18. Notice that there is no augment and the ending is simply -ε. The verb is not in the indicative mood, but rather is an *interjection* ("Look!").

ἀληθῶς   is an adverb. One common way to form an adverb is to use an -ως ending on an adjectival stem (here ἀληθής). For another way to form an adverb, see πρῶτον at 1:41.

ἐν ᾧ   ἐν + the relative pronoun, "in whom"

⁴⁸ **συκῆν**   συκῆ, συκῆς ἡ   "fig tree"

⁴⁹ **ἀπεκρίθη**   See 1:21.

βασιλεύς   βασιλεύς, βασιλέως ὁ   "king"

⁵⁰ **εἶπον... εἶδον**   λέγω "I say"... ὁράω "I see"   These forms are very common. To differentiate the verbs, you might associate **εἶπον** ("I said") with the English word "**epic**" (a spoken poem) and **εἶδον** ("I saw") with "**video**."

μείζω   is a contracted form of μείζο**να** => μείζοα => μείζω. The *alpha* ending of the uncontracted form, μείζονα, is a neuter plural. This word is the comparative of μέγας, μεγάλη, μέγα ("great"), thus "greater things."

τούτων   is the "genitive of comparison," so that this word translates "*than* these things. See the note regarding μου at 1:15 as well as the text at 1:30.

ὄψῃ   is the second singular form of the future of ὁράω "I see." See the principal parts at 1:18. Try to remember that second person singulars in middle verbs often have an unusual look.

⁵¹ **ὄψεσθε**   is the second plural form of the future tense of ὁράω "I see." See the principal parts at 1:18.

Γαλιλαίαν καὶ εὑρίσκει Φίλιππον καὶ λέγει αὐτῷ ὁ Ἰησοῦς, Ἀκολούθει μοι. ⁴⁴ ἦν δὲ ὁ Φίλιππος ἀπὸ Βηθσαϊδά, ἐκ τῆς πόλεως Ἀνδρέου καὶ Πέτρου. ⁴⁵ εὑρίσκει Φίλιππος τὸν Ναθαναὴλ καὶ λέγει αὐτῷ, Ὃν ἔγραψεν Μωϋσῆς ἐν τῷ νόμῳ καὶ οἱ προφῆται εὑρήκαμεν, Ἰησοῦν υἱὸν τοῦ Ἰωσὴφ τὸν ἀπὸ Ναζαρέτ. ⁴⁶ καὶ εἶπεν αὐτῷ Ναθαναήλ, Ἐκ Ναζαρὲτ δύναται τι ἀγαθὸν εἶναι; λέγει αὐτῷ [ὁ] Φίλιππος, Ἔρχου καὶ ἴδε. ⁴⁷ εἶδεν ὁ Ἰησοῦς τὸν Ναθαναὴλ ἐρχόμενον πρὸς αὐτὸν καὶ λέγει περὶ αὐτοῦ, Ἴδε ἀληθῶς Ἰσραηλίτης ἐν ᾧ δόλος οὐκ ἔστιν. ⁴⁸ λέγει αὐτῷ Ναθαναήλ, Πόθεν με γινώσκεις; ἀπεκρίθη Ἰησοῦς καὶ εἶπεν αὐτῷ, Πρὸ τοῦ σε Φίλιππον φωνῆσαι ὄντα ὑπὸ τὴν συκῆν εἶδόν σε. ⁴⁹ ἀπεκρίθη αὐτῷ Ναθαναήλ, Ῥαββί, σὺ εἶ ὁ υἱὸς τοῦ θεοῦ, σὺ Βασιλεὺς εἶ τοῦ Ἰσραήλ. ⁵⁰ ἀπεκρίθη Ἰησοῦς καὶ εἶπεν αὐτῷ, Ὅτι εἶπόν σοι ὅτι εἶδόν σε ὑποκάτω τῆς συκῆς, πιστεύεις; μείζω τούτων ὄψῃ. ⁵¹ καὶ λέγει αὐτῷ, Ἀμὴν ἀμὴν λέγω ὑμῖν, ὄψεσθε τὸν οὐρανὸν ἀνεῳγότα καὶ τοὺς ἀγγέλους τοῦ θεοῦ ἀναβαίνοντας καὶ καταβαίνοντας ἐπὶ τὸν υἱὸν τοῦ ἀνθρώπου.

---

⁴⁶ **ἔρχου**   second singular *present* imperative of ἔρχομαι ("I come")   See the principal parts at 1:7.

ἴδε   is a second singular *aorist* imperative form of the verb ὁράω "I see." Compare the note at 1:47, where the same form is an interjection.

⁴⁷ **ἐρχόμενον πρὸς αὐτόν**   See the identical phrase in 1:29. Who is described as "coming"?

⁴⁸ **Πρὸ τοῦ... φωνῆσαι**   φωνῆσαι (φωνέω I call) is an infinitive that follows a definite article: "an articular infinitive." A literalistic rendering of these words is "before (πρό) the (τοῦ) act-of-calling (φωνῆσαι)."

σε   Of course the *object* of the calling is also in the accusative case: σε. Because of the context we know that "Philip" is the subject and "you" is the object. So the phrase Πρὸ τοῦ σε Φίλιππον φωνῆσαι is translated literalistically as "Before Philip's act-of-calling you" or more naturally "Before Philip called you."

Φίλιππον   *The subject of the infinitive is in the accusative case*, as always (learn this rule!). Here the subject is Philip.

ὄντα   is a participial form of εἰμί ("I am"). Though in form the word could modify either preceding accusative, "Φίλιππον" or "σε," the context demands that it modify "σε."

⁵¹ **ἀνεῳγότα**   is a participial form of the verb ἀνοίγω meaning "I open":

1. Present Active	2. Future Active	3. Aorist Active	4. Perfect Active	5. Perfect Middle	6. Aorist Passive
ἀνοίγω	ἀνοίξω	ἀνέῳξα	**ἀνέῳγα**	ἀνέῳγμαι	ἀνεῴχθην

Translate "having opened up," and therefore "standing open."

ἀναβαίνοντας καὶ καταβαίνοντας   Who are being described?

¹ καὶ τῇ ἡμέρα τῇ τρίτῃ γάμος ἐγένετο ἐν Κανὰ τῆς Γαλιλαίας καὶ ἦν ἡ μήτηρ τοῦ Ἰησοῦ ἐκεῖ. ² ἐκλήθη δὲ καὶ ὁ Ἰησοῦς καὶ οἱ μαθηταὶ αὐτοῦ εἰς τὸν γάμον. ³ καὶ... λέγει ἡ μήτηρ τοῦ Ἰησοῦ πρὸς αὐτόν, Οἶνον οὐκ ἔχουσιν. ⁴ καὶ λέγει αὐτῇ ὁ Ἰησοῦς,... οὔπω ἥκει ἡ ὥρα μου.... ⁵ ... ⁶ ἦσαν δὲ ἐκεῖ λίθιναι ὑδρίαι ἕξ.... ⁷ λέγει αὐτοῖς ὁ Ἰησοῦς, Γεμίσατε τὰς ὑδρίας ὕδατος. καὶ ἐγέμισαν αὐτὰς ἕως ἄνω. ⁸ καὶ λέγει αὐτοῖς, Ἀντλήσατε νῦν καὶ φέρετε τῷ ἀρχιτρικλίνῳ· οἱ δὲ ἤνεγκαν. ⁹ ὡς δὲ ἐγεύσατο ὁ ἀρχιτρίκλινος... φωνεῖ τὸν νυμφίον.

AIDS TO PARSING AND TRANSLATING

¹ **ἡμέρα** ἡμέρα, ἡμέρας ἡ ("day") is a first declension feminine noun. Why is the noun in the dative here?

² **ἐκλήθη** καλέω "I call, invite" See the principal parts at 1:42.

³ **ἔχουσιν** ἔχω "I have"

1. Present Active	2. Future Active	3. Aorist Active	4. Perfect Active	5. Perfect Middle	6. Aorist Passive
ἔχω	ἕξω	ἔσχον	ἔσχηκα	ἔσχημαι	---

⁴ **οὔπω** "not yet"

ἥκει The kappa signals this verb's origins in the perfect tense: "I have come." Now it functions as a present form. (See Smyth 1886.)

ἥκω	ἥξω	ἧξα	ἧκα	---	---

ὥρα ὥρα, ὥρας ἡ "hour" (as "horoscope").

⁶ **λίθιναι** λίθινος, -η, -ον "of stone," derived from to the noun λίθος meaning "stone" (as "lithography").

ὑδρίαι ὑδρία, -ας ἡ "water vessels" is the adjective form derived from the noun for water (ὕδωρ).

ἕξ Note the breathing mark: this is "hex" as in English "hexagon."

⁷ **γεμίσατε** γεμίζω "I fill" Note the infix, lack of an augment and context in determining the mood.

γεμίζω	γεμίσω	ἐγέμισα	---	---	ἐγεμίσθην

ἕως "as far as"

ἄνω "up" ἕως ἄνω "to the top"

⁸ **ἀντλήσατε** Note the infix -σα-, the lack of an augment, and the context in your determination of the mood of this form of the verb ἀντλέω meaning "I draw (liquid)."

φέρετε φέρω "I bring"

φέρω	οἴσω	ἤνεγκα	ἐνήνοχα	ἐνήνεγμαι	ἠνέχθην

ἀρχιτρίκλινος is a compound noun combining the elements ἀρχι- meaning "chief, leading" (as in English "architect" and "archangel"), τρι- meaning "three," and κλίνη, a couch for reclining at meals. Hellenistic dining rooms typically had three couches, though the term τρίκλινος, -ου ὁ comes to mean "dining room" in general (compare Latin *triclinium*). This compound noun may be translated "master of ceremonies."

ἤνεγκαν See the principal parts of φέρω, immediately above.

⁹ **ἐγεύσατο** γεύομαι (deponent) "I taste"

γεύομαι	γεύσομαι	ἐγευσάμην	---	---	---

14

¹ καὶ τῇ ἡμέρᾳ τῇ τρίτῃ γάμος ἐγένετο ἐν Κανὰ τῆς Γαλιλαίας, καὶ ἦν ἡ μήτηρ τοῦ Ἰησοῦ ἐκεῖ. ² ἐκλήθη δὲ καὶ ὁ Ἰησοῦς καὶ οἱ μαθηταὶ αὐτοῦ εἰς τὸν γάμον. ³ καὶ ὑστερήσαντος οἴνου λέγει ἡ μήτηρ τοῦ Ἰησοῦ πρὸς αὐτὸν, Οἶνον οὐκ ἔχουσιν. ⁴ [καὶ] λέγει αὐτῇ ὁ Ἰησοῦς, Τί ἐμοὶ καὶ σοί, γύναι; οὔπω ἥκει ἡ ὥρα μου. ⁵ λέγει ἡ μήτηρ αὐτοῦ τοῖς διακόνοις, Ὅ τι ἂν λέγῃ ὑμῖν ποιήσατε. ⁶ ἦσαν δὲ ἐκεῖ λίθιναι ὑδρίαι ἓξ κατὰ τὸν καθαρισμὸν τῶν Ἰουδαίων κείμεναι, χωροῦσαι ἀνὰ μετρητὰς δύο ἢ τρεῖς. ⁷ λέγει αὐτοῖς ὁ Ἰησοῦς, Γεμίσατε τὰς ὑδρίας ὕδατος. καὶ ἐγέμισαν αὐτὰς ἕως ἄνω. ⁸ καὶ λέγει αὐτοῖς, Ἀντλήσατε νῦν καὶ φέρετε τῷ ἀρχιτρικλίνῳ· οἱ δὲ ἤνεγκαν. ⁹ ὡς δὲ ἐγεύσατο ὁ ἀρχιτρίκλινος τὸ ὕδωρ οἶνον γεγενημένον καὶ οὐκ ᾔδει πόθεν ἐστίν, οἱ δὲ διάκονοι ᾔδεισαν οἱ ἠντληκότες τὸ ὕδωρ, φωνεῖ τὸν νυμφίον ὁ ἀρχιτρίκλινος

---

³ **ὑστερήσαντος** ὑστερέω ("I fail, give out"). Note the indicators -ντ- and -σα-. This aorist active participle in the genitive agrees with the noun οἴνου as part of a "genitive absolute," a dangling construction consisting of a genitive participle (ὑστερήσαντος) and a genitive noun or pronoun (οἴνου). The tense of the participle often indicates the temporal relationship of the phrase to the main verb. So we might translate ὑστερήσαντος οἴνου with the phrase "After the wine gave out."

⁴ **Τί ἐμοὶ καὶ σοί** literally "what to me and to you?"

γύναι is the *vocative* form of the noun γύνη, γυναῖκος ἡ "woman" ("gynecologist").

⁵ **τι** without any accent is an *indefinite* pronoun. With the neuter relative, ὅ, translate "whatever (thing)." See also John 1:46.

ἂν with the subjunctive (λέγῃ) conveys a sense of ambiguity: "whatever he says...."

ποιήσατε ποιέω "I make, do" Note the infix -σα-, the lack of an augment, and the context in your determination of the mood of this form of the verb.

1. Present Active	2. Future Active	3. Aorist Active	4. Perfect Active	5. Perfect Middle	6. Aorist Passive
ποιέω	ποιήσω	ἐποίησα	πεποίηκα	πεποίημαι	ἐποιήθην

⁶ **καθαρισμόν** καθαρισμός, καθαρισμοῦ ὁ "purification, cleansing" (as "catharsis, cathartic")

κείμεναι κεῖμαι "I lie, recline." Note the indicator -μεναι (from -μενος): this is a middle/passive participle. The noun it modifies, ὑδρίαι, is somewhat removed from this participle.

χωροῦσαι χωρέω "I have room for, hold" This is another participle modifying ὑδρίαι.

ἀνά "each, each one, apiece"

μετρητάς μετρητής, μετρητοῦ ὁ "measure" (about 10 gallons).

⁹ **γεγενημένον** γίνομαι "I come to be, happen" Note the indicator -μένον (from -μένος): this is a perfect middle/passive participle. Be certain to clarify which of the preceding nouns the word modifies.

ᾔδει is a form of the *pluperfect* of οἶδα ("I know"). See 1:31 for an explanation of this form.

πόθεν is a combination of the words ποῦ, meaning "where," and -θεν, meaning "from."

οἱ... ὕδωρ Treat the clause from οἱ... to ὕδωρ as a parenthentical remark.

δέ Translate "but" or "although."

ᾔδεισαν is a form of the *pluperfect* of οἶδα ("I know"). See the comments at 1:31.

ἠντληκότες ἀντλέω "I draw" The third declension ending with a kappa infix (κ) is the primary hint that this verb is a perfect active participle. Participles are not augmented; the initial lengthening is *reduplication*. οἱ διάκονοι... οἱ ἠντληκότες τὸ ὕδωρ = "the servants... the having-drawn the water (ones)" or "the servants... who had drawn the water."

φωνεῖ φωνέω "I call" Note: the subject of this verb comes *after* the verb and its object (as often in Greek).

[10] καὶ λέγει αὐτῷ, Πᾶς ἄνθρωπος πρῶτον τὸν καλὸν οἶνον τίθησιν.... σὺ τετήρηκας τὸν καλὸν οἶνον ἕως ἄρτι. [11] Ταύτην ἐποίησεν ἀρχὴν τῶν σημείων ὁ Ἰησοῦς ἐν Κανὰ τῆς Γαλιλαίας καὶ ἐφανέρωσεν τὴν δόξαν αὐτοῦ, καὶ ἐπίστευσαν εἰς αὐτὸν οἱ μαθηταὶ αὐτοῦ. [12] μετὰ τοῦτο κατέβη εἰς Καφαρναοὺμ αὐτὸς καὶ ἡ μήτηρ αὐτοῦ καὶ οἱ ἀδελφοὶ [αὐτοῦ] καὶ οἱ μαθηταὶ αὐτοῦ καὶ ἐκεῖ ἔμειναν οὐ πολλὰς ἡμέρας. [13] καὶ ἐγγὺς ἦν τὸ πάσχα τῶν Ἰουδαίων, καὶ ἀνέβη εἰς Ἱεροσόλυμα ὁ Ἰησοῦς. [14] καὶ εὗρεν ἐν τῷ ἱερῷ... βόας καὶ πρόβατα καὶ περιστερὰς... [15] καὶ ἐξέβαλεν ἐκ τοῦ ἱεροῦ τά τε πρόβατα καὶ τοὺς βόας... καὶ... ἐξέχεεν τὸ κέρμα, καὶ τὰς τραπέζας ἀνέτρεψεν,

---

[10] **τίθησιν** is a form of one of the most common verbs in the New Testament, τίθημι, meaning "I put, place." It is also one of the so-called "μι verbs" because the first person of the present active indicative form ends in -μι. These verbs have their own set of personal endings in the present and imperfect, but in all other tenses they follow familiar patterns.

1. Present Active	2. Future Active	3. Aorist Active	4. Perfect Active	5. Perfect Middle	6. Aorist Passive
τίθημι	θήσω	ἔθηκα	τέθεικα	τέθειμαι	ἐτέθην

Associate the root forms -θη- and -θε- with τίθημι.

τετήρηκας τηρέω "I keep"

τηρέω	τηρήσω	ἐτήρησα	τετήρηκα	τετήρημαι	ἐτηρήθην

ἄρτι "now"

[11] **σημείων** σημεῖον, σημείου τό "sign"

ἐφανέρωσεν φανερόω "I reveal" See the principal parts at 1:31.

[12] **κατέβη** is an aorist form of καταβαίνω "I descend"

βαίνω	βήσομαι	**ἔβην**	βέβηκα	---	---

οὐ πολλὰς ἡμέρας is literally "not many days," meaning "a few days."

[13] **ἀνέβη** ἀναβαίνω "I ascend" This verb is another compound of βαίνω. See κατέβη at 2:12.

[14] **εὗρεν** is a form of the verb εὑρίσκω "I find"

εὑρίσκω	εὑρήσω	**εὗρον**	εὕρηκα	εὕρημαι	εὑρέθην

βόας Although this form may look like a first declension noun, it is a form of the irregular third declension word βοῦς, meaning "ox, oxen"

N	βοῦς	βόες
G	βοός	βοῶν
D	βοΐ	βουσίν
A	βοῦν	**βόας**

The English word "**bu**tter" derives from the Greek word βούτυρον meaning "cow cheese."

[15] **ἐξέχεεν** is a form of the verb ἐκχέω ("I pour out"). The tense indicators are the augment and the personal ending (there is no stem change).

^{10}καὶ λέγει αὐτῷ, Πᾶς ἄνθρωπος πρῶτον τὸν καλὸν οἶνον τίθησιν καὶ ὅταν μεθυσθῶσιν τὸν ἐλάσσω· σὺ τετήρηκας τὸν καλὸν οἶνον ἕως ἄρτι. ^{11}ταύτην ἐποίησεν ἀρχὴν τῶν σημείων ὁ Ἰησοῦς ἐν Κανὰ τῆς Γαλιλαίας καὶ ἐφανέρωσεν τὴν δόξαν αὐτοῦ καὶ ἐπίστευσαν εἰς αὐτὸν οἱ μαθηταὶ αὐτοῦ. ^{12}μετὰ τοῦτο κατέβη εἰς Καφαρναοὺμ αὐτὸς καὶ ἡ μήτηρ αὐτοῦ καὶ οἱ ἀδελφοὶ [αὐτοῦ] καὶ οἱ μαθηταὶ αὐτοῦ, καὶ ἐκεῖ ἔμειναν οὐ πολλὰς ἡμέρας. ^{13} καὶ ἐγγὺς ἦν τὸ πάσχα τῶν Ἰουδαίων, καὶ ἀνέβη εἰς Ἱεροσόλυμα ὁ Ἰησοῦς. ^{14} καὶ εὗρεν ἐν τῷ ἱερῷ τοὺς πωλοῦντας βόας καὶ πρόβατα καὶ περιστερὰς καὶ τοὺς κερματιστὰς καθημένους, ^{15} καὶ ποιήσας φραγέλλιον ἐκ σχοινίων πάντας ἐξέβαλεν ἐκ τοῦ ἱεροῦ τά τε πρόβατα καὶ τοὺς βόας, καὶ τῶν κολλυβιστῶν ἐξέχεεν τὸ κέρμα καὶ τὰς τραπέζας ἀνέτρεψεν, ^{16} καὶ τοῖς τὰς περιστερὰς πωλοῦσιν εἶπεν, Ἄρατε ταῦτα ἐντεῦθεν, μὴ ποιεῖτε τὸν οἶκον τοῦ πατρός μου οἶκον ἐμπορίου.

---

^{10} **ὅταν**   is a combination of ὅτε ("when") and the indefinite particle ἄν (see 1:5), suggesting a meaning of "whenever." Following compounds with ἄν we expect a verb in the subjunctive mood.

   μεθυσθῶσιν   μεθύσκω "I cause someone to become intoxicated"   In the NT the word is used only in the passive to mean "I get drunk, become intoxicated." Notice the lengthened ending (-ωσιν from -ουσιν): here is the subjunctive we are expecting. The aorist passive of this verb is ἐμεθύσθην. Now translate μεθυσθῶσιν.

   ἐλάσσω   is the masculine accusative singular form of the adjective ἐλάσσων, ἔλασσον, assuming οἶνον. See 1:50 for an explanation of the -ω ending here. This adjective means "smaller, lesser, inferior." (It is the comparative of μικρός, -ά, -όν.)

^{14} **πωλοῦντας**   Note the indicator -ντ-: this is an active participle of the verb πωλέω ("I sell").

   κερματιστάς   is a form of the first declension masculine word κερματιστής ("money changer").

   καθημένους   Note the indicator -μενος. The verb κάθημαι means "sit" (as in the English word "cathedral," the seat of the bishop).

^{15} **ποιήσας**   If you do not recognize this form, see the note at 1:33 and 1:36. As there, so here: translating with "after" conveys the sense of the aorist.

   πάντας   is a masculine form. Is Jesus harming animals *and people* here? The unusual connective τε (only here and at 4:42; 6:18 in John) in the specification of animals may indicate a second hand attempting to focus the attention away from people. See the commentaries for the debate.

^{16} **πωλοῦσιν**   πωλέω "I sell" Outside of this context, this word could be read as the present third plural of the verb: "they sell." But here the definite article precedes the word: τοῖς... πωλοῦσιν. This article, in the plural dative, is our hint that in this context the word is in fact a participle in the plural dative: "the ones selling." Review 1:12. τοῖς and πωλοῦσιν "sandwich" the object being sold, τὰς περιστεράς.

¹⁶ καὶ... εἶπεν· ἄρατε ταῦτα ἐντεῦθεν, μὴ ποιεῖτε τὸν οἶκον τοῦ πατρός μου οἶκον ἐμπορίου.... ¹⁷ ... ¹⁸ ἀπεκρίθησαν οὖν οἱ Ἰουδαῖοι καὶ εἶπαν αὐτῷ· τί σημεῖον δεικνύεις ἡμῖν ὅτι ταῦτα ποιεῖς; ¹⁹ ἀπικρίθη Ἰησοῦς καὶ εἶπεν αὐτοῖς· Λύσατε τὸν ναὸν τοῦτον καὶ ἐν τρισὶν ἡμέραις ἐγερῶ αὐτόν. ²⁰ εἶπαν οὖν οἱ Ἰουδαῖοι· τεσσεράκοντα καὶ ἓξ ἔτεσιν οἰκοδομήθη ναὸς οὗτος, καὶ σὺ ἐν τρισὶν ἡμέραις ἐγερεῖς αὐτόν; ²¹ ἐκεῖνος δὲ ἔλεγεν περὶ τοῦ ναοῦ τοῦ σώματος αὐτοῦ. ²² ὅτε οὖν ἠγέρθη ἐκ νεκρῶν, ἐμνήσθησαν οἱ μαθηταὶ αὐτοῦ ὅτι τοῦτο ἔλεγεν, καὶ ἐπίστευσαν τῇ γραφῇ καὶ τῷ λόγῳ ὃν εἶπεν ὁ Ἰησοῦς. ²³ ὡς δὲ ἦν ἐν τοῖς Ἱεροσολύμοις ἐν τῷ πάσχα ἐν τῇ ἑορτῇ, πολλοὶ ἐπίστευσαν εἰς τὸ ὄνομα αὐτοῦ.... ²⁴ αὐτὸς δὲ Ἰησοῦς οὐκ ἐπίστευεν αὐτὸν αὐτοῖς.... ²⁵ αὐτὸς γὰρ ἐγίνωσκεν τί ἦν ἐν τῷ ἀνθρώπῳ.

---

¹⁶ **ἄρατε** The verb αἴρω ("I lift, raise, remove") has a stem change in every tense outside of the present. Learn to associate the reduced stems ἀρ- and ἠρ- with αἴρω:

1. Present Active	2. Future Active	3. Aorist Active	4. Perfect Active	5. Perfect Middle	6. Aorist Passive
αἴρω	ἀρῶ	**ἦρα**	ἦρκα	ἦρμαι	ἤρθην

This particular form has the alpha of the aorist (ἄρ**α**τε), yet the initial alpha is not augmented *because we are not in the indicative mood*. The context also helps to inform us that we are in the *imperative* mood. The aorist stem ends with a liquid consonant.

μὴ ποιεῖτε Verbs outside of the indicative (subjunctives, imperatives) are negated by the word μή. What mood is the verb ποιεῖτε?

¹⁸ **δεικνύεις** δεικνύω "I show"

¹⁹ **λύσατε** another aorist without an augment (like ποιήσατε [2:5], γεμίσατε [2:7], ἀντλήσατε [2:8], and ἄρατε [2:16]). What else do these verbs have in common?

τρισίν In Greek, numbers "one" through "four" decline. For "one," see the note at 1:3 of the modified version. (Remember, there are no plural forms of "one"!) "Three," of course, has only plural forms: τρεῖς (m/f), τρία (n); τριῶν (genitive, all genders); and **τρισίν** (dative, all genders).

ἐγερῶ ἐγείρω "I raise, raise up"

ἐγείρω	**ἐγερῶ**	ἤγειρα	ἐγήγερκα	ἐγήγερμαι	ἠγέρθην

²⁰ **ἔτεσιν** ἔτος, ἔτους τό "year" What case is ἔτεσιν?

οἰκοδομήθη οἰκοδομέω "I build, construct"

²¹ **σώματος** σῶμα, σώματος τό "body" (as in English "psychosomatic"). It is another third declension neuter noun of the -μα, -ματος type. See 1:32 of the modified version for other examples.

²² **ἠγέρθη** See the principal parts at 2:19.

ἐμνήσθησαν μιμνήσκομαι "I remember" (as "*mnem*onic device")

μιμνήσκομαι	μνησθήσομαι	---	---	μέμνημαι	ἐμνήσθην

¹⁷ Ἐμνήσθησαν οἱ μαθηταὶ αὐτοῦ ὅτι γεγραμμένον ἐστίν, Ὁ ζῆλος τοῦ οἴκου σου καταφάγεταί με. ¹⁸ ἀπεκρίθησαν οὖν οἱ Ἰουδαῖοι καὶ εἶπαν αὐτῷ, Τί σημεῖον δεικνύεις ἡμῖν ὅτι ταῦτα ποιεῖς; ¹⁹ ἀπεκρίθη Ἰησοῦς καὶ εἶπεν αὐτοῖς, Λύσατε τὸν ναὸν τοῦτον καὶ ἐν τρισὶν ἡμέραις ἐγερῶ αὐτόν. ²⁰ εἶπαν οὖν οἱ Ἰουδαῖοι, Τεσσεράκοντα καὶ ἓξ ἔτεσιν οἰκοδομήθη ὁ ναὸς οὗτος, καὶ σὺ ἐν τρισὶν ἡμέραις ἐγερεῖς αὐτόν; ²¹ ἐκεῖνος δὲ ἔλεγεν περὶ τοῦ ναοῦ τοῦ σώματος αὐτοῦ. ²² ὅτε οὖν ἠγέρθη ἐκ νεκρῶν, ἐμνήσθησαν οἱ μαθηταὶ αὐτοῦ ὅτι τοῦτο ἔλεγεν, καὶ ἐπίστευσαν τῇ γραφῇ καὶ τῷ λόγῳ ὃν εἶπεν ὁ Ἰησοῦς. ²³ ὡς δὲ ἦν ἐν τοῖς Ἱεροσολύμοις ἐν τῷ πάσχα ἐν τῇ ἑορτῇ, πολλοὶ ἐπίστευσαν εἰς τὸ ὄνομα αὐτοῦ θεωροῦντες αὐτοῦ τὰ σημεῖα ἃ ἐποίει· ²⁴ αὐτὸς δὲ Ἰησοῦς οὐκ ἐπίστευεν αὐτὸν αὐτοῖς διὰ τὸ αὐτὸν γινώσκειν πάντας ²⁵ καὶ ὅτι οὐ χρείαν εἶχεν ἵνα τις μαρτυρήσῃ περὶ τοῦ ἀνθρώπου· αὐτὸς γὰρ ἐγίνωσκεν τί ἦν ἐν τῷ ἀνθρώπῳ.

---

¹⁷ **ἐμνήσθησαν**   See the note at 2:22.

γεγραμμένον   γράφω "I write" Note the indicator -μενος as well as the reduplication. This is a periphrastic verb: participle plus the verb "to be" (here ἐστίν).

1. Present Active	2. Future Active	3. Aorist Active	4. Perfect Active	5. Perfect Middle	6. Aorist Passive
γράφω	γράψω	ἔγραψα	γέγραφα	γέγραμμαι	ἐγράφην

καταφάγεται   is a compound verb: κατά ("down") + ἐσθίω ("I eat"), conveying the meaning "I consume." Be certain to incorporate the appropriate tense into your translation:

ἐσθίω	φάγομαι	ἔφαγον	ἐδήδοκα	ἐδήδεσμαι	ἠδέσθην

¹⁹ **ναόν**   is from the noun ναός, ναοῦ ὁ, which occurs in verses 19, 20 and 21. This word means "temple," but the word τὸ ἱερόν in verses 14 and 15 of this same chapter also means "temple." A comparison of John 10:23 and 18:20 in Greek may help you see the difference in the meanings of ναός and ἱερόν.

²³ **θεωροῦντες**   θεωρέω "I see" Note the indicator -ντ-. Determine the person and number of this active participle in order to associate the word with the appropriate antecedent. Compare πάντες.

²⁴ **διὰ τὸ αὐτὸν γινώσκειν πάντας**   is an instance of the definite article (τό) with the infinitive (γινώσκειν) as object of a preposition (διά): not simply διὰ [τοῦτο] but διὰ [τὸ αὐτὸν γινώσκειν πάντας].

Now recall that *the subject of an infinitive is always in the accusative case* (as we observed at 1:48; Πρὸ τοῦ σε **Φίλιππον** φωνῆσαι, "before **Philip** called you"). Here we have two accusatives: αὐτόν and πάντας. One is the subject and the other is the direct object of the verb γινώσκειν: "on account of (διά) his knowing (τὸ γινώσκειν αὐτόν) all people (πάντας)" or "because he knew all people."

²⁵ **εἶχεν**   imperfect of ἔχω "I have"

μαρτυρήσῃ   The indicative form of this verb is ἐμαρτύρησεν. Here the augment is omitted and the primary ending, -ει, is lengthened to ῃ. The fact that the verb functions within a ἵνα clause ("that") also hints at this mood.

Note your progress: from this study on, all readings are unabridged!

¹ ἦν δὲ ἄνθρωπος ἐκ τῶν Φαρισαίων, Νικόδημος ὄνομα αὐτῷ, ἄρχων τῶν Ἰουδαίων· ²οὗτος ἦλθεν πρὸς αὐτὸν νυκτὸς καὶ εἶπεν αὐτῷ, Ῥαββί, οἴδαμεν ὅτι ἀπὸ θεοῦ ἐλήλυθας διδάσκαλος· οὐδεὶς γὰρ δύναται ταῦτα τὰ σημεῖα ποιεῖν ἃ σὺ ποιεῖς, ἐὰν μὴ ᾖ ὁ θεὸς μετ' αὐτοῦ. ³ἀπεκρίθη Ἰησοῦς καὶ εἶπεν αὐτῷ, Ἀμὴν ἀμὴν λέγω σοι, ἐὰν μή τις γεννηθῇ ἄνωθεν, οὐ δύναται ἰδεῖν τὴν βασιλείαν τοῦ θεοῦ. ⁴λέγει πρὸς αὐτὸν [ὁ] Νικόδημος, Πῶς δύναται ἄνθρωπος γεννηθῆναι γέρων ὤν; μὴ δύναται εἰς τὴν κοιλίαν

AIDS TO PARSING AND TRANSLATING

¹ **Νικόδημος ὄνομα αὐτῷ**   Literalistically, "Nicodemus name to him," that is, "Nicodemus was his name." See 1:6.

ἄνθρωπος... Νικόδημος... ἄρχων.   A string of nominatives runs throughout this opening phrase, each giving further definition to the "person" introduced.

² **νυκτός**   νύξ, νυκτός ἡ   "night" (as "nocturnal"). This genitive form indicates "during the night."

ἐλήλυθας is a form of the verb ἔρχομαι.   See the principal parts at 1:7.

διδάσκαλος   Another case of apposition (as 3:1) that further defines the internal pronoun "you" of the verb ἐλήλυθας: "*as a* teacher."

δύναται... ποιεῖν   The verb δύναμαι is regularly followed by a complementary infinitive, as ποιεῖν here.

ἐὰν μὴ ᾖ   The word ἐάν is a combination of εἰ ("if") and the indefinite particle ἄν.   As usual, ἐάν introduces the subjunctive. ᾖ is a form of the verb εἰμί.   The subjunctive is negated with the particle μή.   Often the word "unless" functions as an appropriate translation of the phrase ἐὰν μή: "unless God be..." or "if God were not...."

³ **γεννηθῇ**   γεννάω   "I bear"

1. Present Active	2. Future Active	3. Aorist Active	4. Perfect Active	5. Perfect Middle	6. Aorist Passive
γεννάω	γεννήσω	ἐγέννησα	γεγέννηκα	γεγέννημαι	ἐγεννήθην

Note the indicators -θη- and the lengthened personal ending (-ῃ from -ει).   Here again ἐάν introduces the subjunctive.

ἄνωθεν   can mean *either* "again" or "from above" (ἄνω + θεν).

δύναται ἰδεῖν   Again we find δύναμαι with the infinitive.   In this case (unlike 3:2) the object follows the verbal expression.   A comparable transformation of the principle part εἶδεν is noted at 1:47.

⁴ **δύναται... γεννηθῆναι**   Another use of δύναμαι with the infinitive.   Note the indicator -θη-.

γέρων   γέρων, γέροντος ὁ   "old man"

ὤν   participle of εἰμί   "I am"

δύναται... εἰσελθεῖν καὶ γεννηθῆναι   Another use of δύναμαι with the infinitive, with more extensive text separating the two.

τῆς μητρὸς αὐτοῦ δεύτερον εἰσελθεῖν καὶ γεννηθῆναι; ⁵ ἀπεκρίθη Ἰησοῦς,

Ἀμὴν ἀμὴν λέγω σοι, ἐὰν μή τις γεννηθῇ ἐξ ὕδατος καὶ πνεύματος, οὐ

δύναται εἰσελθεῖν εἰς τὴν βασιλείαν τοῦ θεοῦ. ⁶ τὸ γεγεννημένον ἐκ τῆς

σαρκὸς σάρξ ἐστιν, καὶ τὸ γεγεννημένον ἐκ τοῦ πνεύματος πνεῦμά ἐστιν.

⁷ μὴ θαυμάσῃς ὅτι εἶπόν σοι, Δεῖ ὑμᾶς γεννηθῆναι ἄνωθεν. ⁸ τὸ πνεῦμα

ὅπου θέλει πνεῖ καὶ τὴν φωνὴν αὐτοῦ ἀκούεις, ἀλλ' οὐκ οἶδας

πόθεν ἔρχεται καὶ ποῦ ὑπάγει· οὕτως ἐστὶν πᾶς ὁ γεγεννημένος ἐκ τοῦ

πνεύματος. ⁹ ἀπεκρίθη Νικόδημος καὶ εἶπεν αὐτῷ, Πῶς δύναται ταῦτα

γενέσθαι; ¹⁰ ἀπεκρίθη Ἰησοῦς καὶ εἶπεν αὐτῷ, Σὺ εἶ ὁ διδάσκαλος τοῦ

Ἰσραὴλ καὶ ταῦτα οὐ γινώσκεις; ¹¹ ἀμὴν ἀμὴν λέγω σοι ὅτι ὃ οἴδαμεν

λαλοῦμεν καὶ ὃ ἑωράκαμεν μαρτυροῦμεν, καὶ τὴν μαρτυρίαν ἡμῶν οὐ

δεύτερον is a neuter accusative adjective functioning as an adverb. See 1:41.

⁵ **ἐὰν μή... γεννηθῇ** is the same construction as at 3:2 and 3:3.

 δύναται εἰσελθεῖν is the fourth use of δύναμαι with the infinitive in this section.

⁶ **τὸ γεγεννημένον** bears a striking resemblance to 2:9: **γεγεννημένον**. What is the difference in form and meaning?

⁷ **μὴ θαυμάσῃς** θαυμάζω "I marvel" Negative commands in Greek are typically expressed with an aorist subjunctive negated by μή (the "prohibitive" use of the subjunctive).

 δεῖ is one of a few "impersonal" verbs which occur with limited number of personal endings. This verb occurs primarily in the third singular, meaning "it is necessary." The expression is typically accompanied by an infinitive, as in the next note.

 γεννηθῆναι works in conjunction with the impersonal verb δεῖ: "it is necessary *to be born*." These words "frame" the *subject* of the infinitive which – as we expect – is an *accusative*. Rework the provisional translation above to incorporate the subject ὑμᾶς.

⁸ **ὅπου** is a correlative adverb meaning "where."

 πνεῖ πνέω "I blow" The noun πνεῦμα is cognate.

 πόθεν... ποῦ These are more correlatives closely related to ὅπου, above.

⁹ **δύναται** δύναμαι "I am able" Here again we find δύναμαι with the infinitive. The subject (ταῦτα) is neuter plural. Neuter plural subjects go with singular verbs.

¹¹ **ὃ** accusative singular neuter *relative* pronoun introducing a phrase in *relation* to the main verb. Because the word is neuter, translate it "that which...."

 ἑωράκαμεν is a form of the verb ὁράω ("I see"). See the principal parts at 1:18. Notice the tense indicator -κ-.

λαμβάνετε. ¹² εἰ τὰ ἐπίγεια εἶπον ὑμῖν καὶ οὐ πιστεύετε, πῶς ἐὰν

εἴπω ὑμῖν τὰ ἐπουράνια πιστεύσετε; ¹³ καὶ οὐδεὶς ἀναβέβηκεν εἰς τὸν

οὐρανὸν εἰ μὴ ὁ ἐκ τοῦ οὐρανοῦ καταβάς, ὁ υἱὸς τοῦ ἀνθρώπου. ¹⁴ καὶ

καθὼς Μωϋσῆς ὕψωσεν τὸν ὄφιν ἐν τῇ ἐρήμῳ, οὕτως ὑψωθῆναι δεῖ τὸν

υἱὸν τοῦ ἀνθρώπου, ¹⁵ ἵνα πᾶς ὁ πιστεύων ἐν αὐτῷ ἔχῃ ζωὴν αἰώνιον.

¹⁶ Οὕτως γὰρ ἠγάπησεν ὁ θεὸς τὸν κόσμον, ὥστε τὸν υἱὸν τὸν μονογενῆ

ἔδωκεν, ἵνα πᾶς ὁ πιστεύων εἰς αὐτὸν μὴ ἀπόληται ἀλλ' ἔχῃ ζωὴν αἰώνιον.

¹⁷ οὐ γὰρ ἀπέστειλεν ὁ θεὸς τὸν υἱὸν εἰς τὸν κόσμον ἵνα κρίνῃ τὸν

---

¹² **τὰ ἐπίγεια** ἐπίγειος, ἐπίγειον is an adjective formed by the compounding of the preposition ἐπὶ ("upon") with a form of the noun γῆ, γῆς ἡ ("earth," as in English "geology") meaning "upon the earth, earthly." The definite article (τά) transforms this adjective into a substantive (that is, a noun). Specifically, this is a *neuter plural* noun ("the earthly things"). Finally, note that abstractions receive definite articles in Greek where they do not in English: so "earthly things" rather than "the earthly things."

ἐὰν εἴπω Recall that ἐαν is a combination of εἰ ("if") and the indefinite particle ἄν. As usual, the subjunctive mood follows this particle (εἴπω).

τὰ ἐπουράνια as above, is a substantive (neuter plural). This noun derives from the compound adjective ἐπουράνιος, ἐπουράνιον ("of heaven, heavenly").

πιστεύσετε πιστεύω "I believe" What is the tense of this verb?

¹³ **ἀναβέβηκεν** ἀνα ("up") + βαίνω ("I go"). See the principal parts at 2:12.

εἰ μή means "if not," but is often best translated simply "except."

καταβάς καταβαίνω "I descend" Note the aorist ending -ας but no augment: this is an aorist active participle.

¹⁴ **καθώς... οὕτως** are correlated words: "just as... so...."

ὕψωσεν ὑψόω "I exalt, lift up, raise"

ὄφιν ὄφις, ὄφεως ὁ "snake, serpent." Declines like πόλις.

ὑψωθῆναι δεῖ The infinitive (ὑψωθῆναι) completes the impersonal verb δεῖ (see 3:7).

τὸν υἱὸν τοῦ ἀνθρώπου is the accusative *subject* of the infinitive ὑψωθῆναι.

¹⁵ **ἵνα** introduces a purpose clause. Which of the following words is a subjunctive verb?

αἰώνιον modifies the feminine noun ζωήν, yet ends in -ον. See BDF 59(2).

¹⁶ **Οὕτως... ὥστε** are correlated words: "**so much** did God... that...."

μονογενῆ μονογενής, μονογενές "unique, one of a kind" Declines like ἀληθής, ἀληθές.

ἔδωκεν δίδωμι "I give" Note the verb root -δω- (sometimes -δο-). See the principal parts at 1:12.

ἀπόληται serves as the main verb of a ἵνα clause. Note the lengthened personal ending (-**ηται** in place of **-εται**): this is a subjunctive form of the -μι verb ἀπόλλυμι ("I destroy"):

1. Present Active	2. Future Active	3. Aorist Active	4. Perfect Active	5. Perfect Middle	6. Aorist Passive
ἀπόλλυμι	ἀπολῶ	ἀπώλεσα	ἀπολώλεκα	---	---

In the middle voice (as here), this verb carries the meaning "I perish, am lost."

¹⁷ **ἀπέστειλεν** Note both the stem change and the liquid consonant (λ), as in the principal parts at 1:6.

κόσμον, ἀλλ᾽ ἵνα σωθῇ ὁ κόσμος δι᾽ αὐτοῦ. ¹⁸ ὁ πιστεύων εἰς αὐτὸν οὐ κρίνεται· ὁ δὲ μὴ πιστεύων ἤδη κέκριται, ὅτι μὴ πεπίστευκεν εἰς τὸ ὄνομα τοῦ μονογενοῦς υἱοῦ τοῦ θεοῦ. ¹⁹ αὕτη δέ ἐστιν ἡ κρίσις ὅτι τὸ φῶς ἐλήλυθεν εἰς τὸν κόσμον καὶ ἠγάπησαν οἱ ἄνθρωποι μᾶλλον τὸ σκότος ἢ τὸ φῶς· ἦν γὰρ αὐτῶν πονηρὰ τὰ ἔργα. ²⁰ πᾶς γὰρ ὁ φαῦλα πράσσων μισεῖ τὸ φῶς καὶ οὐκ ἔρχεται πρὸς τὸ φῶς, ἵνα μὴ ἐλεγχθῇ τὰ ἔργα αὐτοῦ· ²¹ ὁ δὲ ποιῶν τὴν ἀλήθειαν ἔρχεται πρὸς τὸ φῶς, ἵνα φανερωθῇ αὐτοῦ τὰ ἔργα ὅτι ἐν θεῷ ἐστιν εἰργασμένα.

ἵνα κρίνῃ... ἵνα σωθῇ   κρίνω "I judge" and   σῴζω "I save"

1. Present Active	2. Future Active	3. Aorist Active	4. Perfect Active	5. Perfect Middle	6. Aorist Passive
κρίνω	κρινῶ	ἔκρινα	κέκρινα	**κέκριμαι**	ἐκρίθην
σῴζω	σώσω	ἔσωσα	σέσωκα	σέσωμαι	ἐσώθην

¹⁸ **κρίνεται**   κρίνω "I judge"   Present middle/passive verbs are usually passive in meaning.

μὴ πιστεύων   Participles are negated by μή rather than οὐ.

κέκριται   κρίνω "I judge"   This is the first middle/passive perfect indicative we've encountered in John's Gospel. See the principal parts in the previous verse.

μή   It is odd to see the *indicative* verb, πεπίστευκεν, negated by the particle μή (but cf. BDF 428 [5]).

μονογενοῦς is a third declension genitive form.

¹⁹ **ἐλήλυθεν**   is the fourth principal part of the verb ἔρχομαι ("I come"). See the principal parts at 1:7.

μᾶλλον... ἢ   is one means of expressing a comparison: "rather... than." (Compare 1:15, 30.)

αὐτῶν   modifies ἔργα. The word order seems particularly free.

²⁰ **φαῦλα**   is a neuter plural substantive of the adjective φαῦλος, φαύλη, φαῦλον. See the notes at 3:12 for two other examples of nouns formed from adjectives. In this case, the noun is the *object* of the participle that frames it (ὁ πράσσων).

μισεῖ   μισέω "I hate" (as "*mis*ogynist, *mis*anthropic")

ἐλεγχθῇ   ἐλέγχω "I show fault, prove guilty, rebuke, expose (by testing)"

ἐλέγχω	ἐλέγξω	ἤλεγξα	---	ἐλήλεγμαι	ἠλέγχθην

This verb follows ἵνα, has a lengthened personal ending (-ῃ for -ει), and is negated by μή: it is aorist passive subjunctive. Note also that the verb is singular because the subject, τὰ ἔργα αὐτοῦ, is *neuter* plural.

²¹ **φανερωθῇ**   φανερόω "I reveal"   See the principal parts at 1:31. Again a singular verb describing the action of a neuter plural subject.

ἐστιν εἰργασμένα   ἐργάζομαι   "I do, perform"   Note the indicator -μενος in this form. This passive participle in the neuter plural functions with the helping verb ἐστιν (note: a singular verb for the neuter plural subject) to form a periphrastic verb.

ἐργάζομαι	ἐργάσομαι	εἰργασάμην	---	εἴργασμαι	εἰργάσθην

John 3:22-36 – The Testimony of John the Baptist

²² μετὰ ταῦτα ἦλθεν ὁ Ἰησοῦς καὶ οἱ μαθηταὶ αὐτοῦ εἰς τὴν Ἰουδαίαν γῆν καὶ ἐκεῖ διέτριβεν μετ᾽ αὐτῶν καὶ ἐβάπτιζεν. ²³ ἦν δὲ καὶ ὁ Ἰωάννης βαπτίζων ἐν Αἰνὼν ἐγγὺς τοῦ Σαλείμ, ὅτι ὕδατα πολλὰ ἦν ἐκεῖ, καὶ παρεγίνοντο καὶ ἐβαπτίζοντο· ²⁴ οὔπω γὰρ ἦν βεβλημένος εἰς τὴν φυλακὴν ὁ Ἰωάννης. ²⁵ ἐγένετο οὖν ζήτησις ἐκ τῶν μαθητῶν Ἰωάννου μετὰ Ἰουδαίου περὶ καθαρισμοῦ. ²⁶ καὶ ἦλθον πρὸς τὸν Ἰωάννην καὶ εἶπαν αὐτῷ, Ῥαββί, ὃς ἦν μετὰ σοῦ πέραν τοῦ Ἰορδάνου, ᾧ σὺ μεμαρτύρηκας, ἴδε οὗτος βαπτίζει καὶ πάντες ἔρχονται πρὸς αὐτόν. ²⁷ ἀπεκρίθη Ἰωάννης καὶ εἶπεν, Οὐ δύναται ἄνθρωπος λαμβάνειν οὐδὲ ἓν ἐὰν μὴ ᾖ δεδομένον αὐτῷ ἐκ τοῦ οὐρανοῦ. ²⁸ αὐτοὶ ὑμεῖς μοι μαρτυρεῖτε ὅτι εἶπον [ὅτι] Οὐκ εἰμὶ ἐγὼ ὁ Χριστός, ἀλλ᾽ ὅτι Ἀπεσταλμένος εἰμὶ ἔμπροσθεν ἐκείνου. ²⁹ ὁ ἔχων τὴν νύμφην νυμφίος ἐστίν· ὁ δὲ φίλος τοῦ νυμφίου

AIDS TO PARSING AND TRANSLATING

²² **διέτριβεν** διατρίβω "I spend time"

²³ **Αἰνών** Aenon, a village near the Jordan River
Σαλείμ Salim, another village near the Jordan
παρεγίνοντο παραγίνομαι "I arrive, come" Notice that the stem has not changed.

²⁴ **οὔπω** "not yet"
ἦν βεβλημένος βάλλω "I throw" The form is a periphrastic verb (as is ἐστιν εἰργασμένα at 3:21).

1. Present Active	2. Future Active	3. Aorist Active	4. Perfect Active	5. Perfect Middle	6. Aorist Passive
βάλλω	βαλῶ	ἔβαλον	βέβληκα	**βέβλημαι**	ἐβλήθην

Note that the subject of this verb is not mentioned until the very end of the sentence. Why might the author have constructed the sentence in this way?
φυλακήν φυλακή, φυλακῆς ἡ "jail, prison" (as "phylactery, pro-phylactic")

²⁵ **ζήτησις** ζήτησις, ζητήσεως ἡ "search, investigation, discussion" (a cognate of ζητέω, "seek")
μετὰ Ἰουδαίου μετά with the genitive "with" This discussion is "with a [fellow] Jew."

²⁶ **ὅς** nominative singular masculine relative pronoun Translate "the one who...."

²⁷ **δύναται** δύναμαι "I am able" Look for a complementary infinitive.
οὐδὲ ἕν The neuter singular form of "one" (εἷς, μία, ἕν) is *accusative* in this sentence (see the full paradigm at 1:3 modified): "...not even one thing..."
ἐὰν μή "unless" See note at 3:2. When a clause begins with ἐάν, we anticipate a subjunctive.
ᾖ δεδομένον δίδωμι "I give" Here is another periphrastic verb (as at 3:21 and 24). In this case, the form of εἰμί ("I am") in combination with a participle is subjunctive. See the principal parts at 1:12.

²⁸ **αὐτοί** when modifying a noun or pronoun, forms of αὐτός, -ή, -όν are used for emphasis. αὐτοὶ ὑμεῖς "you yourselves."
Ἀπεσταλμένος εἰμί ἀποστέλλω "I send" A fourth periphrastic verb in less than 10 verses (see also 3:21, 24, 27). See the principal parts at 1:6.

24

ὁ ἑστηκὼς καὶ ἀκούων αὐτοῦ χαρᾷ χαίρει διὰ τὴν φωνὴν τοῦ νυμφίου. αὕτη οὖν ἡ χαρὰ ἡ ἐμὴ πεπλήρωται. ³⁰ ἐκεῖνον δεῖ αὐξάνειν, ἐμὲ δὲ ἐλαττοῦσθαι. ³¹ὁ ἄνωθεν ἐρχόμενος ἐπάνω πάντων ἐστιν· ὁ ὢν ἐκ τῆς γῆς ἐκ τῆς γῆς ἐστιν καὶ ἐκ τῆς γῆς λαλεῖ. ὁ ἐκ τοῦ οὐρανοῦ ἐρχόμενος [ἐπάνω πάντων ἐστίν] ³²ὃ ἑώρακεν καὶ ἤκουσεν τοῦτο μαρτυρεῖ, καὶ τὴν μαρτυρίαν αὐτοῦ οὐδεὶς λαμβάνει. ³³ ὁ λαβὼν αὐτοῦ τὴν μαρτυρίαν ἐσφράγισεν ὅτι ὁ θεὸς ἀληθής ἐστιν. ³⁴ ὃν γὰρ ἀπέστειλεν ὁ θεὸς τὰ ῥήματα τοῦ θεοῦ λαλεῖ, οὐ γὰρ ἐκ μέτρου δίδωσιν τὸ πνεῦμα. ³⁵ ὁ πατὴρ ἀγαπᾷ τὸν υἱὸν καὶ πάντα δέδωκεν ἐν τῇ χειρὶ αὐτοῦ. ³⁶ὁ πιστεύων εἰς τὸν υἱὸν ἔχει ζωὴν αἰώνιον· ὁ δὲ ἀπειθῶν τῷ υἱῷ οὐκ ὄψεται ζωήν, ἀλλ᾽ ἡ ὀργὴ τοῦ θεοῦ μένει ἐπ᾽ αὐτόν.

---

²⁹ **ἑστηκώς** Notice the root -στη- in this verb. It is a form of ἵστημι. See the principal parts at 1:26. What do the definite article and ending of this verb form communicate? Recall also that the perfect tense of this verb is translated as a present (see 1:26).

αὐτοῦ The verb ἀκούω takes a direct object in the genitive when the object is a person.

χαρᾷ is a cognate of the verb χαίρω, likely added for emphasis: "rejoices with joy" = "rejoices greatly."

ἐμή ἐμός, ἐμή, ἐμόν "my"

πεπλήρωται πληρόω "I fulfill"

1. Present Active	2. Future Active	3. Aorist Active	4. Perfect Active	5. Perfect Middle	6. Aorist Passive
πληρόω	πληρώσω	ἐπλήρωσα	πεπλήρωκα	πεπλήρωμαι	ἐπληρώθην

³⁰ **δεῖ** Recall that this impersonal verb is usually complemented by an infinitive, and infinitives have subjects in the accusative. Such is the case here. Read in this order: δεῖ ἐκεῖνον αὐξάνειν. αὐξάνω "I grow, increase"

ἐμὲ δὲ ἐλαττοῦσθαι is a second accusative-infinitive construction (set in contrast to the first) that is also dependent upon δεῖ. The verb ἐλαττόω in the passive means "I become less important" (compare ἐλάσσω in 2:10).

³² **ὅ... τοῦτο** These two neuter forms are in apposition to one another: the relative pronoun and the clause it introduces ("that which...") define the demonstrative pronoun ("*this* he testifies"). Q: Who testifies to this? A: The subject of the sentence (ὁ ἐκ τοῦ οὐρανοῦ ἐρχόμενος).

³³ **λαβών** λαμβάνω "I take, receive" See the principal parts at 1:5. Note, in particular, the -ων ending following the nominative singular masculine definite article (ὁ)... as well as the lack of augment.

ἐσφράγισεν σφραγίζω "I seal, affirm to be true" Note the tense markers.

³⁴ **ὃν γὰρ ἀπέστειλεν ὁ θεός** This whole phrase ("For the one whom God sent") serves as the subject of λαλεῖ.

ῥήματα ῥῆμα, ῥήματος τό "word" (as "rhetoric")

ἐκ μέτρου "out of a measure," that is "out of some limited supply"

δίδωσιν Notice the root -δω- in this verb. It is a form of δίδωμι. See the principal parts at 1:12.

³⁵ **δέδωκεν** δίδωμι "I give" See the principal parts at 1:12.

χειρί χείρ, χειρός ἡ "hand" (as "chiropractor")

³⁶ **ἀπειθῶν** ἀπειθέω "I am an unbeliever"

ὄψεται ὁράω "I see" See the principal parts at 1:18.

¹ ὡς οὖν ἔγνω ὁ Ἰησοῦς ὅτι ἤκουσαν οἱ Φαρισαῖοι ὅτι Ἰησοῦς πλείονας

μαθητὰς ποιεῖ καὶ βαπτίζει ἢ Ἰωάννης ² καίτοιγε Ἰησοῦς αὐτὸς οὐκ

ἐβάπτιζεν ἀλλ᾽ οἱ μαθηταὶ αὐτοῦ ³ ἀφῆκεν τὴν Ἰουδαίαν καὶ ἀπῆλθεν

πάλιν εἰς τὴν Γαλιλαίαν. ⁴ ἔδει δὲ αὐτὸν διέρχεσθαι διὰ τῆς Σαμαρείας.

⁵ ἔρχεται οὖν εἰς πόλιν τῆς Σαμαρείας λεγομένην Συχὰρ

πλησίον τοῦ χωρίου ὃ ἔδωκεν Ἰακὼβ [τῷ] Ἰωσὴφ τῷ υἱῷ αὐτοῦ. ⁶ ἦν δὲ

ἐκεῖ πηγὴ τοῦ Ἰακώβ. ὁ οὖν Ἰησοῦς κεκοπιακὼς ἐκ τῆς ὁδοιπορίας

ἐκαθέζετο οὕτως ἐπὶ τῇ πηγῇ· ὥρα ἦν ὡς ἕκτη. ⁷ ἔρχεται γυνὴ ἐκ τῆς

AIDS TO PARSING AND TRANSLATING

¹ **ὡς**   Translate "when"

   ἔγνω   γινώσκω "know" See the principal parts at 1:10.

   πλείονας... ἢ   Takes these two words together: the third declension adjective πλείων, πλείονος ("more") modifies μαθητάς and the particle ἢ is to be translated "than."

² **καίτοιγε**   is a cluster of three connective particles: καί ("and"), τοί ("therefore"), and γέ ("indeed"). In this context, the word is best translated "although." It introduces a parenthetical remark that extends throughout verse 2.

³ **ἀφῆκεν**   is a combination of the preposition ἀπό meaning "from" and the verb ἵημι meaning "throw, hurl" that produces the verb ἀφίημι meaning "send away, forgive, leave." Like many other "μι verbs," this first aorist form substitutes a kappa (κ) for the expected sigma (σ):

1. Present Active	2. Future Active	3. Aorist Active	4. Perfect Active	5. Perfect Middle	6. Aorist Passive
ἀφίημι	ἀφήσω	**ἀφῆκα**	ἀφεῖκα	ἀφεῖμαι	ἀφείθην

The subject of the verb is Ἰησοῦς from 3:1.

⁴ **ἔδει**   is the *imperfect* form of the impersonal verb δεῖ: "it *was* necessary that...." As expected, an infinitive (διέρχεσθαι) completes the verb and has its subject in the accusative (αὐτόν).

⁵ **λεγομένην**   is a verbal adjective that modifies πόλιν. Note the indicator -μενος.

   πλησίον   is a preposition meaning "near" that takes an object in the genitive case.

   ὃ   is *not* the definite article (ὁ, "the"), but a *relative pronoun* that serves as the neuter object of the verb ἔδωκεν

   ἔδωκεν   Like ἀφῆκεν in 4:3, δίδωμι is another "μι verb" with a kappa (κ) instead of sigma (σ) in the aorist. See the principal parts at 1:12.

   [τῷ] Ἰωσὴφ   The definite article informs us that the proper name – which does not decline – should be read as a dative. Furthermore, the noun τῷ υἱῷ αὐτοῦ is in *apposition* to this dative (see 3:1).

⁶ **κεκοπιακὼς**   κοπιάω "work, labor." Examine this word for tense indicators.

   ὁδοιπορίας   is a compound of the nouns ὁδός meaning "way" and πόρος meaning "pathway, track." The compounded word means "a journey."

   ἐκαθέζετο   καθέζομαι means "sit." (A "cathedral" is a church where the bishop sits.)

   οὕτως   modifies either "sat" and so "sat right down," or modifies "tired" and so "tired as he was."

   ὡς   With references to time, translate "about."

Σαμαρείας ἀντλῆσαι ὕδωρ. λέγει αὐτῇ ὁ Ἰησοῦς, Δός μοι πεῖν· [8] οἱ γὰρ μαθηταὶ αὐτοῦ ἀπεληλύθεισαν εἰς τὴν πόλιν ἵνα τροφὰς ἀγοράσωσιν. [9] λέγει οὖν αὐτῷ ἡ γυνὴ ἡ Σαμαρῖτις, Πῶς σὺ Ἰουδαῖος ὢν παρ᾽ ἐμοῦ πεῖν αἰτεῖς γυναικὸς Σαμαρίτιδος οὔσης; οὐ γὰρ συγχρῶνται Ἰουδαῖοι Σαμαρίταις. [10] ἀπεκρίθη Ἰησοῦς καὶ εἶπεν αὐτῇ, Εἰ ᾔδεις τὴν δωρεὰν τοῦ θεοῦ καὶ τίς ἐστιν ὁ λέγων σοι, Δός μοι πεῖν, σὺ ἂν ᾔτησας αὐτὸν καὶ ἔδωκεν ἄν σοι ὕδωρ ζῶν. [11] λέγει αὐτῷ [ἡ γυνή], Κύριε, οὔτε ἄντλημα ἔχεις καὶ τὸ φρέαρ ἐστὶν βαθύ· πόθεν οὖν ἔχεις τὸ ὕδωρ τὸ ζῶν; [12] μὴ σὺ μείζων εἶ τοῦ πατρὸς ἡμῶν Ἰακώβ, ὃς ἔδωκεν ἡμῖν τὸ φρέαρ καὶ αὐτὸς ἐξ αὐτοῦ ἔπιεν καὶ οἱ υἱοὶ αὐτοῦ καὶ τὰ θρέμματα αὐτοῦ; [13] ἀπεκρίθη

---

[7] **ἀντλῆσαι**   is an aorist infinitive of ἀντλέω ("I draw") used to express purpose. See 2:8.

δός   Do you recognize the verbal root? The verb is in the imperative mood. Supply the unexpressed word "something" (τι) in your translation.

πεῖν   is an infinitive of the verb πίνω meaning "I drink." What tense is it?

1. Present Active	2. Future Active	3. Aorist Active	4. Perfect Active	5. Perfect Middle	6. Aorist Passive
πίνω	πίομαι	ἔπιον	πέπωκα	πέπομαι	ἐπόθην

[8] **ἀπεληλύθεισαν**   is a compound of ἀπό ("from") and ἔρχομαι ("I come"). See the principal parts at 1:7. What tense is this verb?

ἀγοράσωσιν   ἀγοράζω "I buy"   Why is this verb in the subjunctive?

[9] **Ἰουδαῖος ὤν**   further describes σύ. ὤν and οὔσης (at the end of the clause) are both forms of the present participle of the verb "to be."

παρ᾽ ἐμοῦ πεῖν   The infinitive clause is dependent upon αἰτεῖς. As in 4:7, supply the unexpressed word "something" (τι) in your translation.

γυναικὸς Σαμαρίτιδος οὔσης   This genitive phrase modifies ἐμοῦ.

συγχρῶνται   συγχράομαι "I associate with" + dative case.

[10] **ᾔδεις**   οἶδα "I know" See 1:31.

ἄν   ᾔτησας (a form of αἰτέω, "I ask") and ἔδωκεν (see 1:12), two past tense indicatives, appear here in a "condition contrary to fact": "If you knew (but you did not), you would have asked (but, not knowing, you did not ask)."

αἰτέω	αἰτήσω	ᾔτησα	ᾔτηκα	ᾔτημαι	ᾐτήθην

ζῶν   is a participial form of the contract verb ζάω ("I live").

[11] **βαθύ**   βαθύς, βαθεία, βαθύ "deep"

[12] **μή**   introduces a question that anticipates a negative answer: "you are not..., are you?"

μείζων   is a comparative (see 1:50). The genitive case rather than the particle ἤ conveys the comparison (see 4:1).

Ἰησοῦς καὶ εἶπεν αὐτῇ, Πᾶς ὁ πίνων ἐκ τοῦ ὕδατος τούτου διψήσει πάλιν· ¹⁴ ὃς δ' ἂν πίῃ ἐκ τοῦ ὕδατος οὗ ἐγὼ δώσω αὐτῷ, οὐ μὴ διψήσει εἰς τὸν αἰῶνα, ἀλλὰ τὸ ὕδωρ ὃ δώσω αὐτῷ γενήσεται ἐν αὐτῷ πηγὴ ὕδατος ἁλλομένου εἰς ζωὴν αἰώνιον. ¹⁵ λέγει πρὸς αὐτὸν ἡ γυνή, Κύριε, δός μοι τοῦτο τὸ ὕδωρ, ἵνα μὴ διψῶ μηδὲ διέρχωμαι ἐνθάδε ἀντλεῖν. ¹⁶ λέγει αὐτῇ, Ὕπαγε φώνησον τὸν ἄνδρα σου καὶ ἐλθὲ ἐνθάδε. ¹⁷ ἀπεκρίθη ἡ γυνὴ καὶ εἶπεν αὐτῷ, Οὐκ ἔχω ἄνδρα. λέγει αὐτῇ ὁ Ἰησοῦς, Καλῶς εἶπας ὅτι Ἄνδρα οὐκ ἔχω· ¹⁸ πέντε γὰρ ἄνδρας ἔσχες καὶ νῦν ὃν ἔχεις οὐκ ἔστιν σου ἀνήρ· τοῦτο ἀληθὲς εἴρηκας. ¹⁹ λέγει αὐτῷ ἡ γυνή, Κύριε, θεωρῶ ὅτι προφήτης εἶ σύ. ²⁰ οἱ πατέρες ἡμῶν ἐν τῷ ὄρει τούτῳ προσεκύνησαν· καὶ

---

[13] **πίνων** πίνω "I drink" Principal parts on previous page.

διψήσει διψάω "I thirst"

[14] **ὃς δ' ἂν** "But who*ever*...."

οὗ Note the breathing mark. This verse has three relative pronouns.

οὐ μή This double negative is emphatic, particularly with the *future* (rather than subjunctive) mood.

γενήσεται γίνομαι "I happen, become" See the principal parts at 1:3.

ἁλλομένου is active despite the middle/passive form, from deponent ἅλλομαι ("I jump, spring").

[15] **δός** Compare to the same in 4:7.

ἵνα introduces two subjunctive verbs: μὴ διψῶ μηδὲ διέρχωμαι. Note the negative particle μή with the subjunctive.

ἐνθάδε "here" The word recurs in 4:16.

ἀντλεῖν ἀντλέω "I draw" This infinitive is dependent upon διέρχωμαι. It expresses purpose in and of itself.

[16] **Ὕπαγε φώνησον... ἐλθέ** is a series of three imperatives. The epsilon (ε) ending is the regular second singular imperative ending in the present and second aorist. The first aorist imperative ending -σον may be familiar from the liturgical expression κύριε, ἐλέησον ("Lord, have mercy").

[17] **Καλῶς** is an adverb. καλός, -ή, όν (adj.) = "good" καλῶς (adv.) = "well"

[18] **ἔσχες** ἔχω "I have" See the principal parts at 2:3. The verb form is aorist.

ἀληθές is a neuter form of a third declension adjective ("true thing").

εἴρηκας λέγω "I say, speak"

1. Present Active	2. Future Active	3. Aorist Active	4. Perfect Active	5. Perfect Middle	6. Aorist Passive
λέγω	ἐρῶ	εἶπον	εἴρηκα	εἴρημαι	ἐρρέθην

[19] **θεωρῶ** The dictionary entry form is θεωρέω ("I see"). This word is a contract verb.

[20] **ὄρει** ὄρος, ὄρους τό "mountain" Declines like γένος.

προσεκύνησαν προσκυνέω "I worship." This verb occurs nine times in 4:20-24.

ὑμεῖς λέγετε ὅτι ἐν Ἱεροσολύμοις ἐστὶν ὁ τόπος ὅπου προσκυνεῖν δεῖ.

²¹ λέγει αὐτῇ ὁ Ἰησοῦς, Πίστευέ μοι, γύναι, ὅτι ἔρχεται ὥρα ὅτε οὔτε ἐν τῷ ὄρει τούτῳ οὔτε ἐν Ἱεροσολύμοις προσκυνήσετε τῷ πατρί. ²² ὑμεῖς προσκυνεῖτε ὃ οὐκ οἴδατε· ἡμεῖς προσκυνοῦμεν ὃ οἴδαμεν, ὅτι ἡ σωτηρία ἐκ τῶν Ἰουδαίων ἐστίν. ²³ ἀλλὰ ἔρχεται ὥρα καὶ νῦν ἐστιν, ὅτε οἱ ἀληθινοὶ προσκυνηταὶ προσκυνήσουσιν τῷ πατρὶ ἐν πνεύματι καὶ ἀληθείᾳ· καὶ γὰρ ὁ πατὴρ τοιούτους ζητεῖ τοὺς προσκυνοῦντας αὐτόν. ²⁴ πνεῦμα ὁ θεός, καὶ τοὺς προσκυνοῦντας αὐτὸν ἐν πνεύματι καὶ ἀληθείᾳ δεῖ προσκυνεῖν. ²⁵ λέγει αὐτῷ ἡ γυνή, Οἶδα ὅτι Μεσσίας ἔρχεται ὁ λεγόμενος Χριστός· ὅταν ἔλθῃ ἐκεῖνος, ἀναγγελεῖ ἡμῖν ἅπαντα. ²⁶ λέγει αὐτῇ ὁ Ἰησοῦς, Ἐγώ εἰμι, ὁ λαλῶν σοι.

ὅπου "where"

²¹ **γύναι** Given the mood of the preceding verb, guess the case of this third declension noun. See also 2:4.

οὔτε... οὔτε "neither... nor"

²² **ὅ** This relative pronoun appears twice in this verse. Note the gender.

²³ **προσκυνηταί** is *not* a form of the verb, but of a cognate first declension noun, προσκυνητής, -οῦ.

τοιούτους is a form of the demonstrative pronoun τοιοῦτος meaning "such a one."

αὐτόν Previous objects of the verb προσκυνέω occur in the dative (as τῷ πατρί in 4:21, 23). The verb takes both dative and accusative as direct object.

²⁴ **πνεῦμα ὁ θεός** The nouns actually form a sentence in which the verb "to be" is implicit: "God *is* spirit." The noun ὁ θεός has the definite article and is therefore the subject.

τοὺς προσκυνοῦντας As a result of the construction introduced by δεῖ (start there!) this accusative serves as the *subject* of the infinitive προσκυνεῖν. The object of the infinitive is αὐτόν.

²⁵ **ὅταν ἔλθῃ** How does this subjunctive phrase differ from the indicative ὅτε ἔρχεται ("when he comes")?

ἀναγγελεῖ from ἀναγγέλλω, a liquid verb. What tense is it?

1. Present Active	2. Future Active	3. Aorist Active	4. Perfect Active	5. Perfect Middle	6. Aorist Passive
ἀγγέλλω	ἀγγελῶ	ἤγγειλα	ἤγγελκα	ἤγγελμαι	ἠγγέλθην

ἅπαντα is a form of ἅπας, an alternative form of πᾶς.

²⁷ Καὶ ἐπὶ τούτῳ ἦλθαν οἱ μαθηταὶ αὐτοῦ καὶ ἐθαύμαζον ὅτι μετὰ γυναικὸς ἐλάλει· οὐδεὶς μέντοι εἶπεν, Τί ζητεῖς ἢ Τί λαλεῖς μετ' αὐτῆς; ²⁸ ἀφῆκεν οὖν τὴν ὑδρίαν αὐτῆς ἡ γυνὴ καὶ ἀπῆλθεν εἰς πόλιν καὶ λέγει τοῖς ἀνθρώποις, ²⁹ Δεῦτε ἴδετε ἄνθρωπον ὃς εἶπέν μοι πάντα ὅσα ἐποίησα, μήτι οὗτός ἐστιν ὁ Χριστός; ³⁰ ἐξῆλθον ἐκ τῆς πόλεως καὶ ἤρχοντο πρὸς αὐτόν. ³¹ Ἐν τῷ μεταξὺ ἠρώτων αὐτὸν οἱ μαθηταὶ λέγοντες, Ῥαββί, φάγε. ³² ὁ δὲ εἶπεν αὐτοῖς, Ἐγὼ βρῶσιν ἔχω φαγεῖν ἣν ὑμεῖς οὐκ οἴδατε. ³³ ἔλεγον οὖν οἱ μαθηταὶ πρὸς ἀλλήλους, Μή τις ἤνεγκεν αὐτῷ φαγεῖν; ³⁴ λέγει αὐτοῖς ὁ Ἰησοῦς, Ἐμὸν βρῶμά ἐστιν ἵνα ποιήσω τὸ θέλημα τοῦ πέμψαντός με καὶ τελειώσω αὐτοῦ τὸ ἔργον. ³⁵ οὐχ ὑμεῖς λέγετε ὅτι Ἔτι τετράμηνός ἐστιν καὶ ὁ θερισμὸς ἔρχεται; ἰδοὺ

AIDS TO PARSING AND TRANSLATING

²⁷ **ἐπὶ τούτῳ** is an abbreviated temporal marker. Supply [τῷ χρόνῳ] following. See 1:29 (modified).

ἐλάλει An imperfect form of the epsilon-contract verb λαλέω.

τί interrogative pronoun: "What?" or "Why?"

²⁸ **ἀφῆκεν** ἀφίημι "I leave" See 4:3.

²⁹ **Δεῦτε** is the plural form of δεῦρο, an adverb meaning "to here" often used as an imperative: "Come here!" or "Come on!" δεῦρο and δεῦτε are the only forms of this adverb.

ἴδετε ὁράω "I see" See the principal parts at 1:18.

ὅσα is a neuter plural form of the relative pronoun ὅσος meaning "as much as, as many as." Because it is neuter plural, supply the word "things." ὅσα ἐποίησα modifies πάντα.

μήτι is an alternative form of μή which, at the beginning of a question, anticipates a negative answer: "this (person) is not... is he?" See 4:12.

³⁰ **ἤρχοντο** Note that there is no stem change in this past tense of ἔρχομαι ("I come").

³¹ **μεταξύ** "meanwhile"

ἠρώτων ἐρωτάω "I ask" Here is a rare instance of -ων where it is neither genitive plural nor a participle, but a third person plural imperfect indicative (-α + -ον = -ων).

φάγε ἐσθίω "I eat" See the principal parts at 2:17

³² **βρῶσιν** βρῶσις, βρώσεως ἡ "food." Awareness of the *feminine* gender of this word will assist in your translation of the rest of the statement.

³³ **ἀλλήλους** is a form of a reciprocal pronoun meaning "one another" that has only three forms: ἀλλήλων (genitive), ἀλλήλοις (dative), ἀλλήλους (accusative).

ἤνεγκεν φέρω "I bring" See the principal parts at 2:8.

³⁴ **Ἐμόν** ἐμός, ἐμή, ἐμόν "my"

βρῶμά βρῶμα, βρώματος τό "food" A related word βρῶσις, βρώσεως ἡ occurs at 4:32.

ποιήσω Here ἵνα with the subjunctive is a "noun clause" best translated "doing" or "completing."

πέμψαντός πέμπω "I send" See 1:22 and 1:33.

τελειώσω τελειόω "I finish, complete"

³⁵ **τετράμηνός** τετράμηνος, τετραμήνου ἡ "a four-month period"

λέγω ὑμῖν, ἐπάρατε τοὺς ὀφθαλμοὺς ὑμῶν καὶ θεάσασθε τὰς χώρας ὅτι λευκαί εἰσιν πρὸς θερισμόν. ἤδη ³⁶ ὁ θερίζων μισθὸν λαμβάνει καὶ συνάγει καρπὸν εἰς ζωὴν αἰώνιον, ἵνα ὁ σπείρων ὁμοῦ χαίρῃ καὶ ὁ θερίζων. ³⁷ ἐν γὰρ τούτῳ ὁ λόγος ἐστὶν ἀληθινὸς ὅτι Ἄλλος ἐστὶν ὁ σπείρων καὶ ἄλλος ὁ θερίζων. ³⁸ ἐγὼ ἀπέστειλα ὑμᾶς θερίζειν ὃ οὐχ ὑμεῖς κεκοπιάκατε· ἄλλοι κεκοπιάκασιν καὶ ὑμεῖς εἰς τὸν κόπον αὐτῶν εἰσεληλύθατε. ³⁹ ἐκ δὲ τῆς πόλεως ἐκείνης πολλοὶ ἐπίστευσαν εἰς αὐτὸν τῶν Σαμαριτῶν διὰ τὸν λόγον τῆς γυναικὸς μαρτυρούσης ὅτι Εἶπέν μοι πάντα ἃ ἐποίησα. ⁴⁰ ὡς οὖν ἦλθον πρὸς αὐτὸν οἱ Σαμαρῖται, ἠρώτων αὐτὸν μεῖναι παρ' αὐτοῖς· καὶ ἔμεινεν ἐκεῖ δύο ἡμέρας. ⁴¹ καὶ πολλῷ πλείους ἐπίστευσαν διὰ τὸν λόγον αὐτοῦ, ⁴² τῇ τε γυναικὶ ἔλεγον ὅτι Οὐκέτι διὰ τὴν σὴν λαλιὰν πιστεύομεν· αὐτοὶ γὰρ ἀκηκόαμεν καὶ οἴδαμεν ὅτι οὗτός ἐστιν ἀληθῶς ὁ σωτὴρ τοῦ κόσμου.

ἐπάρατε ἐπαίρω (ἐπί + αἴρω) "I lift up" See the principal parts at 2:16.

θεάσασθε θεάομαι "I see" What is the tense? The mood?

χώρας χώρα, χώρας ἡ "countryside, land" The accompanying definite article will help you determine the case and number of this noun.

λευκαί λευκός, -ή, -όν "white" (as "leukemia")

³⁶ **θερίζων... σπείρων** present nominative masculine singular participles

ἵνα... χαίρῃ Here ἵνα with the subjunctive expresses result.

ὁμοῦ adverb meaning "together"

³⁷ **Ἄλλος... καὶ ἄλλος....** Translate "one... and another...."

σπείρων σπείρω "I sow"

³⁸ **ἀπέστειλα** is first aorist of ἀποστέλλω.

κεκοπιάκατε... κεκοπιάκασιν are both forms of the verb κοπιάω ("I work, labor") which is related to the noun that also occurs in this verse: κόπος, κόπου ὁ ("labor"). See also 4:6.

εἰσεληλύσατε εἰς ("into") + ἔρχομαι ("I come, go") See the principal parts at 1:7.

³⁹ **μαρτυρούσης** is a feminine form of the participle. What noun does it modify?

⁴⁰ **ἠρώτων** See 4:31.

μεῖναι... ἔμεινεν μένω "I abide, stay" See the principal parts at 1:32.

⁴¹ **πολλῷ πλείους** literalistically "more (people) by much," and so "many more (people)"

⁴² **Οὐκέτι** "no longer"

λαλιάν λαλιά, λαλιᾶς ἡ "talk, speech, statement" Cognate of λαλέω, "I speak" (see 4:27).

αὐτοί is emphatic, underscoring the pronoun implied in the main verb: "we ourselves."

ἀκηκόαμεν ἀκούω "I hear"

1. Present Active	2. Future Active	3. Aorist Active	4. Perfect Active	5. Perfect Middle	6. Aorist Passive
ἀκούω	ἀκούσω	ἤκουσα	ἀκήκοα	---	ἠκούσθην

ἀληθῶς Again (as at 4:17) -ως indicates an adverb. Cognate of ἀλήθεια and ἀληθινός (4:23).

⁴³ Μετὰ δὲ τὰς δύο ἡμέρας ἐξῆλθεν ἐκεῖθεν εἰς τὴν Γαλιλαίαν· ⁴⁴ αὐτὸς γὰρ Ἰησοῦς ἐμαρτύρησεν ὅτι προφήτης ἐν τῇ ἰδίᾳ πατρίδι τιμὴν οὐκ ἔχει. ⁴⁵ ὅτε οὖν ἦλθεν εἰς τὴν Γαλιλαίαν, ἐδέξαντο αὐτὸν οἱ Γαλιλαῖοι πάντα ἑωρακότες ὅσα ἐποίησεν ἐν Ἰεροσολύμοις ἐν τῇ ἑορτῇ, καὶ αὐτοὶ γὰρ ἦλθον εἰς τὴν ἑορτήν. ⁴⁶ ἦλθεν οὖν πάλιν εἰς τὴν Κανὰ τῆς Γαλιλαίας, ὅπου ἐποίησεν τὸ ὕδωρ οἶνον. καὶ ἦν τις βασιλικὸς οὗ ὁ υἱὸς ἠσθένει ἐν Καφαρναούμ. ⁴⁷ οὗτος ἀκούσας ὅτι Ἰησοῦς ἥκει ἐκ τῆς Ἰουδαίας εἰς τὴν Γαλιλαίαν ἀπῆλθεν πρὸς αὐτὸν καὶ ἠρώτα ἵνα καταβῇ καὶ ἰάσηται αὐτοῦ τὸν υἱόν, ἤμελλεν γὰρ ἀποθνῄσκειν. ⁴⁸ εἶπεν οὖν ὁ Ἰησοῦς

AIDS TO PARSING AND TRANSLATING

⁴³ **ἐκεῖθεν** is a combination of ἐκεῖ ("there, in that place") and -θεν ("from").

⁴⁴ **αὐτὸς Ἰησοῦς** "Jesus himself...." See 4:42.

   ἰδίᾳ ἴδιος, -α, -ον "one's own." See also 1:41. The adjective is used substantivally (as a noun) at 1:11 (2x).

   πατρίδι πατρίς, πατρίδος ἡ "home town, home territory"

   τιμήν τιμή, τιμῆς ἡ "honor"

⁴⁵ **ὅτε** "when"

   ἐδέξαντο δέχομαι "I welcome, receive"

1. Present Active	2. Future Active	3. Aorist Active	4. Perfect Active	5. Perfect Middle	6. Aorist Passive
δέχομαι	δέξομαι	ἐδεξάμην	---	δέδεγμαι	ἐδέχθην

   ἑωρακότες ὁράω "I see" See the principal parts at 1:18.

   ὅσα See the note at 4:29.

   ἑορτῇ ἑορτή, ἑορτῆς ἡ "feast." See also 2:23.

⁴⁶ **ὅπου** "where" See 4:20.

   τὸ ὕδωρ οἶνον Supply the verb "to be."

   ἦν Translate simply "there was."

   τις without an accent is an indefinite pronoun: "some, a certain."

   βασιλικός is a substantive form of the adjective βασιλικός, -ή, -όν that means "royal." Here and at 4:49 translate as "royal official."

   οὗ is a form of the relative pronoun.

   ἠσθένει ἀσθενέω "I am sick, ill"

⁴⁷ **ἀκούσας** See 1:33 and 1:36.

   ἥκει is the *unaugmented* form of ἥκω ("arrive, come, be present"). See 2:4.

   ἠρώτα ἐρωτάω "I ask"

   καταβῇ κατά ("down") + βαίνω ("I go") See the principal parts at 2:12.

   ἰάσηται ἰάομαι "I heal" Note the markers of tense and mood.

   ἤμελλεν is the imperfect form of the verb μέλλω meaning "I am going to x, about to x." The verb introduces a phrase that is typically completed by an infinitive (as here).

   ἀποθνῄσκειν ἀποθνῄσκω "I die"

ἀποθνῄσκω	ἀποθανέομαι	ἀπέθανον	τέθνηκα	---	---

πρὸς αὐτόν, Ἐὰν μὴ σημεῖα καὶ τέρατα ἴδητε, οὐ μὴ πιστεύσητε. ⁴⁹ λέγει πρὸς αὐτὸν ὁ βασιλικὸς, Κύριε, κατάβηθι πρὶν ἀποθανεῖν τὸ παιδίον μου. ⁵⁰ λέγει αὐτῷ ὁ Ἰησοῦς, Πορεύου, ὁ υἱός σου ζῇ. ἐπίστευσεν ὁ ἄνθρωπος τῷ λόγῳ ὃν εἶπεν αὐτῷ ὁ Ἰησοῦς καὶ ἐπορεύετο. ⁵¹ ἤδη δὲ αὐτοῦ καταβαίνοντος οἱ δοῦλοι αὐτοῦ ὑπήντησαν αὐτῷ λέγοντες ὅτι ὁ παῖς αὐτοῦ ζῇ. ⁵² ἐπύθετο οὖν τὴν ὥραν παρ' αὐτῶν ἐν ᾗ κομψότερον ἔσχεν· εἶπαν οὖν αὐτῷ ὅτι Ἐχθὲς ὥραν ἑβδόμην ἀφῆκεν αὐτὸν ὁ πυρετός. ⁵³ ἔγνω οὖν ὁ πατὴρ ὅτι [ἐν] ἐκείνῃ τῇ ὥρᾳ ἐν ᾗ εἶπεν αὐτῷ ὁ Ἰησοῦς, Ὁ υἱός σου ζῇ, καὶ ἐπίστευσεν αὐτὸς καὶ ἡ οἰκία αὐτοῦ ὅλη. ⁵⁴ τοῦτο [δὲ] πάλιν δεύτερον σημεῖον ἐποίησεν ὁ Ἰησοῦς ἐλθὼν ἐκ τῆς Ἰουδαίας εἰς τὴν Γαλιλαίαν.

---

⁴⁸ **Ἐὰν μή**   "unless." See note at 3:2.

τέρατα   τέρας, τέρατος τό   "wonder"

οὐ μὴ πιστεύσητε   The emphatic οὐ μὴ + plural aorist subjunctive here has the sense, "you people will definitely not ever come to faith."

⁴⁹ **βασιλικός**   See 4:46.

κατάβηθι   is an imperatival form of the verb καταβαίνω ("I go down, come down").   See the principal parts at 2:12.

πρίν   is a conjunction meaning "before."   Here the word introduces a construction in which an accusative is the subject of the infinitive.

⁵⁰ **Πορεύου**   πορεύομαι   "I go"   The form is an imperative in the middle voice.   **ἐπορεύετο** is imperfect indicative.

ζῇ   is the present indicative form of the alpha-contract verb ζάω ("I live").   These forms are somewhat irregular: ζῶ, ζῇς, ζῇ, ζῶμεν, ζῆτε, ζῶσιν.   (The subjunctive is identical.)

⁵¹ **ἤδη δὲ αὐτοῦ καταβαίνοντος** is a phrase with a pronoun in the genitive and a participle in the genitive.   What is the name of this construction?

ὑπήντησαν   ὑπαντάω   "I meet"

⁵² **ἐπύθετο**   πυνθάνομαι   "I inquire, learn"

1. Present Active	2. Future Active	3. Aorist Active	4. Perfect Active	5. Perfect Middle	6. Aorist Passive
πυνθάνομαι	πεύσομαι	ἐπυθόμην	---	πέπυσμαι	---

κομψότερον   is the comparative form (-τερος; English "-er") of the adjective κομψός, -ή, -όν ("well, healthy"), so "better." Here the neuter form of the adjective functions as an adverb with ἔσχεν.

ἔσχεν   ἔχω "I have" See the principal parts at 2:3. The verb is part of an idiomatic expression: when the verb ἔχω is used with an adverb, it is best translated "to be." For example, the phrase "καλῶς ἔχω" means "I am well." Here the aorist with κομψότερον has the meaning "began to get better."

Ἐχθές   "yesterday"

⁵³ **ἔγνω**   γινώσκω   "I know"   See the principal parts at 1:10.

ὅτι [ἐν]   Supply "it was" between these words.

ὅλη   ὅλος, -η, -ον   "whole."   This adjective typically occurs without an immediately preceding article (as here).

⁵⁴ **τοῦτο... δεύτερον σημεῖον**   is the object of the main verb in this sentence.   Compare 2:11, ταύτην... ἀρχὴν τῶν σημείων.

¹Μετὰ ταῦτα ἦν ἑορτὴ τῶν Ἰουδαίων, καὶ ἀνέβη Ἰησοῦς εἰς Ἱεροσόλυμα. ²ἔστιν δὲ ἐν τοῖς Ἱεροσολύμοις ἐπὶ τῇ προβατικῇ κολυμβήθρα ἡ ἐπιλεγομένη Ἑβραϊστὶ Βηθζαθὰ πέντε στοὰς ἔχουσα. ³ἐν ταύταις κατέκειτο πλῆθος τῶν ἀσθενούντων, τυφλῶν, χωλῶν, ξηρῶν. ⁴[ἄγγελος γὰρ κυρίου κατὰ καιρὸν κατέβαινεν (or ἐλούετο) ἐν τῇ κολυμβήθρᾳ καὶ ἐταράσσετο τὸ ὕδωρ· ὁ οὖν πρῶτος ἐμβὰς μετὰ τὴν ταραχὴν τοῦ ὕδατος ὑγιὴς ἐγίνετο οἵῳ δήποτ' οὖν κατείχετο νοσήματι] ⁵ἦν δέ τις ἄνθρωπος ἐκεῖ τριάκοντα [καὶ] ὀκτὼ

AIDS TO PARSING AND TRANSLATING

¹ **ἀνέβη** ἀναβαίνω "I ascend" The stem -βαίνω means "I walk, step." See the principal parts at 2:12. In the NT this verb occurs only in compound form such as: ἀναβαίνω, ἐμβαίνω, καταβαίνω, μεταβαίνω. ἀνά = up, ἐμ or ἐν = in, κατά = down, μετά = across.

² **ἐπὶ τῇ προβατικῇ** A word needs to be supplied, probably "gate" (Greek πύλη). προβατικός, -ή, -όν "pertaining to sheep" προβατικὴ πύλη = "sheep gate"

κολυμβήθρα "pool" What case?

ἐπιλεγομένη and **ἔχουσα** are participles. ἐπιλέγω "I name, call" What does –μενη indicate? What case, number and gender are these participles? What word do these participles modify? In analyzing ἔχουσα, remember πᾶς, πᾶσα, πᾶν.

πέντε "five" (as "pentagon")

στοάς στοά, -ᾶς ἡ "portico, covered arcade"

³ **κατέκειτο** κατακεῖμαι "I lie down"

πλῆθος "crowd, throng"

ἀσθενούντων ἀσθενέω "I am ill" An -έω verb with principal parts like ποιέω (2:5).

τυφλῶν τυφλός "blind"

χωλῶν χωλός "lame"

ξηρῶν ξηρός "paralyzed," literally "dry" (cp. "Xerox," a dry ink copier)

⁴ **κατὰ καιρόν** "from time to time"

κατέβαινεν καταβαίνω "I go down, descend" See 5:1.

ἐλούετο λούω "I wash" Here the middle form has middle meaning, "washed [himself]."

ἐτάρασσε ταράσσω "I stir up, agitate"

1. Present Active	2. Future Active	3. Aorist Active	4. Perfect Active	5. Perfect Middle	6. Aorist Passive
ταράσσω	ταράξω	ἐτάραξα	τετάρακα	τετάραγμαι	ἐταράχθην

ἐμβάς ἐμβαίνω "I step in, enter" See the principal parts at 2:12. See also 5:1. For the form of ἐμβάς, think of πᾶς.

ταραχήν ταραχή, -ῆς ἡ "stirring, agitation." A noun, cognate of ταράσσω earlier in this verse.

ὑγιής "healthy, well" (like "hygiene") Declined like ἀληθής.

οἵῳ δήποτ' "from whatever" Read with νοσήματι, so "from whatever illness."

κατείχετο κατέχω "I hold fast, possess" κατά + ἔχω

νοσήματι νόσημα, νοσήματος τό "illness, disease"

⁵ **τριάκοντα** "thirty"

ὀκτώ "eight"

ἔτη ἔχων ἐν τῇ ἀσθενείᾳ αὐτοῦ. ⁶ τοῦτον ἰδὼν ὁ Ἰησοῦς κατακείμενον καὶ γνοὺς ὅτι πολὺν ἤδη χρόνον ἔχει, λέγει αὐτῷ, Θέλεις ὑγιὴς γενέσθαι; ⁷ ἀπεκρίθη αὐτῷ ὁ ἀσθενῶν, Κύριε, ἄνθρωπον οὐκ ἔχω ἵνα ὅταν ταραχθῇ τὸ ὕδωρ βάλῃ με εἰς τὴν κολυμβήθραν· ἐν ᾧ δὲ ἔρχομαι ἐγώ, ἄλλος πρὸ ἐμοῦ καταβαίνει. ⁸ λέγει αὐτῷ ὁ Ἰησοῦς, Ἔγειρε ἆρον τὸν κράβαττόν σου καὶ περιπάτει. ⁹ καὶ εὐθέως ἐγένετο ὑγιὴς ὁ ἄνθρωπος καὶ ἦρεν τὸν κράβαττον αὐτοῦ καὶ περιεπάτει. Ἦν δὲ σάββατον ἐν ἐκείνῃ τῇ ἡμέρᾳ. ¹⁰ ἔλεγον οὖν οἱ Ἰουδαῖοι τῷ τεθεραπευμένῳ, Σάββατόν ἐστιν, καὶ οὐκ ἔξεστίν σοι ἆραι τὸν κράβαττόν σου. ¹¹ ὁ δὲ ἀπεκρίθη αὐτοῖς, Ὁ ποιήσας με ὑγιῆ ἐκεῖνός μοι εἶπεν, Ἆρον τὸν κράβαττόν σου καὶ περιπάτει. ¹² ἠρώτησαν αὐτόν, Τίς ἐστιν ὁ ἄνθρωπος ὁ εἰπών σοι, Ἆρον καὶ περιπάτει; ¹³ ὁ δὲ ἰαθεὶς οὐκ ᾔδει τίς ἐστιν, ὁ γὰρ Ἰησοῦς ἐξένευσεν ὄχλου ὄντος ἐν τῷ τόπῳ.

ἔχων Here ἔχων (and ἔχει at verse 6) means "being [in a certain condition]," i.e. "living with his disability" for 38 years.

ἔτη ἔτος "year" A third declension neuter nouns declined as follows:

N	ἔτος	ἔτη
G	ἔτους	ἔτων
D	ἔτει	ἔτεσιν
A	ἔτος	ἔτη

Note (1) the iota in dative singular, (2) how the accusative form is identical to the nominative (as with all neuters!), and (3) expected -ων in the genitive plural.

⁶ **γνούς** Participle of γινώσκω "I know" (principal parts at 1:10). Here: aorist active, nominative singular masculine.

πολύν "much, many" ("polysci, polyglot") The word is a very common adjective.

⁷ **ἐν ᾧ** "in (the time) in which" or "while"

⁸ **Ἔγειρε** ἐγείρω "I rise, get up" See 2:19 for principal parts.

ἆρον αἴρω "I take up, take away" (five times in John 5) See 2:16 for principal parts. ἆρον is aorist active imperative. Memorable: ὁ ἀμνὸς τοῦ θεοῦ ὁ αἴρων τὴν ἁμαρτίαν τοῦ κόσμου (1:29).

κράβαττον κράβαττος, -ου ὁ "cot, mat"

περιπάτει περιπατέω "I walk" ("peripatetic") This is another common –έω verb with principal parts like ποιέω (2:5).

⁹ **εὐθέως** "immediately"

¹⁰ **τεθεραπευμένῳ** θεραπεύω "I heal"

ἔξεστιν "is right, is proper" (usually 3ʳᵈ personal impersonal; often followed by an infinitive)

ἆραι aorist active infinitive; see 5:8.

¹³ **ἰαθείς** ἰάομαι "I heal, make well" What tips you off that ἰαθείς is aorist passive?

ἐξένευσεν ἐκνεύω "I move away quietly"

¹⁴μετὰ ταῦτα εὑρίσκει αὐτὸν ὁ Ἰησοῦς ἐν τῷ ἱερῷ καὶ εἶπεν αὐτῷ, Ἴδε

ὑγιὴς γέγονας. μηκέτι ἁμάρτανε, ἵνα μὴ χεῖρόν σοί τι γένηται. ¹⁵ἀπῆλθεν

ὁ ἄνθρωπος καὶ ἀνήγγειλεν τοῖς Ἰουδαίοις ὅτι Ἰησοῦς ἐστιν ὁ ποιήσας

αὐτὸν ὑγιῆ. ¹⁶καὶ διὰ τοῦτο ἐδίωκον οἱ Ἰουδαῖοι τὸν Ἰησοῦν, ὅτι ταῦτα

ἐποίει ἐν σαββάτῳ. ¹⁷ὁ δὲ [Ἰησοῦς] ἀπεκρίνατο αὐτοῖς, Ὁ πατήρ μου

ἕως ἄρτι ἐργάζεται, κἀγὼ ἐργάζομαι. ¹⁸διὰ τοῦτο οὖν μᾶλλον ἐζήτουν

αὐτὸν οἱ Ἰουδαῖοι ἀποκτεῖναι, ὅτι οὐ μόνον ἔλυεν τὸ σάββατον, ἀλλὰ καὶ

πατέρα ἴδιον ἔλεγεν τὸν θεὸν ἴσον ἑαυτὸν ποιῶν τῷ θεῷ. ¹⁹Ἀπεκρίνατο

οὖν ὁ Ἰησοῦς καὶ ἔλεγεν αὐτοῖς, Ἀμὴν ἀμὴν λέγω ὑμῖν, οὐ δύναται ὁ υἱὸς

ποιεῖν ἀφ’ ἑαυτοῦ οὐδὲν ἐὰν μή τι βλέπῃ τὸν πατέρα ποιοῦντα· ἃ γὰρ ἂν

ἐκεῖνος ποιῇ, ταῦτα καὶ ὁ υἱὸς ὁμοίως ποιεῖ. ²⁰ὁ γὰρ πατὴρ φιλεῖ τὸν

υἱὸν καὶ πάντα δείκνυσιν αὐτῷ ἃ αὐτὸς ποιεῖ, καὶ μείζονα τούτων δείξει

ὄχλου ὄντος What construction has a participle in the genitive together with a noun or pronoun in the genitive?

¹⁴ **γέγονας** and **γένηται** are forms of γίνομαι ("I become, happen"). This is an extraordinarily common verb, and you should memorize the principal parts, given at 1:3.

μηκέτι "no more, no longer"; consists of the negative particle μη + ετι ("still, yet")

ἁμάρτανε ἁμαρτάνω "I sin" (the verb)

χείρων, -ον "worse"

τι Neuter singular of the indefinite pronoun = "something" (τις = "someone")

¹⁶ **ἐδίωκον** διώκω "I persecute, pursue"

1. Present Active	2. Future Active	3. Aorist Active	4. Perfect Active	5. Perfect Middle	6. Aorist Passive
διώκω	διώξω	ἐδίωξα	δεδίωχα	---	ἐδιώχθην

¹⁷ **ἀπεκρίνατο** aorist middle The aorist passive (ἀπεκρίθη) appears frequently with no discernible difference in meaning.

ἐργάζεται The verb ἐργάζομαι is a cognate of the nouns ἔργον, "work," and ἐργάτης, "worker."

¹⁸ **μᾶλλον** "more, all the more"

ἀποκτεῖναι ἀποκτείνω "I kill"

ἀποκτείνω	ἀποκτενῶ	ἀπέκτεινα	ἀπέκτονα	---	---

ἔλυεν λύω "I undo, break"

ἴδιον ἴδιος, -α, -ον "his own" See 1:11.

ἴσον ἴσος "equal"

¹⁹ **ἀφ’ ἑαυτοῦ** "from himself, on his own"

ὁμοίως an adverb: "likewise, the same"

²⁰ **δείκνυσιν** δείκνυμι (a -μι verb) "I show" Think of English "in-dicate." See 2:18. Jesus takes the proverb about fathers and sons as "text" for the following teaching.

αὐτῷ ἔργα, ἵνα ὑμεῖς θαυμάζητε. ²¹ ὥσπερ γὰρ ὁ πατὴρ ἐγείρει τοὺς νεκροὺς καὶ ζῳοποιεῖ, οὕτως καὶ ὁ υἱὸς οὓς θέλει ζῳοποιεῖ. ²² οὐδὲ γὰρ ὁ πατὴρ κρίνει οὐδένα, ἀλλὰ τὴν κρίσιν πᾶσαν δέδωκεν τῷ υἱῷ, ²³ ἵνα πάντες τιμῶσι τὸν υἱὸν καθὼς τιμῶσι τὸν πατέρα. ὁ μὴ τιμῶν τὸν υἱὸν οὐ τιμᾷ τὸν πατέρα τὸν πέμψαντα αὐτόν. ²⁴ Ἀμὴν ἀμὴν λέγω ὑμῖν ὅτι ὁ τὸν λόγον μου ἀκούων καὶ πιστεύων τῷ πέμψαντί με ἔχει ζωὴν αἰώνιον καὶ εἰς κρίσιν οὐκ ἔρχεται, ἀλλὰ μεταβέβηκεν ἐκ τοῦ θανάτου εἰς τὴν ζωήν. ²⁵ ἀμὴν ἀμὴν λέγω ὑμῖν ὅτι ἔρχεται ὥρα καὶ νῦν ἐστιν ὅτε οἱ νεκροὶ ἀκούσουσιν τῆς φωνῆς τοῦ υἱοῦ τοῦ θεοῦ καὶ οἱ ἀκούσαντες ζήσουσιν. ²⁶ ὥσπερ γὰρ ὁ πατὴρ ἔχει ζωὴν ἐν ἑαυτῷ, οὕτως καὶ τῷ υἱῷ ἔδωκεν ζωὴν ἔχειν ἐν ἑαυτῷ. ²⁷ καὶ ἐξουσίαν ἔδωκεν αὐτῷ κρίσιν ποιεῖν, ὅτι υἱὸς ἀνθρώπου ἐστίν. ²⁸ μὴ θαυμάζετε τοῦτο, ὅτι ἔρχεται ὥρα ἐν ᾗ πάντες οἱ ἐν τοῖς μνημείοις ἀκούσουσιν τῆς φωνῆς αὐτοῦ ²⁹ καὶ ἐκπορεύσονται, οἱ τὰ ἀγαθὰ ποιήσαντες εἰς ἀνάστασιν ζωῆς, οἱ δὲ τὰ φαῦλα πράξαντες εἰς ἀνάστασιν κρίσεως. ³⁰ Οὐ δύναμαι ἐγὼ ποιεῖν ἀπ' ἐμαυτοῦ οὐδέν·

μείζονα neuter plural: "greater things." Comparative of μέγας. See 1:50 and 5:36 for similar thoughts with different forms of μείζονα.

θαυμάζητε θαυμάζω "I marvel, wonder at" Why is this verb in the subjunctive mood?

²¹ **ὥσπερ** "just as"

ζῳοποιεῖ ζῳοποιέω "I make alive"

²² **κρίσιν** κρίσις "judgment" (English "crisis, critical"). Inflected like πόλις. κρίσις appears 5 times in John 5. Compare the first use in John at 3:19. The word is cognate of κρίνω and κριτής It is the opposite of ζωή here and at 5:24, 29.

²³ **τιμῶσι** τιμάω "I honor" An -άω verb with principal parts like ἀγαπάω (3:16) and ἐρωτάω (1:19)

²⁴ **μεταβέβηκεν** μεταβαίνω "I move over, cross over" See the principal parts at 2:12. See also 5:1.

θανάτου θάνατος, -ου ὁ "death"

²⁸ **μνημείοις** μνημεῖον, -ου τό "tomb" Think of English "mnemonic" and of the way we use the word "memorial" in connection with burial places. This noun occurs several times in the story of Lazarus (3x) and in the report of Jesus' burial and resurrection (9x).

²⁹ **ἐκπορεύσονται** ἐκπορεύομαι "I come out"

ἀνάστασιν ἀνάστασις, -εως ἡ "resurrection" Inflected like κρίσις (5:22).

φαῦλα φαῦλος, -η, -ον "evil, foul, vile"

πράξαντες πράσσω "I do, practice"

καθὼς ἀκούω κρίνω, καὶ ἡ κρίσις ἡ ἐμὴ δικαία ἐστίν, ὅτι οὐ ζητῶ τὸ θέλημα τὸ ἐμὸν ἀλλὰ τὸ θέλημα τοῦ πέμψαντός με. ³¹ ἐὰν ἐγὼ μαρτυρῶ περὶ ἐμαυτοῦ, ἡ μαρτυρία μου οὐκ ἔστιν ἀληθής· ³² ἄλλος ἐστὶν ὁ μαρτυρῶν περὶ ἐμοῦ, καὶ οἶδα ὅτι ἀληθής ἐστιν ἡ μαρτυρία ἣν μαρτυρεῖ περὶ ἐμοῦ. ³³ ὑμεῖς ἀπεστάλκατε πρὸς Ἰωάννην, καὶ μεμαρτύρηκεν τῇ ἀληθείᾳ· ³⁴ ἐγὼ δὲ οὐ παρὰ ἀνθρώπου τὴν μαρτυρίαν λαμβάνω, ἀλλὰ ταῦτα λέγω ἵνα ὑμεῖς σωθῆτε. ³⁵ ἐκεῖνος ἦν ὁ λύχνος ὁ καιόμενος καὶ φαίνων, ὑμεῖς δὲ ἠθελήσατε ἀγαλλιαθῆναι πρὸς ὥραν ἐν τῷ φωτὶ αὐτοῦ. ³⁶ ἐγὼ δὲ ἔχω τὴν μαρτυρίαν μείζω τοῦ Ἰωάννου· τὰ γὰρ ἔργα ἃ δέδωκέν μοι ὁ πατὴρ ἵνα τελειώσω αὐτά, αὐτὰ τὰ ἔργα ἃ ποιῶ μαρτυρεῖ περὶ ἐμοῦ ὅτι ὁ πατήρ με ἀπέσταλκεν· ³⁷ καὶ ὁ πέμψας με πατὴρ ἐκεῖνος μεμαρτύρηκεν περὶ ἐμοῦ. οὔτε φωνὴν αὐτοῦ πώποτε ἀκηκόατε οὔτε εἶδος αὐτοῦ ἑωράκατε, ³⁸ καὶ τὸν λόγον αὐτοῦ οὐκ ἔχετε ἐν ὑμῖν μένοντα, ὅτι ὃν ἀπέστειλεν ἐκεῖνος, τούτῳ ὑμεῖς οὐ πιστεύετε. ³⁹ ἐραυνᾶτε τὰς γραφάς, ὅτι ὑμεῖς δοκεῖτε ἐν αὐταῖς ζωὴν αἰώνιον ἔχειν· καὶ ἐκεῖναί εἰσιν αἱ μαρτυροῦσαι περὶ ἐμοῦ· ⁴⁰ καὶ οὐ θέλετε ἐλθεῖν πρός

---

³¹ **ἐάν** "if," introducing a conditional sentence
³⁴ **λαμβάνω** "I receive, accept" See 1:5 for principal parts.
   σωθῆτε σῴζω "I save, rescue" See principal parts at 3:17.
³⁵ **λύχνος**, -ου ὁ "lamp"
   καιόμενος καίω "I burn"
   φαίνων φαίνω "I shine"
   ἀγαλλιαθῆναι ἀγαλλιάω "I rejoice"
³⁶ **μείζω** See 5:20.
   τοῦ Ἰωάννου genitive of comparison ("greater *than John*")
   τελειώσω τελειόω "I finish, complete, bring to its τέλος." See 4:34; 17:4, 23; 19:28. Synonym of
      τελέω (19:28, 30).
³⁷ **πώποτε** "ever, at any time"
   εἶδος "appearance" Declined like ἔτος, 5:4.
³⁸ **μένοντα** a participle formed from the verb μένω ("I remain, abide").
³⁹ **ἐραυνᾶτε** ἐρευνάω "I examine, search"
   δοκεῖτε δοκέω "I think, suppose, imagine"

με ἵνα ζωὴν ἔχητε. ⁴¹ Δόξαν παρὰ ἀνθρώπων οὐ λαμβάνω, ⁴² ἀλλὰ ἔγνωκα ὑμᾶς ὅτι τὴν ἀγάπην τοῦ θεοῦ οὐκ ἔχετε ἐν ἑαυτοῖς. ⁴³ ἐγὼ ἐλήλυθα ἐν τῷ ὀνόματι τοῦ πατρός μου, καὶ οὐ λαμβάνετέ με· ἐὰν ἄλλος ἔλθῃ ἐν τῷ ὀνόματι τῷ ἰδίῳ, ἐκεῖνον λήμψεσθε. ⁴⁴ πῶς δύνασθε ὑμεῖς πιστεῦσαι δόξαν παρὰ ἀλλήλων λαμβάνοντες, καὶ τὴν δόξαν τὴν παρὰ τοῦ μόνου θεοῦ οὐ ζητεῖτε; ⁴⁵ μὴ δοκεῖτε ὅτι ἐγὼ κατηγορήσω ὑμῶν πρὸς τὸν πατέρα· ἔστιν ὁ κατηγορῶν ὑμῶν Μωϋσῆς, εἰς ὃν ὑμεῖς ἠλπίκατε. ⁴⁶ εἰ γὰρ ἐπιστεύετε Μωϋσεῖ, ἐπιστεύετε ἂν ἐμοί· περὶ γὰρ ἐμοῦ ἐκεῖνος ἔγραψεν. ⁴⁷ εἰ δὲ τοῖς ἐκείνου γράμμασιν οὐ πιστεύετε, πῶς τοῖς ἐμοῖς ῥήμασιν πιστεύσετε;

---

⁴³ **ἐλήλυθα** ἔρχομαι "I come" Principal parts at 1:7
λαμβάνετε and **λήμψεσθε** are forms of λαμβάνω ("I take, receive") See the principal parts at 1:5.
ἐάν "if" See 5:31.
⁴⁴ **παρὰ ἀλλήλων** "from one another"
ζητεῖτε cp. 1:38.
⁴⁵ **κατηγορήσω** κατηγορέω "I accuse"
ἠλπίκατε ἐλπίζω "I hope"
⁴⁷ **γράμμασιν** γράμμα, γράμματος τό "writing; pl: the writings, scriptures" γράμμα is a cognate of γράφω.
ῥήμασιν ῥῆμα, ῥήματος τό "word" Both γράμμα and ῥῆμα belong to a large class of third declension neuter nouns whose nominative singular ends in -μα. Why are γράμμασιν and ῥήμασιν, direct objects of πιστεύω, in the dative case?

¹ Μετὰ ταῦτα ἀπῆλθεν ὁ Ἰησοῦς πέραν τῆς θαλάσσης τῆς Γαλιλαίας τῆς Τιβεριάδος. ² ἠκολούθει δὲ αὐτῷ ὄχλος πολύς, ὅτι ἐθεώρουν τὰ σημεῖα ἃ ἐποίει ἐπὶ τῶν ἀσθενούντων. ³ ἀνῆλθεν δὲ εἰς τὸ ὄρος Ἰησοῦς καὶ ἐκεῖ ἐκάθητο μετὰ τῶν μαθητῶν αὐτοῦ. ⁴ ἦν δὲ ἐγγὺς τὸ πάσχα, ἡ ἑορτὴ τῶν Ἰουδαίων. ⁵ ἐπάρας οὖν τοὺς ὀφθαλμοὺς ὁ Ἰησοῦς καὶ θεασάμενος ὅτι πολὺς ὄχλος ἔρχεται πρὸς αὐτὸν λέγει πρὸς Φίλιππον, Πόθεν ἀγοράσωμεν ἄρτους ἵνα φάγωσιν οὗτοι; ⁶ τοῦτο δὲ ἔλεγεν πειράζων αὐτόν· αὐτὸς γὰρ ᾔδει τί ἔμελλεν ποιεῖν. ⁷ ἀπεκρίθη αὐτῷ [ὁ] Φίλιππος, Διακοσίων δηναρίων ἄρτοι οὐκ ἀρκοῦσιν αὐτοῖς ἵνα ἕκαστος βραχύ [τι] λάβῃ. ⁸ λέγει αὐτῷ εἷς ἐκ τῶν μαθητῶν αὐτοῦ, Ἀνδρέας ὁ ἀδελφὸς Σίμωνος Πέτρου, ⁹ Ἔστιν παιδάριον ὧδε ὃς ἔχει πέντε ἄρτους κριθίνους καὶ δύο ὀψάρια· ἀλλὰ ταῦτα τί ἐστιν εἰς τοσούτους; ¹⁰ εἶπεν

AIDS TO PARSING AND TRANSLATING

¹ **Τιβεριάδος** Τιβεριάς, Τιβεριάδος ἡ Tiberias, a city on the western shore of the Sea of Galilee.

² **ἠκολούθει... ἐθεώρουν** ἀκολουθέω and θεωρέω are "contract verbs," so look carefully at the endings.

ἀσθενούντων ἀσθενέω "I am sick" This is another contract verb, like ἀκολουθέω and θεωρέω.

⁴ **πάσχα** ("Passover") is an indeclinable noun.

⁵ **ἐπάρας** ἐπὶ + αἴρω "I lift up" See the principal parts at 2:16. This verb form lacks an augment because it is not in the indicative mood.

ἀγοράσωμεν ἀγοράζω "I buy" The verb is a cognate of the noun ἀγορά ("market place"). What is the tense of this subjunctive verb? Also, identify the function of the subjunctive.

φάγωσιν ἐσθίω "I eat" See the principal parts at 2:17. What is the mood of φάγωσιν? Why?

⁶ **πειράζων** πειράζω "I tempt, test"

ᾔδει See 1:31.

ἔμελλεν ποιεῖν See 4:47.

⁷ **Διακοσίων δηναρίων ἄρτοι** Literally, "breads of 200 denarii." So "200 denarii worth of bread"

οὐκ ἀρκοῦσιν ἀρκέω "I am sufficient" Here, "are not enough" or "would not be enough"

βραχύ [τι] βραχύς, βραχεῖα, βραχύ "little" So here "a little something"

ἵνα ἕκαστος βραχύ [τι] λάβῃ ἵνα + subjunctive: "in order that each might receive a little something"

⁹ **κριθίνους** κρίθινος, -η, -ον "made of barley"

ὀψάρια ὀψάριον, -ου τό "fish"

ταῦτα τί ἐστιν ταῦτα is neuter plural ("these things") but τί ἐστιν is singular ("what is it?"): "What are these?"

εἰς τοσούτους τοσοῦτος, τοσαύτη, τοσοῦτον "so much, so many" So "among so many" or "for so many"

ὁ Ἰησοῦς, Ποιήσατε τοὺς ἀνθρώπους ἀναπεσεῖν. ἦν δὲ χόρτος πολὺς ἐν τῷ τόπῳ. ἀνέπεσαν οὖν οἱ ἄνδρες τὸν ἀριθμὸν ὡς πεντακισχίλιοι. [11] ἔλαβεν οὖν τοὺς ἄρτους ὁ Ἰησοῦς καὶ εὐχαριστήσας διέδωκεν τοῖς ἀνακειμένοις ὁμοίως καὶ ἐκ τῶν ὀψαρίων ὅσον ἤθελον. [12] ὡς δὲ ἐνεπλήσθησαν, λέγει τοῖς μαθηταῖς αὐτοῦ, Συναγάγετε τὰ περισσεύσαντα κλάσματα, ἵνα μή τι ἀπόληται. [13] συνήγαγον οὖν καὶ ἐγέμισαν δώδεκα κοφίνους κλασμάτων ἐκ τῶν πέντε ἄρτων τῶν κριθίνων ἃ ἐπερίσσευσαν τοῖς βεβρωκόσιν. [14] οἱ οὖν ἄνθρωποι ἰδόντες ὃ ἐποίησεν σημεῖον ἔλεγον ὅτι Οὗτός ἐστιν ἀληθῶς ὁ προφήτης ὁ ἐρχόμενος εἰς τὸν κόσμον. [15] Ἰησοῦς οὖν γνοὺς ὅτι μέλλουσιν ἔρχεσθαι καὶ ἁρπάζειν αὐτὸν ἵνα ποιήσωσιν βασιλέα, ἀνεχώρησεν πάλιν εἰς τὸ ὄρος αὐτὸς μόνος. [16] ὡς δὲ ὀψία ἐγένετο κατέβησαν οἱ μαθηταὶ αὐτοῦ ἐπὶ τὴν θάλασσαν

---

[10] **ἀναπεσεῖν** ἀνά ("up") + πίπτω ("I fall") means "I sit down"

1. Present Active	2. Future Active	3. Aorist Active	4. Perfect Active	5. Perfect Middle	6. Aorist Passive
πίπτω	πεσοῦμαι	ἔπεσον	πέπτωκα	---	---

This verb form lacks an augment because it is not in the indicative mood.

χόρτος χόρτος, -ου ὁ "grass, vegetation"

τὸν ἀριθμὸν ὡς πεντακισχίλιοι τὸν ἀριθμόν is an accusative of respect: "people in respect to number about 5,000"

[11] **διέδωκεν** δια + δίδωμι "I distribute" See the principal parts at 1:12.

ὅσον ὅσος, -η, -ον "as much as" See the correlative term at 6:9.

[12] **ἐνεπλήσθησαν** ἐμπίμπλημι "I fill, satisfy" (Note -πλη- as in "com*ple*te, re*ple*te.")

ἐμπίμπλημι	ἐμπλήσω	ἐνέπλησα	---	ἐμπέπλησμαι	ἐνεπλήσθην

περισσεύσαντα περισσεύω "I abound, exceed" So here: "exceeding" (namely, what was necessary to satisfy the 5,000).

ἵνα μή τι ἀπόληται is a significant image in the Fourth Gospel. Compare 3:16.

[13] **ἐγέμισαν** γεμίζω "I fill"

κοφίνους κόφινος, -ου ὁ "basket"

ἃ ἐπερίσσευσαν τοῖς βεβρωκόσιν "which were excess to the people who had eaten"

βιβρώσκω	βρώσομαι	ἔβρωσα	**βέβρωκα**	βέβρωμαι	εβρώθην

Perfect participle: βεβρωκώς

[15] **γνούς** γνούς, γνόντος is the aorist masculine participle of γινώσκω ("I know"). See the principal parts at 1:10.

ἁρπάζειν ἁρπάζω "I seize"

ἀνεχώρησεν ἀναχωρέω "I withdraw"

[16] **κατέβησαν** See 4:47.

¹⁷ καὶ ἐμβάντες εἰς πλοῖον ἤρχοντο πέραν τῆς θαλάσσης εἰς Καφαρναούμ. καὶ σκοτία ἤδη ἐγεγόνει καὶ οὔπω ἐληλύθει πρὸς αὐτοὺς ὁ Ἰησοῦς, ¹⁸ ἥ τε θάλασσα ἀνέμου μεγάλου πνέοντος διεγείρετο. ¹⁹ ἐληλακότες οὖν ὡς σταδίους εἴκοσι πέντε ἢ τριάκοντα θεωροῦσιν τὸν Ἰησοῦν περιπατοῦντα ἐπὶ τῆς θαλάσσης καὶ ἐγγὺς τοῦ πλοίου γινόμενον, καὶ ἐφοβήθησαν. ²⁰ ὁ δὲ λέγει αὐτοῖς, Ἐγώ εἰμι, μὴ φοβεῖσθε. ²¹ ἤθελον οὖν λαβεῖν αὐτὸν εἰς τὸ πλοῖον, καὶ εὐθέως ἐγένετο τὸ πλοῖον ἐπὶ τῆς γῆς εἰς ἣν ὑπῆγον. ²² τῇ ἐπαύριον ὁ ὄχλος ὁ ἑστηκὼς πέραν τῆς θαλάσσης εἶδον ὅτι πλοιάριον ἄλλο οὐκ ἦν ἐκεῖ εἰ μὴ ἕν καὶ ὅτι οὐ συνεισῆλθεν τοῖς μαθηταῖς αὐτοῦ ὁ Ἰησοῦς εἰς τὸ πλοῖον ἀλλὰ μόνοι οἱ μαθηταὶ αὐτοῦ ἀπῆλθον· ²³ ἄλλα ἦλθεν πλοι[άρι]α ἐκ Τιβεριάδος ἐγγὺς τοῦ τόπου ὅπου ἔφαγον τὸν ἄρτον εὐχαριστήσαντος τοῦ κυρίου. ²⁴ ὅτε οὖν εἶδεν ὁ ὄχλος ὅτι Ἰησοῦς οὐκ ἔστιν ἐκεῖ οὐδὲ οἱ μαθηταὶ αὐτοῦ, ἐνέβησαν ²⁴ αὐτοὶ εἰς τὰ πλοιάρια καὶ ἦλθον εἰς Καφαρναοὺμ ζητοῦντες τὸν Ἰησοῦν. ²⁵ καὶ εὑρόντες αὐτὸν πέραν τῆς θαλάσσης εἶπον αὐτῷ, Ῥαββί, πότε ὧδε γέγονας; ²⁶ ἀπεκρίθη αὐτοῖς ὁ Ἰησοῦς καὶ εἶπεν, Ἀμὴν ἀμὴν λέγω ὑμῖν, ζητεῖτέ με οὐχ ὅτι εἴδετε σημεῖα, ἀλλ' ὅτι ἐφάγετε ἐκ τῶν ἄρτων καὶ ἐχορτάσθητε.

---

¹⁷ **ἐμβάντες** ἐν ("into") + βαίνω ("I go") See the principal parts at 2:12.
  ἐγεγόνει What tense has reduplication and -ει endings?
¹⁸ **ἀνέμου μεγάλου πνέοντος** This phrase consists of a noun in the genitive and a participle in the genitive. What kind of phrase is this?
¹⁹ **ἐληλακότες** ἐλαύνω "I drive, row (a boat)"

1.	2.	3.	4.	5.	6.
Present Active	**Future Active**	**Aorist Active**	**Perfect Active**	**Perfect Middle**	**Aorist Passive**
ἐλαύνω	ἐλάσω	ἤλασα	**ἐλήλακα**	ἐλήλασμαι	ἠλάσθην

²² **ὁ ἑστηκώς** ἵστημι "I stand" See the principal parts at 1:26.
  πλοιάριον is a diminutive of πλοῖον.
²³ **εὐχαριστήσαντος τοῦ κυρίου** What is the function of the genitive noun in this genitive absolute?
²⁴ **ἐνέβησαν** See 6:17.
²⁵ **εὑρόντες** εὑρίσκω "I find"
  πότε ὧδε γέγονάς Literally: "When have you come to be here?" so "When did you get here?"
²⁶ **ἐχορτάσθητε** χορτάζω "I satisfy"

²⁷ ἐργάζεσθε μὴ τὴν βρῶσιν τὴν ἀπολλυμένην ἀλλὰ τὴν βρῶσιν τὴν μένουσαν εἰς ζωὴν αἰώνιον, ἣν ὁ υἱὸς τοῦ ἀνθρώπου ὑμῖν δώσει· τοῦτον γὰρ ὁ πατὴρ ἐσφράγισεν ὁ θεός. ²⁸ εἶπον οὖν πρὸς αὐτόν, Τί ποιῶμεν ἵνα ἐργαζώμεθα τὰ ἔργα τοῦ θεοῦ; ²⁹ ἀπεκρίθη [ὁ] Ἰησοῦς καὶ εἶπεν αὐτοῖς, Τοῦτό ἐστιν τὸ ἔργον τοῦ θεοῦ, ἵνα πιστεύητε εἰς ὃν ἀπέστειλεν ἐκεῖνος. ³⁰ εἶπον οὖν αὐτῷ, Τί οὖν ποιεῖς σὺ σημεῖον, ἵνα ἴδωμεν καὶ πιστεύσωμέν σοι; τί ἐργάζῃ; ³¹ οἱ πατέρες ἡμῶν τὸ μάννα ἔφαγον ἐν τῇ ἐρήμῳ, καθώς ἐστιν γεγραμμένον, Ἄρτον ἐκ τοῦ οὐρανοῦ ἔδωκεν αὐτοῖς φαγεῖν. ³² εἶπεν οὖν αὐτοῖς ὁ Ἰησοῦς, Ἀμὴν ἀμὴν λέγω ὑμῖν, οὐ Μωϋσῆς δέδωκεν ὑμῖν τὸν ἄρτον ἐκ τοῦ οὐρανοῦ, ἀλλ' ὁ πατήρ μου δίδωσιν ὑμῖν τὸν ἄρτον ἐκ τοῦ οὐρανοῦ τὸν ἀληθινόν· ³³ ὁ γὰρ ἄρτος τοῦ θεοῦ ἐστιν ὁ καταβαίνων ἐκ τοῦ οὐρανοῦ καὶ ζωὴν διδοὺς τῷ κόσμῳ. ³⁴ εἶπον οὖν πρὸς αὐτόν, Κύριε, πάντοτε δὸς ἡμῖν τὸν ἄρτον τοῦτον. ³⁵ εἶπεν αὐτοῖς ὁ Ἰησοῦς, Ἐγώ εἰμι ὁ ἄρτος τῆς ζωῆς· ὁ ἐρχόμενος πρός ἐμὲ οὐ μὴ πεινάσῃ, καὶ ὁ πιστεύων εἰς ἐμὲ οὐ μὴ διψήσει πώποτε. ³⁶ ἀλλ' εἶπον ὑμῖν ὅτι καὶ ἑωράκατε [με] καὶ οὐ πιστεύετε. ³⁷ Πᾶν ὃ δίδωσίν μοι ὁ πατὴρ πρὸς ἐμὲ

1. Present Active	2. Future Active	3. Aorist Active	4. Perfect Active	5. Perfect Middle	6. Aorist Passive
χορτάζω	χορτάσω	ἐχόρτασα	κεχόρτακα	κεχόρτασμαι	**ἐχορτάσθην**

Compare the noun χόρτος in 6:10.

²⁷ **ἀπολλυμένην** ἀπόλλυμι "I perish" See the principal parts at 3:16. See also 6:12.

  ἐσφράγισεν σφραγίζω "I seal" Here "set his seal (of approval) on."

²⁸ **Τί ποιῶμεν** What kind of subjunctive is ποιῶμεν? See ἀγοράσωμεν at 6:5.

²⁹ **ἵνα πιστεύητε** This clause defines the content of τὸ ἔργον τοῦ θεοῦ.

³⁰ **Τί** is a neuter interrogative that modifies σημεῖον.

  ἐργάζῃ is a middle indicative form. What person and number is this verb?

³³ **διδούς** διδούς, διδόντος is the present masculine participle of δίδωμι ("I give"). See the principal parts at 1:12.

³⁴ **δός** is an aorist imperative form of δίδωμι. See the principal parts at 1:12.

³⁵ **οὐ μὴ πεινάσῃ,... οὐ μὴ διψήσει** These two expressions are perfectly parallel, except that one verb is aorist subjunctive (πεινάσῃ; πεινάω, "I am hungry") and the other is future indicative (διψήσει; διψάω, "I am thirsty").

ἥξει, [37] καὶ τὸν ἐρχόμενον πρὸς ἐμὲ οὐ μὴ ἐκβάλω ἔξω, [38] ὅτι καταβέβηκα ἀπὸ τοῦ οὐρανοῦ οὐχ ἵνα ποιῶ τὸ θέλημα τὸ ἐμὸν ἀλλὰ τὸ θέλημα τοῦ πέμψαντός με. [39] τοῦτο δέ ἐστιν τὸ θέλημα τοῦ πέμψαντός με, ἵνα πᾶν ὃ δέδωκέν μοι μὴ ἀπολέσω ἐξ αὐτοῦ, ἀλλὰ ἀναστήσω αὐτὸ [ἐν] τῇ ἐσχάτῃ ἡμέρᾳ. [40] τοῦτο γάρ ἐστιν τὸ θέλημα τοῦ πατρός μου, ἵνα πᾶς ὁ θεωρῶν τὸν υἱὸν καὶ πιστεύων εἰς αὐτὸν ἔχῃ ζωὴν αἰώνιον, καὶ ἀναστήσω αὐτὸν ἐγὼ [ἐν] τῇ ἐσχάτῃ ἡμέρᾳ. [41] Ἐγόγγυζον οὖν οἱ Ἰουδαῖοι περὶ αὐτοῦ ὅτι εἶπεν, Ἐγώ εἰμι ὁ ἄρτος ὁ καταβὰς ἐκ τοῦ οὐρανοῦ, [42] καὶ ἔλεγον, Οὐχ οὗτός ἐστιν Ἰησοῦς ὁ υἱὸς Ἰωσήφ, οὗ ἡμεῖς οἴδαμεν τὸν πατέρα καὶ τὴν μητέρα; πῶς νῦν λέγει ὅτι Ἐκ τοῦ οὐρανοῦ καταβέβηκα; [43] ἀπεκρίθη Ἰησοῦς καὶ εἶπεν αὐτοῖς, Μὴ γογγύζετε μετ' ἀλλήλων. [44] οὐδεὶς δύναται ἐλθεῖν πρός με ἐὰν μὴ ὁ πατὴρ ὁ πέμψας με ἑλκύσῃ αὐτόν, κἀγὼ ἀναστήσω αὐτὸν ἐν τῇ ἐσχάτῃ ἡμέρᾳ. [45] ἔστιν γεγραμμένον ἐν τοῖς προφήταις, Καὶ ἔσονται πάντες διδακτοὶ θεοῦ· πᾶς ὁ ἀκούσας παρὰ τοῦ πατρὸς καὶ μαθὼν ἔρχεται πρὸς ἐμέ. [46] οὐχ ὅτι τὸν πατέρα ἑώρακέν τις εἰ μὴ ὁ ὢν παρὰ τοῦ θεοῦ, οὗτος ἑώρακεν τὸν πατέρα. [47] ἀμὴν ἀμὴν λέγω ὑμῖν, ὁ πιστεύων ἔχει ζωὴν αἰώνιον. [48] ἐγώ εἰμι ὁ ἄρτος τῆς ζωῆς. [49] οἱ πατέρες ὑμῶν ἔφαγον ἐν τῇ ἐρήμῳ τὸ μάννα καὶ ἀπέθανον· [50] οὗτός ἐστιν

---

[37] **ἥξει**   ἥκω "I have come"

[39] **ἀπολέσω** aorist active subjunctive of ἀπόλλυμι, "I lose, destroy" See the principal parts at 3:16.

[41] **ἐγόγγυζον** γογγύζω "I grumble, murmur" See also at 6:43 and 6:61.

[43] **μετ' ἀλλήλων** "with one another, among yourselves"

[44] **ἐὰν μή** "unless" ("if not")

ἑλκύσῃ ἑλκύω "I draw, drag"

1. Present Active	2. Future Active	3. Aorist Active	4. Perfect Active	5. Perfect Middle	6. Aorist Passive
ἕλκω	ἑλκύσω	εἵλκυσα	εἵλκυκα	εἵλκυσμαι	εἱλκύσθην

[45] **ἔσονται** future of εἰμί ("I am")

διδακτοί διδακτός, -ή, -όν "taught"

μαθών   aorist active participle of μανθάνω "I learn"

μανθάνω	μαθήσομαι	**ἔμαθον**	μεμάθηκα	---	---

[46] Compare the thought here with 1:18.

ὁ ἄρτος ὁ ἐκ τοῦ οὐρανοῦ καταβαίνων, ἵνα τις ἐξ αὐτοῦ φάγῃ καὶ μὴ ἀποθάνῃ. ⁵¹ ἐγώ εἰμι ὁ ἄρτος ὁ ζῶν ὁ ἐκ τοῦ οὐρανοῦ καταβάς· ἐάν τις φάγῃ ἐκ τούτου τοῦ ἄρτου ζήσει εἰς τὸν αἰῶνα, καὶ ὁ ἄρτος δὲ ὃν ἐγὼ δώσω ἡ σάρξ μού ἐστιν ὑπὲρ τῆς τοῦ κόσμου ζωῆς. ⁵² Ἐμάχοντο οὖν πρὸς ἀλλήλους οἱ Ἰουδαῖοι λέγοντες, Πῶς δύναται οὗτος ἡμῖν δοῦναι τὴν σάρκα [αὐτοῦ] φαγεῖν; ⁵³ εἶπεν οὖν αὐτοῖς ὁ Ἰησοῦς, Ἀμὴν ἀμὴν λέγω ὑμῖν, ἐὰν μὴ φάγητε τὴν σάρκα τοῦ υἱοῦ τοῦ ἀνθρώπου καὶ πίητε αὐτοῦ τὸ αἷμα, οὐκ ἔχετε ζωὴν ἐν ἑαυτοῖς. ⁵⁴ ὁ τρώγων μου τὴν σάρκα καὶ πίνων μου τὸ αἷμα ἔχει ζωὴν αἰώνιον, κἀγὼ ἀναστήσω αὐτὸν τῇ ἐσχάτῃ ἡμέρᾳ. ⁵⁵ ἡ γὰρ σάρξ μου ἀληθής ἐστιν βρῶσις, καὶ τὸ αἷμά μου ἀληθής ἐστιν πόσις. ⁵⁶ ὁ τρώγων μου τὴν σάρκα καὶ πίνων μου τὸ αἷμα ἐν ἐμοὶ μένει κἀγὼ ἐν αὐτῷ. ⁵⁷ καθὼς ἀπέστειλέν με ὁ ζῶν πατὴρ κἀγὼ ζῶ διὰ τὸν πατέρα, καὶ ὁ τρώγων με κἀκεῖνος ζήσει δι᾽ ἐμέ. ⁵⁸ οὗτός ἐστιν ὁ ἄρτος ὁ ἐξ οὐρανοῦ καταβάς, οὐ καθὼς ἔφαγον οἱ πατέρες καὶ ἀπέθανον· ὁ τρώγων τοῦτον τὸν ἄρτον ζήσει εἰς τὸν αἰῶνα. ⁵⁹ Ταῦτα εἶπεν ἐν συναγωγῇ διδάσκων ἐν Καφαρναούμ. ⁶⁰ Πολλοὶ οὖν ἀκούσαντες ἐκ τῶν μαθητῶν αὐτοῦ εἶπαν, Σκληρός ἐστιν ὁ λόγος οὗτος· τίς δύναται αὐτοῦ ἀκούειν; ⁶¹ εἰδὼς δὲ ὁ Ἰησοῦς ἐν ἑαυτῷ ὅτι γογγύζουσιν περὶ τούτου οἱ μαθηταὶ αὐτοῦ εἶπεν αὐτοῖς, Τοῦτο ὑμᾶς σκανδαλίζει; ⁶² ἐὰν οὖν θεωρῆτε

---

⁵¹ **ζῶν**   ζάω "I live" Forms of this verb occur 6 times in 6:51-58. Principal parts like ἀγαπάω, 3:16.
⁵² **Ἐμάχοντο** μάχομαι "I fight"
   δοῦναι and **φαγεῖν** are both infinitives. How are they related to other words in the sentence?
⁵³ **πίητε**   πίνω "I drink" See the principal parts at 4:7.
⁵⁴ **τρώγων**   τρώγω "I eat" Occurs four times in 6:54-58; see also 13:18 (from Psalm 41:9, but LXX uses
           ἐσθίω).
⁵⁵ **βρῶσις**, -εως ἡ "food"
   πόσις, -εως ἡ "drink"
⁵⁷ **κἀκεῖνος** = και + ἐκεῖνος
⁵⁹ **διδάσκων** διδάσκω "I teach"
⁶⁰ **σκληρός**, -ή, -όν "hard, harsh"
⁶¹ **εἰδώς**   perfect participle of οἶδα ("I know")
   γογγύζουσιν γογγύζω "I murmur, grumble" See 6:41.

τὸν υἱὸν τοῦ ἀνθρώπου ἀναβαίνοντα ὅπου ἦν τὸ πρότερον; ^{63} τὸ πνεῦμά ἐστιν τὸ ζῳοποιοῦν, ἡ σάρξ οὐκ ὠφελεῖ οὐδέν· τὰ ῥήματα ἃ ἐγὼ λελάληκα ὑμῖν πνεῦμά ἐστιν καὶ ζωή ἐστιν. ^{64} ἀλλ᾽ εἰσὶν ἐξ ὑμῶν τινες οἳ οὐ πιστεύουσιν. ᾔδει γὰρ ἐξ ἀρχῆς ὁ Ἰησοῦς τίνες εἰσὶν οἱ μὴ πιστεύοντες καὶ τίς ἐστιν ὁ παραδώσων αὐτόν. ^{65} καὶ ἔλεγεν, Διὰ τοῦτο εἴρηκα ὑμῖν ὅτι οὐδεὶς δύναται ἐλθεῖν πρός με ἐὰν μὴ ᾖ δεδομένον αὐτῷ ἐκ τοῦ πατρός. ^{66} Ἐκ τούτου πολλοὶ [ἐκ] τῶν μαθητῶν αὐτοῦ ἀπῆλθον εἰς τὰ ὀπίσω καὶ οὐκέτι μετ᾽ αὐτοῦ περιεπάτουν. ^{67} εἶπεν οὖν ὁ Ἰησοῦς τοῖς δώδεκα, Μὴ καὶ ὑμεῖς θέλετε ὑπάγειν; ^{68} ἀπεκρίθη αὐτῷ Σίμων Πέτρος, Κύριε, πρὸς τίνα ἀπελευσόμεθα; ῥήματα ζωῆς αἰωνίου ἔχεις, ^{69} καὶ ἡμεῖς πεπιστεύκαμεν καὶ ἐγνώκαμεν ὅτι σὺ εἶ ὁ ἅγιος τοῦ θεοῦ. ^{70} ἀπεκρίθη αὐτοῖς ὁ Ἰησοῦς, Οὐκ ἐγὼ ὑμᾶς τοὺς δώδεκα ἐξελεξάμην; καὶ ἐξ ὑμῶν εἷς διάβολός ἐστιν. ^{71} ἔλεγεν δὲ τὸν Ἰούδαν Σίμωνος Ἰσκαριώτου· οὗτος γὰρ ἔμελλεν παραδιδόναι αὐτόν, εἷς ἐκ τῶν δώδεκα.

---

^{62} **τὸ πρότερον** "before, formerly" Also at 7:50 and 9:8.

^{63} **ζῳοποιοῦν** participial form of ζῳοποιέω ("I make alive")

ὠφελεῖ ὠφελέω "I help, be useful, benefit"

^{64} **τινες** nominative plural of τις. The word appears with and without an accent in this verse. What is the difference?

παραδώσων future participle: one of only three in the NT! (See also Matt 27:49 and Luke 22:49.)

^{65} **εἴρηκα** perfect of λέγω. See the principal parts at 1:22.

ἐὰν μὴ ᾖ (δεδομένον) ᾖ = subjunctive of εἰμί "unless it is (given)…" Recall that the verb "to be" + the participle = periphrastic construction. See 1:9.

^{66} **ἀπῆλθον εἰς τὰ ὀπίσω** ἀπο + ἔρχομαι; ὀπίσω = "back, behind" Translate: "Many (πολλοί) …drew back, shrank back, withdrew"

^{67} **ὑπάγειν** ὑπάγω "I depart, go away"

Μὴ καὶ ὑμεῖς θέλετε ὑπάγειν; "You don't want to leave too, do you?"

^{68} **ἀπελευσόμεθα** a future form of ἀπέρχομαι

^{70} **ἐξελεξάμην** ἐκλέγομαι "I choose, select"

1. Present Active	2. Future Active	3. Aorist Active	4. Perfect Active	5. Perfect Middle	6. Aorist Passive
ἐκλέγομαι	ἐκλέξομαι	ἐξελεξάμην	----	ἐκλέλεγμαι	----

^{71} **ἔμελλεν** μέλλω "I am about to, going to" This verb is almost always followed by an infinitive.

¹ Καὶ μετὰ ταῦτα περιεπάτει ὁ Ἰησοῦς ἐν τῇ Γαλιλαίᾳ· οὐ γὰρ ἤθελεν ἐν τῇ Ἰουδαίᾳ περιπατεῖν, ὅτι ἐζήτουν αὐτὸν οἱ Ἰουδαῖοι ἀποκτεῖναι. ² ἦν δὲ ἐγγὺς ἡ ἑορτὴ τῶν Ἰουδαίων ἡ σκηνοπηγία. ³ εἶπον οὖν πρὸς αὐτὸν οἱ ἀδελφοὶ αὐτοῦ, Μετάβηθι ἐντεῦθεν καὶ ὕπαγε εἰς τὴν Ἰουδαίαν, ἵνα καὶ οἱ μαθηταί σου θεωρήσουσιν σοῦ τὰ ἔργα ἃ ποιεῖς· ⁴ οὐδεὶς γάρ τι ἐν κρυπτῷ ποιεῖ καὶ ζητεῖ αὐτὸς ἐν παρρησίᾳ εἶναι. εἰ ταῦτα ποιεῖς, φανέρωσον σεαυτὸν τῷ κόσμῳ. ⁵ οὐδὲ γὰρ οἱ ἀδελφοὶ αὐτοῦ ἐπίστευον εἰς αὐτόν. ⁶ λέγει οὖν αὐτοῖς ὁ Ἰησοῦς, Ὁ καιρὸς ὁ ἐμὸς οὔπω πάρεστιν, ὁ δὲ καιρὸς ὁ ὑμέτερος πάντοτέ ἐστιν ἕτοιμος. ⁷ οὐ δύναται ὁ κόσμος μισεῖν ὑμᾶς, ἐμὲ δὲ μισεῖ, ὅτι ἐγὼ μαρτυρῶ περὶ αὐτοῦ ὅτι τὰ ἔργα αὐτοῦ πονηρά ἐστιν. ⁸ ὑμεῖς ἀνάβητε εἰς τὴν ἑορτήν· ἐγὼ οὐκ ἀναβαίνω εἰς τὴν ἑορτὴν ταύτην, ὅτι ὁ ἐμὸς καιρὸς οὔπω πεπλήρωται. ⁹ ταῦτα δὲ εἰπὼν αὐτὸς ἔμεινεν ἐν τῇ Γαλιλαίᾳ. ¹⁰ Ὡς δὲ ἀνέβησαν οἱ ἀδελφοὶ

AIDS TO PARSING AND TRANSLATING

¹ **περιεπάτει** περιπατέω "I walk"

ἤθελεν imperfect tense of θέλω "I want, desire"

ἐζήτουν ζητέω "I seek"

ἀποκτεῖναι Aorist infinitive of ἀποκτείνω "I kill" See the principal parts at 5:18.

² **σκηνοπηγία**, -ας ἡ Festival of Tabernacles

³ **Μετάβηθι** Aorist imperative form of μεταβαίνω "I cross over" See the principal parts at 2:12.

ἐντεῦθεν "from here"

ὕπαγε ὑπάγω "I go, I depart" Note the mood of this verb.

θεωρήσουσιν θεωρέω "I see, perceive" What is the tense of this verb?

⁴ **τι** Neuter singular of the indefinite pronoun = "something" (τις = "someone")

ἐν κρυπτῷ "secretly" is the opposite of the expression παρρησίᾳ that follows.

φανέρωσον φανερόω "I reveal" See the principal parts at 1:31. This first aorist imperative ending -σον may be familiar from the liturgical expression κύριε, ἐλέη**σον** ("Lord, have mercy").

⁶ **καιρός**, -οῦ ὁ "time, opportune time"

πάρεστιν παρά ("alongside") + εἰμί ("I am") πάρειμι "I am present"

ὑμέτερος, -α, -ον "your"

ἕτοιμος, -η, -ον "ready"

⁷ **μισεῖν... μισεῖ** μισέω "I hate"

πονηρά πονηρός, -ά, -όν "evil"

⁸ **ἀνάβητε... ἀναβαίνω** A compound of ἀνά ("up") and βαίνω ("I go"). See the principal parts at 2:12 and the note at 5:1.

πεπλήρωται πληρόω "I fulfill" See the principal parts at 3:29.

⁹ **εἰπών** is a participial form of the verb λέγω "I say." See the principal parts at 4:18.

αὐτοῦ εἰς τὴν ἑορτήν, τότε καὶ αὐτὸς ἀνέβη οὐ φανερῶς ἀλλὰ [ὡς] ἐν κρυπτῷ. ¹¹ οἱ οὖν Ἰουδαῖοι ἐζήτουν αὐτὸν ἐν τῇ ἑορτῇ καὶ ἔλεγον, Ποῦ ἐστιν ἐκεῖνος; ¹² καὶ γογγυσμὸς περὶ αὐτοῦ ἦν πολὺς ἐν τοῖς ὄχλοις· οἱ μὲν ἔλεγον ὅτι Ἀγαθός ἐστιν, ἄλλοι [δὲ] ἔλεγον, Οὔ, ἀλλὰ πλανᾷ τὸν ὄχλον. ¹³ οὐδεὶς μέντοι παρρησίᾳ ἐλάλει περὶ αὐτοῦ διὰ τὸν φόβον τῶν Ἰουδαίων. ¹⁴ Ἤδη δὲ τῆς ἑορτῆς μεσούσης ἀνέβη Ἰησοῦς εἰς τὸ ἱερὸν καὶ ἐδίδασκεν. ¹⁵ ἐθαύμαζον οὖν οἱ Ἰουδαῖοι λέγοντες, Πῶς οὗτος γράμματα οἶδεν μὴ μεμαθηκώς; ¹⁶ ἀπεκρίθη οὖν αὐτοῖς [ὁ] Ἰησοῦς καὶ εἶπεν, Ἡ ἐμὴ διδαχὴ οὐκ ἔστιν ἐμὴ ἀλλὰ τοῦ πέμψαντός με· ¹⁷ ἐάν τις θέλῃ τὸ θέλημα αὐτοῦ ποιεῖν, γνώσεται περὶ τῆς διδαχῆς πότερον ἐκ τοῦ

ἔμεινεν μένω "I remain" See the principal parts at 1:32.

¹⁰ **Ὡς** "when"

ἀνέβησαν... ἀνέβη ἀναβαίνω "I go up" (as in 7:8) See the principal parts at 2:12.

φανερῶς "openly," the opposite of ἐν κρυπτῷ that follows. See 7:4 above.

ὡς "as if"

¹¹ **ἐζήτουν** ζητέω "I seek"

Ποῦ "where?"

¹² **γογγυσμός,** -οῦ ὁ "murmuring, gossip"

πλανᾷ πλανάω "I lead astray, I cause to wander"

¹³ **μέντοι** "however"

ἐλάλει λαλέω "I speak"

¹⁴ **Ἤδη** "already"

τῆς ἑορτῆς μεσούσης Note that a present active participle in the genitive agrees with the genitive noun τῆς ἑορτῆς as part of a "genitive absolute." The participle is a form of the verb μεσόω, meaning "I am half over." Translate the phrase temporally: "when the feast was half over...."

ἐδίδασκεν διδάσκω "I teach"

¹⁵ **ἐθαύμαζον** θαυμάζω "I marvel"

Πῶς "How?"

γράμματα γράμμα, γράμματος τό Literally means "letters (of an alphabet)"; here, "how to read and write."

μεμαθηκώς μανθάνω "I learn, attend school" See the principal parts at 6:45.

¹⁶ **διδαχή,** -ῆς ἡ "teaching"

πέμψαντός πέμπω "I send" This participle is in the genitive case. Consult the principal parts at 1:22 to determine the tense of the participle.

¹⁷ **θέλῃ τὸ θέλημα** The verb (θέλω, "I wish, want, desire") is accompanied by a cognate noun (θέλημα, θελήματος τό "a wish, want, desire").

γνώσεται γινώσκω "I know" See the principal parts at 1:10.

πότερον... ἤ "whether... or"

θεοῦ ἐστιν ἢ ἐγὼ ἀπ' ἐμαυτοῦ λαλῶ. ¹⁸ ὁ ἀφ' ἑαυτοῦ λαλῶν τὴν δόξαν τὴν ἰδίαν ζητεῖ· ὁ δὲ ζητῶν τὴν δόξαν τοῦ πέμψαντος αὐτόν οὗτος ἀληθής ἐστιν καὶ ἀδικία ἐν αὐτῷ οὐκ ἔστιν. ¹⁹ οὐ Μωϋσῆς δέδωκεν ὑμῖν τὸν νόμον; καὶ οὐδεὶς ἐξ ὑμῶν ποιεῖ τὸν νόμον. τί με ζητεῖτε ἀποκτεῖναι; ²⁰ ἀπεκρίθη ὁ ὄχλος, Δαιμόνιον ἔχεις· τίς σε ζητεῖ ἀποκτεῖναι; ²¹ ἀπεκρίθη Ἰησοῦς καὶ εἶπεν αὐτοῖς, Ἕν ἔργον ἐποίησα καὶ πάντες θαυμάζετε. ²² διὰ τοῦτο Μωϋσῆς δέδωκεν ὑμῖν τὴν περιτομήν (οὐχ ὅτι ἐκ τοῦ Μωϋσέως ἐστὶν ἀλλ' ἐκ τῶν πατέρων) καὶ ἐν σαββάτῳ περιτέμνετε ἄνθρωπον. ²³ εἰ περιτομὴν λαμβάνει ἄνθρωπος ἐν σαββάτῳ ἵνα μὴ λυθῇ ὁ νόμος Μωϋσέως, ἐμοὶ χολᾶτε ὅτι ὅλον ἄνθρωπον ὑγιῆ ἐποίησα ἐν σαββάτῳ; ²⁴ μὴ κρίνετε κατ' ὄψιν, ἀλλὰ τὴν δικαίαν κρίσιν κρίνετε. ²⁵ Ἔλεγον οὖν τινες ἐκ τῶν Ἱεροσολυμιτῶν, Οὐχ οὗτός ἐστιν ὃν ζητοῦσιν ἀποκτεῖναι; ²⁶ καὶ ἴδε παρρησίᾳ λαλεῖ καὶ οὐδὲν αὐτῷ λέγουσιν. μήποτε ἀληθῶς ἔγνωσαν οἱ ἄρχοντες ὅτι οὗτός ἐστιν ὁ Χριστός; ²⁷ ἀλλὰ τοῦτον οἴδαμεν πόθεν ἐστίν· ὁ δὲ Χριστὸς

λαλῶ λαλέω "I speak" Uncontracted forms (λαλέω for λαλῶ) are a construct of grammarians for vocabulary learning: they do not occur in ancient texts.

¹⁸ **ἀδικία**, -ας ἡ "injustice"

¹⁹ **δέδωκεν** δίδωμι "I give" See the principal parts at 1:12.
νόμον νόμος, -ου ὁ "law"
ἀποκτεῖναι ἀποκτείνω "I kill" See the principal parts at 5:18.

²¹ **Ἕν** Note the rough breathing. Consult the table at 1:3.
θαυμάζετε θαυμάζω "I marvel"

²² **δέδωκεν** δίδωμι "I give" See the principal parts at 1:12.
περιτομήν περιτομή, -ῆς ἡ "circumcision"
περιτέμνετε περί ("around") + τέμνω ("I cut") "I circumcize" The verb is cognate to περιτομή.

²³ **λυθῇ** λύω "I break, loose, destroy"
χολᾶτε χολάω "I am angry" (as English "cholera")
ὑγιῆ ὑγιής, ὑγιές "healthy"

²⁴ **κρίνετε** κρίνω "I judge" See the principal parts at 3:18.
ὄψιν ὄψις, -εως ἡ "outward appearance" This word occurs again at 11:44.
κρίσιν κρίσις, -εως ἡ "judgment"

²⁵ **ζητοῦσιν ἀποκτεῖναι** See 7:1, 19, 20.

ὅταν ἔρχηται οὐδεὶς γινώσκει πόθεν ἐστίν. [28] ἔκραξεν οὖν ἐν τῷ ἱερῷ διδάσκων ὁ Ἰησοῦς καὶ λέγων, Κἀμὲ οἴδατε καὶ οἴδατε πόθεν εἰμί· καὶ ἀπ' ἐμαυτοῦ οὐκ ἐλήλυθα, ἀλλ' ἔστιν ἀληθινὸς ὁ πέμψας με, ὃν ὑμεῖς οὐκ οἴδατε· [29] ἐγὼ οἶδα αὐτόν, ὅτι παρ' αὐτοῦ εἰμι κἀκεῖνός με ἀπέστειλεν. [30] Ἐζήτουν οὖν αὐτὸν πιάσαι, καὶ οὐδεὶς ἐπέβαλεν ἐπ' αὐτὸν τὴν χεῖρα, ὅτι οὔπω ἐληλύθει ἡ ὥρα αὐτοῦ. [31] Ἐκ τοῦ ὄχλου δὲ πολλοὶ ἐπίστευσαν εἰς αὐτόν καὶ ἔλεγον, Ὁ Χριστὸς ὅταν ἔλθῃ μὴ πλείονα σημεῖα ποιήσει ὧν οὗτος ἐποίησεν; [32] Ἤκουσαν οἱ Φαρισαῖοι τοῦ ὄχλου γογγύζοντος περὶ αὐτοῦ ταῦτα, καὶ ἀπέστειλαν οἱ ἀρχιερεῖς καὶ οἱ Φαρισαῖοι ὑπηρέτας ἵνα πιάσωσιν αὐτόν. [33] εἶπεν οὖν ὁ Ἰησοῦς, Ἔτι χρόνον μικρὸν μεθ' ὑμῶν εἰμι καὶ ὑπάγω πρὸς τὸν πέμψαντά με. [34] ζητήσετέ με καὶ οὐχ εὑρήσετέ [με], καὶ ὅπου εἰμὶ ἐγὼ ὑμεῖς οὐ δύνασθε ἐλθεῖν. [35] εἶπον οὖν οἱ Ἰουδαῖοι πρὸς ἑαυτούς, Ποῦ οὗτος μέλλει πορεύεσθαι ὅτι ἡμεῖς οὐχ

---

[27] **ὅταν** "whenever"

πόθεν "from where"

[28] **ἔκραξεν** κράζω "I cry out"

Κἀμέ crasis: καί + με

ἐλήλυθα ἔρχομαι "I come, go" The perfect form of the verb. Consider the principal parts at 1:7.

[29] **κἀκεῖνός** crasis: καί + ἐκεῖνος

ἀπέστειλεν ἀποστέλλω "I send" See the principal parts at 1:6.

[30] **πιάσαι** πιάζω "I beat"

ἐπέβαλεν ἐπί ("upon") + βάλλω throw "I cast upon, lay upon" See the principal parts at 3:24.

χεῖρα χείρ, χειρός ἡ "hand"

ἐληλύθει ἔρχομαι "I come, go" The -ει ending indicates the pluperfect form. See the principal parts at 1:7.

[31] **ἔλθῃ** ἔρχομαι "I come, go" See the principal parts at 1:7.

πλείονα πλείων, πλείονος "more"

σημεῖα σημεῖον, -ου τό "sign"

[32] **γογγύζοντος** γογγύζω "I murmur, grumble" The participle is genitive (with ὄχλου) because the verb ἀκούω takes the genitive case for direct object of *person* heard.

ὑπηρέτας ὑπηρέτης, -ου ὁ "assistant, attendant"

πιάσωσιν πιάζω "I seize, arrest"

[34] **εὑρήσετέ** εὑρίσκω "I find" See the principal parts at 2:14.

δύνασθε δύναμαι "I am able" (deponent)

ἐλθεῖν ἔρχομαι "I come, go" See the principal parts at 1:7.

[35] **μέλλει** μέλλω "I am going" The verb introduces a phrase that is typically completed by an infinitive (here πορεύεσθαι)

εὑρήσομεν αὐτόν; μὴ εἰς τὴν διασπορὰν τῶν Ἑλλήνων μέλλει πορεύεσθαι καὶ διδάσκειν τοὺς Ἕλληνας; ³⁶ τίς ἐστιν ὁ λόγος οὗτος ὃν εἶπεν, Ζητήσετέ με καὶ οὐχ εὑρήσετέ [με], καὶ ὅπου εἰμὶ ἐγὼ ὑμεῖς οὐ δύνασθε ἐλθεῖν; ³⁷ Ἐν δὲ τῇ ἐσχάτῃ ἡμέρᾳ τῇ μεγάλῃ τῆς ἑορτῆς εἱστήκει ὁ Ἰησοῦς καὶ ἔκραξεν λέγων, Ἐάν τις διψᾷ ἐρχέσθω πρός με καὶ πινέτω. ³⁸ ὁ πιστεύων εἰς ἐμέ, καθὼς εἶπεν ἡ γραφή, ποταμοὶ ἐκ τῆς κοιλίας αὐτοῦ ῥεύσουσιν ὕδατος ζῶντος. ³⁹ τοῦτο δὲ εἶπεν περὶ τοῦ πνεύματος ὃ ἔμελλον λαμβάνειν οἱ πιστεύσαντες εἰς αὐτόν· οὔπω γὰρ ἦν πνεῦμα, ὅτι Ἰησοῦς οὐδέπω ἐδοξάσθη. ⁴⁰ Ἐκ τοῦ ὄχλου οὖν ἀκούσαντες τῶν λόγων τούτων ἔλεγον, Οὗτός ἐστιν ἀληθῶς ὁ προφήτης· ⁴¹ ἄλλοι ἔλεγον, Οὗτός ἐστιν ὁ Χριστός, οἱ δὲ ἔλεγον, Μὴ γὰρ ἐκ τῆς Γαλιλαίας ὁ Χριστὸς ἔρχεται; ⁴² οὐχ ἡ γραφὴ εἶπεν ὅτι ἐκ τοῦ σπέρματος Δαυὶδ καὶ ἀπὸ Βηθλέεμ τῆς κώμης ὅπου ἦν Δαυὶδ ἔρχεται ὁ Χριστός;

διασποράν διασπορά, -ᾶς ἡ   dispersion (as English "Diaspora")

Ἑλλήνων... Ἕλληνας Ἕλλην, -ηνος ὁ Greek person

³⁷ **ἐσχάτῃ** ἔσχατος, -η, -ον "last"

ἡμέρᾳ ἡμέρα, ἡμέρας ἡ "day"

μεγάλῃ μέγας, μεγάλη, μέγα "great"

εἱστήκει ἵστημι "I stand" A pluperfect form of the verb, but translated as simple past, "stood." Compare the principal parts at 1:26. See also 1:35.

διψᾷ διψάω "I thirst"

ἐρχέσθω ἔρχομαι "I come, go" Because this verb is third person imperative, translate with the helping verb: "let that one come"

πινέτω πίνω "I drink" The verb is another third person imperative. As with the previous verb, translate with the helping verb "let."

³⁸ **ποταμοί** ποταμός, -οῦ ὁ "river"

κοιλίας κοιλία, -ας ἡ "belly, womb"

ῥεύσουσιν Future form of ῥέω ("I flow")

ὕδατος ὕδωρ, ὕδατος τό "water"

ζῶντος Active participial form of ζάω "I live" The phrase ὕδατος ζῶντος modifies ποταμοί.

³⁹ **πνεύματος** πνεῦμα, πνεύματος τό "spirit"

ἔμελλον μέλλω "I am going" with infinitive λαμβάνειν

οὔπω... οὐδέπω Both terms mean "not yet."

ἐδοξάσθη δοξάζω "I praise, glorify"

⁴² **σπέρματος** σπέρμα, σπέρματος τό "seed"

κώμης κώμη, -ης ἡ "village"

⁴³ σχίσμα   οὖν ἐγένετο ἐν τῷ ὄχλῳ δι᾽ αὐτόν· ⁴⁴ τινὲς δὲ ἤθελον ἐξ αὐτῶν πιάσαι αὐτόν, ἀλλ᾽ οὐδεὶς ἐπέβαλεν ἐπ᾽ αὐτὸν τὰς χεῖρας. ⁴⁵ Ἦλθον οὖν οἱ ὑπηρέται πρὸς τοὺς ἀρχιερεῖς καὶ Φαρισαίους, καὶ εἶπον αὐτοῖς ἐκεῖνοι, Διὰ τί οὐκ ἠγάγετε αὐτόν; ⁴⁶ ἀπεκρίθησαν οἱ ὑπηρέται, Οὐδέποτε   ἐλάλησεν οὕτως ἄνθρωπος. ⁴⁷ ἀπεκρίθησαν οὖν αὐτοῖς οἱ Φαρισαῖοι, Μὴ καὶ ὑμεῖς πεπλάνησθε; ⁴⁸ μή τις ἐκ τῶν ἀρχόντων ἐπίστευσεν εἰς αὐτὸν ἢ ἐκ τῶν Φαρισαίων; ⁴⁹ ἀλλὰ ὁ ὄχλος οὗτος ὁ μὴ γινώσκων τὸν νόμον ἐπάρατοί εἰσιν. ⁵⁰ λέγει Νικόδημος πρὸς αὐτούς, ὁ ἐλθὼν πρὸς αὐτὸν [τὸ] πρότερον,   εἷς ὢν ἐξ αὐτῶν, ⁵¹ Μὴ ὁ νόμος ἡμῶν κρίνει τὸν ἄνθρωπον ἐὰν μὴ ἀκούσῃ πρῶτον παρ᾽ αὐτοῦ καὶ γνῷ τί ποιεῖ; ⁵² ἀπεκρίθησαν καὶ εἶπαν αὐτῷ, Μὴ καὶ σὺ ἐκ τῆς Γαλιλαίας εἶ; ἐραύνησον καὶ ἴδε ὅτι ἐκ τῆς Γαλιλαίας προφήτης οὐκ ἐγείρεται.

ὅπου   "where," governing the brief clause ὅπου ἦν Δαυίδ

⁴³ **σχίσμα**   σχίσμα, σχίσματος τό   "division" (as "schism")

ἐγένετο   γίνομαι   "I come into being, become, happen"   See the principal parts at 1:3.

⁴⁴ **ἤθελον**   imperfect tense of θέλω   "I want, desire"   The remainder of the vocabulary in this verse repeats vocabulary from 7:30.

⁴⁵ **Ἦλθον**   ἔρχομαι   "I come, go"   See the principal parts at 1:7.

ὑπηρέται   ὑπηρέτης, -ου ὁ   "assistant, attendant"

ἠγάγετε   ἄγω   "I lead"   See the principal parts at 1:42.

⁴⁶ **Οὐδέποτε**   "never"

⁴⁷ **πεπλάνησθε**   πλανάω   "I lead astray, I cause to wander"

⁴⁸ **μή**   This particle introduces a question that anticipates a negative answer: "They don't _____, do they?"

⁴⁹ **ἐπάρατοί**   ἐπάρατος, -η, -ον   "cursed"   ἐπί ("upon") + ἀρά, -ᾶς ἡ ("curse")

⁵⁰ **πρότερον**   is a neuter noun in the accusative functioning as an adverb ("earlier, previously, before").   See 1:41.

εἷς   Note the rough breathing. Consult the table at 1:3.

ὢν   Note the smooth breathing: this word is a form of the verb εἰμί "I am."

⁵¹ **ἐὰν μή**   "unless"

πρῶτον   is another neuter noun in the accusative functioning as an adverb ("first"). See 1:41.

γνῷ   γινώσκω   "I know"   See the principal parts at 1:10.

⁵² **εἶ**   Note the accentuation: this word is a form of the verb εἰμί "I am."

ἐραύνησον   ἐραυνάω   "I search, examine"

ἴδε   See 1:47.

ἐγείρεται   ἐγείρω "I raise"   See the principal parts at 2:19.

⁵³ [[Καὶ ἐπορεύθησαν ἔκαστος εἰς τὸν οἶκον αὐτοῦ, ⁸˙¹ Ἰησοῦς δὲ ἐπορεύθη εἰς τὸ Ὄρος τῶν Ἐλαιῶν. ² Ὄρθρου δὲ πάλιν παρεγένετο εἰς τὸ ἱερόν καὶ πᾶς ὁ λαὸς ἤρχετο πρὸς αὐτόν, καὶ καθίσας ἐδίδασκεν αὐτούς. ³ ἄγουσιν δὲ οἱ γραμματεῖς καὶ οἱ Φαρισαῖοι γυναῖκα ἐπὶ μοιχεία κατειλημμένην, καὶ στήσαντες αὐτὴν ἐν μέσῳ ⁴ λέγουσιν αὐτῷ, Διδάσκαλε, αὕτη ἡ γυνὴ κατείληπται ἐπ' αὐτοφώρῳ μοιχευομένη· ⁵ ἐν δὲ τῷ νόμῳ ἡμῖν Μωϋσῆς ἐνετείλατο τὰς τοιαύτας λιθάζειν, σὺ οὖν τί λέγεις; ⁶ τοῦτο δὲ ἔλεγον πειράζοντες αὐτόν, ἵνα ἔχωσιν κατηγορεῖν αὐτοῦ. ὁ δὲ Ἰησοῦς κάτω κύψας τῷ δακτύλῳ κατέγραφεν εἰς τὴν γῆν. ⁷ ὡς δὲ ἐπέμενον ἐρωτῶντες αὐτόν, ἀνέκυψεν καὶ εἶπεν αὐτοῖς, Ὁ ἀναμάρτητος ὑμῶν πρῶτος ἐπ' αὐτὴν βαλέτω λίθον. ⁸ καὶ πάλιν κατακύψας ἔγραφεν εἰς τὴν γῆν. ⁹ οἱ δὲ ἀκούσαντες ἐξήρχοντο εἷς καθ' εἷς ἀρξάμενοι ἀπὸ τῶν πρεσβυτέρων καὶ κατελείφθη μόνος καὶ ἡ γυνὴ ἐν μέσῳ οὖσα. ¹⁰ ἀνακύψας δὲ ὁ Ἰησοῦς εἶπεν αὐτῇ, Γύναι, ποῦ εἰσιν; οὐδείς σε κατέκρινεν;¹⁰ ¹¹ ἡ δὲ εἶπεν, Οὐδείς, κύριε. εἶπεν δὲ ὁ Ἰησοῦς,

---

⁵³ Brackets: John 7:52-8:11 is not found in most of the old manuscripts.
  ἐπορεύθησαν πορεύομαι "I go, proceed"
¹ **ἐπορεύθη** πορεύομαι "I go, proceed"
² **ὄρθρου** "early in the morning"
  παρεγένετο παραγίνομαι "I arrive, come" See the principal parts at 1:3.
³ **ἐπὶ μοιχείᾳ** "in adultery, engaged in adultery"
  κατειλημμένην καταλαμβάνω "I catch" See the principal parts at 1:5.
  στήσαντες ἵστημι "I stand, cause to stand" See the principal parts at 1:26.
⁴ **κατείληπται ἐπ' αὐτοφώρῳ** "caught in the act"
  μοιχευομένη μοιχεύω "I commit adultery"
⁵ **τὰς τοιαύτας** accusative plural feminine, and so "such (women)"
  λιθάζειν λιθάζω "I stone"
⁶ **κατηγορεῖν** κατηγορέω "I accuse" The verb takes its direct object in the genitive case.
  κύψας κύπτω "I bend"
⁷ **ἐπιμένω** "I continue, persist"
  ἀνέκυψεν ἀνά + κύπτω "I unbend, straighten up"
  ἀναμάρτητος, -ον "without sin, free of sin"
⁹ **εἷς καθ' εἷς** "one by one"
  ἀρξάμενοι ἄρχομαι "I begin"
  κατελείφθη καταλείπω "I leave behind"
¹⁰ **κατέκρινεν** κατακρίνω "I condemn"

Οὐδὲ ἐγώ σε κατακρίνω· πορεύου, [καὶ] ἀπὸ τοῦ νῦν μηκέτι ἁμάρτανε.]]

¹² Πάλιν οὖν αὐτοῖς ἐλάλησεν ὁ Ἰησοῦς λέγων, Ἐγώ εἰμι τὸ φῶς τοῦ κόσμου· ὁ ἀκολουθῶν ἐμοὶ οὐ μὴ περιπατήσῃ ἐν τῇ σκοτίᾳ, ἀλλ᾽ ἕξει τὸ φῶς τῆς ζωῆς. ¹³ εἶπον οὖν αὐτῷ οἱ Φαρισαῖοι, Σὺ περὶ σεαυτοῦ μαρτυρεῖς· ἡ μαρτυρία σου οὐκ ἔστιν ἀληθής. ¹⁴ ἀπεκρίθη Ἰησοῦς καὶ εἶπεν αὐτοῖς, Κἂν ἐγὼ μαρτυρῶ περὶ ἐμαυτοῦ, ἀληθής ἐστιν ἡ μαρτυρία μου, ὅτι οἶδα πόθεν ἦλθον καὶ ποῦ ὑπάγω· ὑμεῖς δὲ οὐκ οἴδατε πόθεν ἔρχομαι ἢ ποῦ ὑπάγω. ¹⁵ ὑμεῖς κατὰ τὴν σάρκα κρίνετε, ἐγὼ οὐ κρίνω οὐδένα. ¹⁶ καὶ ἐὰν κρίνω δὲ ἐγώ, ἡ κρίσις ἡ ἐμὴ ἀληθινή ἐστιν, ὅτι μόνος οὐκ εἰμί, ἀλλ᾽ ἐγὼ καὶ ὁ πέμψας με πατήρ. ¹⁷ καὶ ἐν τῷ νόμῳ δὲ τῷ ὑμετέρῳ γέγραπται ὅτι δύο ἀνθρώπων ἡ μαρτυρία ἀληθής ἐστιν. ¹⁸ ἐγώ εἰμι ὁ μαρτυρῶν περὶ ἐμαυτοῦ καὶ μαρτυρεῖ περὶ ἐμοῦ ὁ πέμψας με πατήρ. ¹⁹ ἔλεγον οὖν αὐτῷ, Ποῦ ἐστιν ὁ πατήρ σου; ἀπεκρίθη Ἰησοῦς, Οὔτε ἐμὲ οἴδατε οὔτε τὸν πατέρα μου· εἰ ἐμὲ ᾔδειτε, καὶ τὸν πατέρα μου ἂν ᾔδειτε. ²⁰ Ταῦτα τὰ ῥήματα ἐλάλησεν ἐν τῷ γαζοφυλακίῳ διδάσκων ἐν τῷ ἱερῷ· καὶ οὐδεὶς ἐπίασεν αὐτόν, ὅτι οὔπω ἐληλύθει ἡ ὥρα αὐτοῦ. ²¹ Εἶπεν οὖν πάλιν αὐτοῖς, Ἐγὼ ὑπάγω καὶ ζητήσετέ με, καὶ ἐν τῇ ἁμαρτίᾳ ὑμῶν ἀποθανεῖσθε· ὅπου ἐγὼ ὑπάγω ὑμεῖς οὐ δύνασθε ἐλθεῖν. ²² ἔλεγον οὖν οἱ Ἰουδαῖοι, Μήτι ἀποκτενεῖ ἑαυτόν, ὅτι λέγει, Ὅπου ἐγὼ ὑπάγω ὑμεῖς οὐ δύνασθε ἐλθεῖν; ²³ καὶ ἔλεγεν αὐτοῖς, Ὑμεῖς ἐκ τῶν κάτω

---

¹¹ **πορεύου** πορεύομαι "I go, proceed"
  ἀπὸ τοῦ νῦν "from now on"
  μηκέτι "no longer"
¹² **ἕξει** future of ἔχω   See the principal parts at 2:3.
¹⁴ **κἂν** crassis: καί + ἄν "and if" or "even if"
¹⁷ **ὑμετέρῳ** ὑμέτερος, -α, -ον "your"
¹⁹ **εἰ ἐμὲ ᾔδειτε** A condition contrary to fact: "If you knew me [but you do not], you would know…"
  ᾔδειτε Pluperfect of οἶδα "I know"   See the principal parts at 1:26.
²⁰ **γαζοφυλακίῳ** γαζοφυλάκιον, -ου τό "treasury"   See BDAG; also Mark 12:41, 43; Luke 21:1.
  ἐπίασεν πιάζω "I seize, arrest"
²¹ **ἀποθανεῖσθε** ἀποθνήσκω "I die"   See the principal parts at 4:47.
²² **ἀποκτενεῖ** ἀποκτείνω "I kill"   See the principal parts at 5:18.

ἐστέ, ἐγὼ ἐκ τῶν ἄνω εἰμί· ὑμεῖς ἐκ τούτου τοῦ κόσμου ἐστέ, ἐγὼ οὐκ εἰμὶ ἐκ τοῦ κόσμου τούτου. ²⁴ εἶπον οὖν ὑμῖν ὅτι ἀποθανεῖσθε ἐν ταῖς ἁμαρτίαις ὑμῶν· ἐὰν γὰρ μὴ πιστεύσητε ὅτι ἐγώ εἰμι, ἀποθανεῖσθε ἐν ταῖς ἁμαρτίαις ὑμῶν. ²⁵ ἔλεγον οὖν αὐτῷ, Σὺ τίς εἶ; εἶπεν αὐτοῖς ὁ Ἰησοῦς, Τὴν ἀρχὴν ὅ τι καὶ λαλῶ ὑμῖν; ²⁶ πολλὰ ἔχω περὶ ὑμῶν λαλεῖν καὶ κρίνειν, ἀλλ' ὁ πέμψας με ἀληθής ἐστιν, κἀγὼ ἃ ἤκουσα παρ' αὐτοῦ ταῦτα λαλῶ εἰς τὸν κόσμον. ²⁷ οὐκ ἔγνωσαν ὅτι τὸν πατέρα αὐτοῖς ἔλεγεν. ²⁸ εἶπεν οὖν [αὐτοῖς] ὁ Ἰησοῦς, Ὅταν ὑψώσητε τὸν υἱὸν τοῦ ἀνθρώπου, τότε γνώσεσθε ὅτι ἐγώ εἰμι, καὶ ἀπ' ἐμαυτοῦ ποιῶ οὐδέν, ἀλλὰ καθὼς ἐδίδαξέν με ὁ πατὴρ ταῦτα λαλῶ. ²⁹ καὶ ὁ πέμψας με μετ' ἐμοῦ ἐστιν· οὐκ ἀφῆκέν με μόνον, ὅτι ἐγὼ τὰ ἀρεστὰ αὐτῷ ποιῶ πάντοτε. ³⁰ Ταῦτα αὐτοῦ λαλοῦντος πολλοὶ ἐπίστευσαν εἰς αὐτόν. ³¹ Ἔλεγεν οὖν ὁ Ἰησοῦς πρὸς τοὺς πεπιστευκότας αὐτῷ Ἰουδαίους, Ἐὰν ὑμεῖς μείνητε ἐν τῷ λόγῳ τῷ ἐμῷ, ἀληθῶς μαθηταί μού ἐστε ³² καὶ γνώσεσθε τὴν ἀλήθειαν, καὶ ἡ ἀλήθεια ἐλευθερώσει ὑμᾶς. ³³ ἀπεκρίθησαν πρὸς αὐτόν, Σπέρμα Ἀβραάμ ἐσμεν καὶ οὐδενὶ δεδουλεύκαμεν πώποτε· πῶς σὺ λέγεις ὅτι Ἐλεύθεροι γενήσεσθε; ³⁴ ἀπεκρίθη αὐτοῖς ὁ Ἰησοῦς, Ἀμὴν ἀμὴν λέγω ὑμῖν ὅτι πᾶς ὁ ποιῶν τὴν ἁμαρτίαν δοῦλός ἐστιν τῆς ἁμαρτίας. ³⁵ ὁ δὲ δοῦλος οὐ μένει ἐν τῇ οἰκίᾳ εἰς τὸν αἰῶνα, ὁ υἱὸς μένει εἰς τὸν αἰῶνα. ³⁶ ἐὰν οὖν ὁ υἱὸς ὑμᾶς ἐλευθερώσῃ, ὄντως ἐλεύθεροι ἔσεσθε. ³⁷ οἶδα ὅτι σπέρμα Ἀβραάμ ἐστε· ἀλλὰ ζητεῖτέ με ἀποκτεῖναι, ὅτι ὁ λόγος ὁ ἐμὸς

---

²⁴ **ἀποθανεῖσθε** ἀποθνήσκω "I die" See the principal parts at 4:47.

²⁵ **τὴν ἀρχήν** Accusative used adverbially. "Why do I speak to you *at all*?" (BDAG)

²⁸ **ὑψώσητε** Aorist subjunctive of ὑψόω "I lift up"

²⁹ **ἀφῆκεν** first aorist of ἀφίημι, "I leave" See the principal parts at 4:3.

  ἀρεστά ἀρεστός, -ή, -όν "pleasing"

³² **ἐλευθερώσει** ἐλευθερόω "I set free, liberate"

³³ **δεδουλεύκαμεν** δουλεύω "I am a slave"

³⁶ **ὄντως** "really, truly"

οὐ χωρεῖ ἐν ὑμῖν. ³⁸ ἃ ἐγὼ ἑώρακα παρὰ τῷ πατρὶ λαλῶ· καὶ ὑμεῖς οὖν ἃ ἠκούσατε παρὰ τοῦ πατρὸς ποιεῖτε. ³⁹ Ἀπεκρίθησαν καὶ εἶπαν αὐτῷ, Ὁ πατὴρ ἡμῶν Ἀβραάμ ἐστιν. λέγει αὐτοῖς ὁ Ἰησοῦς, Εἰ τέκνα τοῦ Ἀβραάμ ἐστε, τὰ ἔργα τοῦ Ἀβραὰμ ἐποιεῖτε· ⁴⁰ νῦν δὲ ζητεῖτέ με ἀποκτεῖναι ἄνθρωπον ὃς τὴν ἀλήθειαν ὑμῖν λελάληκα ἣν ἤκουσα παρὰ τοῦ θεοῦ· τοῦτο Ἀβραὰμ οὐκ ἐποίησεν. ⁴¹ ὑμεῖς ποιεῖτε τὰ ἔργα τοῦ πατρὸς ὑμῶν. εἶπαν [οὖν] αὐτῷ, Ἡμεῖς ἐκ πορνείας οὐ γεγεννήμεθα· ἕνα πατέρα ἔχομεν τὸν θεόν. ⁴² εἶπεν αὐτοῖς ὁ Ἰησοῦς, Εἰ ὁ θεὸς πατὴρ ὑμῶν ἦν ἠγαπᾶτε ἂν ἐμέ, ἐγὼ γὰρ ἐκ τοῦ θεοῦ ἐξῆλθον καὶ ἥκω· οὐδὲ γὰρ ἀπ᾽ ἐμαυτοῦ ἐλήλυθα, ἀλλ᾽ ἐκεῖνός με ἀπέστειλεν. ⁴³ διὰ τί τὴν λαλιὰν τὴν ἐμὴν οὐ γινώσκετε; ὅτι οὐ δύνασθε ἀκούειν τὸν λόγον τὸν ἐμόν. ⁴⁴ ὑμεῖς ἐκ τοῦ πατρὸς τοῦ διαβόλου ἐστὲ καὶ τὰς ἐπιθυμίας τοῦ πατρὸς ὑμῶν θέλετε ποιεῖν. ἐκεῖνος ἀνθρωποκτόνος ἦν ἀπ᾽ ἀρχῆς καὶ ἐν τῇ ἀληθείᾳ οὐκ ἔστηκεν, ὅτι οὐκ ἔστιν ἀλήθεια ἐν αὐτῷ. ὅταν λαλῇ τὸ ψεῦδος, ἐκ τῶν ἰδίων λαλεῖ, ὅτι ψεύστης ἐστὶν καὶ ὁ πατὴρ αὐτοῦ. ⁴⁵ ἐγὼ δὲ ὅτι τὴν ἀλήθειαν λέγω, οὐ πιστεύετέ μοι. ⁴⁶ τίς ἐξ ὑμῶν ἐλέγχει με περὶ ἁμαρτίας; εἰ ἀλήθειαν λέγω, διὰ τί ὑμεῖς οὐ πιστεύετέ μοι; ⁴⁷ ὁ ὢν ἐκ τοῦ θεοῦ τὰ ῥήματα τοῦ θεοῦ ἀκούει· διὰ τοῦτο ὑμεῖς οὐκ ἀκούετε, ὅτι ἐκ τοῦ θεοῦ οὐκ ἐστέ. ⁴⁸ Ἀπεκρίθησαν οἱ Ἰουδαῖοι καὶ εἶπαν αὐτῷ, Οὐ καλῶς λέγομεν ἡμεῖς ὅτι Σαμαρίτης εἶ σὺ καὶ δαιμόνιον ἔχεις; ⁴⁹

---

³⁷ **χωρεῖ** χωρέω "I have room"
³⁹ **Εἰ τέκνα τοῦ Ἀβραάμ ἐστε...** A mixed condition: "If (as you insist) you are the children of Abraham, then you would be doing..."
⁴² **Εἰ ὁ θεὸς πατὴρ ὑμῶν ἦν...** Condition contrary to fact. Same pattern as in 8:19.
 ἥκω "I have come, I am present" The principal parts may be found at 2:4.
⁴⁴ **ἐπιθυμίας** ἐπιθυμία, -ας ἡ "desire"
 ἀνθρωποκτόνος, -ου ὁ "murderer"
 ψεῦδος, -ους τό "the lie"
 ἐκ τῶν ἰδίων "out of his own (things)" = "in accord with his nature"
 ψεύστης, -ου ὁ "the liar"
⁴⁶ **ἐλέγχει** ἐλέγχω "I expose, convict" See the principal parts at 3:20.

ἀπεκρίθη Ἰησοῦς, Ἐγὼ δαιμόνιον οὐκ ἔχω, ἀλλὰ τιμῶ τὸν πατέρα μου, καὶ ὑμεῖς ἀτιμάζετέ με. ⁵⁰ ἐγὼ δὲ οὐ ζητῶ τὴν δόξαν μου· ἔστιν ὁ ζητῶν καὶ κρίνων. ⁵¹ ἀμὴν ἀμὴν λέγω ὑμῖν, ἐάν τις τὸν ἐμὸν λόγον τηρήσῃ, θάνατον οὐ μὴ θεωρήσῃ εἰς τὸν αἰῶνα. ⁵² εἶπον [οὖν] αὐτῷ οἱ Ἰουδαῖοι, Νῦν ἐγνώκαμεν ὅτι δαιμόνιον ἔχεις. Ἀβραὰμ ἀπέθανεν καὶ οἱ προφῆται, καὶ σὺ λέγεις, Ἐάν τις τὸν λόγον μου τηρήσῃ, οὐ μὴ γεύσηται θανάτου εἰς τὸν αἰῶνα. ⁵³ μὴ σὺ μείζων εἶ τοῦ πατρὸς ἡμῶν Ἀβραάμ, ὅστις ἀπέθανεν; καὶ οἱ προφῆται ἀπέθανον· τίνα σεαυτὸν ποιεῖς; ⁵⁴ ἀπεκρίθη Ἰησοῦς, Ἐὰν ἐγὼ δοξάσω ἐμαυτόν, ἡ δόξα μου οὐδέν ἐστιν· ἔστιν ὁ πατήρ μου ὁ δοξάζων με, ὃν ὑμεῖς λέγετε ὅτι θεὸς ἡμῶν ἐστιν, ⁵⁵ καὶ οὐκ ἐγνώκατε αὐτόν, ἐγὼ δὲ οἶδα αὐτόν. κἂν εἴπω ὅτι οὐκ οἶδα αὐτόν, ἔσομαι ὅμοιος ὑμῖν ψεύστης· ἀλλὰ οἶδα αὐτὸν καὶ τὸν λόγον αὐτοῦ τηρῶ. ⁵⁶ Ἀβραὰμ ὁ πατὴρ ὑμῶν ἠγαλλιάσατο ἵνα ἴδῃ τὴν ἡμέραν τὴν ἐμήν, καὶ εἶδεν καὶ ἐχάρη. ⁵⁷ εἶπον οὖν οἱ Ἰουδαῖοι πρὸς αὐτόν, Πεντήκοντα ἔτη οὔπω ἔχεις καὶ Ἀβραὰμ ἑώρακας; ⁵⁸ εἶπεν αὐτοῖς Ἰησοῦς, Ἀμὴν ἀμὴν λέγω ὑμῖν, πρὶν Ἀβραὰμ γενέσθαι ἐγὼ εἰμί. ⁵⁹ ἦραν οὖν λίθους ἵνα βάλωσιν ἐπ' αὐτόν· Ἰησοῦς δὲ ἐκρύβη καὶ ἐξῆλθεν ἐκ τοῦ ἱεροῦ.

---

⁴⁹ **τιμῶ** τιμάω "I honor"
ἀτιμάζετέ ἀτιμάζω "I dishonor"
⁵² **γεύσηται** γεύομαι "I taste"
⁵⁵ **κἄν** crassis: καί + ἄν "and if" or "even if"
ὅμοιος, -α, -ον "like, similar"
⁵⁶ **ἠγαλλιάσατο** ἀγαλλιάω "I rejoice"
⁵⁷ **πεντήκοντα** "fifty"
ἔτη 3ʳᵈ declension neuter plural of ἔτος, -ους τό "year" See the full paradigm at 5:5.
⁵⁹ **ἐκρύβη** Aorist passive of κρύπτω, "I hide," here used reflexively: "hid himself"

1. Present Active	2. Future Active	3. Aorist Active	4. Perfect Active	5. Perfect Middle	6. Aorist Passive
κρύπτω	κρύψω	ἔκρυψα	---	κέκρυμμαι	ἐκρύβην

¹ καὶ παράγων εἶδεν ἄνθρωπον τυφλὸν ἐκ γενετῆς. ² καὶ ἠρώτησαν αὐτὸν οἱ μαθηταὶ αὐτοῦ λέγοντες, ῾Ραββί, τίς ἥμαρτεν, οὗτος ἢ οἱ γονεῖς αὐτοῦ, ἵνα τυφλὸς γεννηθῇ; ³ ἀπεκρίθη ᾿Ιησοῦς, Οὔτε οὗτος ἥμαρτεν οὔτε οἱ γονεῖς αὐτοῦ, ἀλλ' ἵνα φανερωθῇ τὰ ἔργα τοῦ θεοῦ ἐν αὐτῷ. ⁴ ἡμᾶς δεῖ ἐργάζεσθαι τὰ ἔργα τοῦ πέμψαντός με ἕως ἡμέρα ἐστίν· ἔρχεται νὺξ ὅτε οὐδεὶς δύναται ἐργάζεσθαι. ⁵ ὅταν ἐν τῷ κόσμῳ ὦ, φῶς εἰμι τοῦ κόσμου. ⁶ ταῦτα εἰπὼν ἔπτυσεν χαμαὶ καὶ ἐποίησεν πηλὸν ἐκ τοῦ πτύσματος καὶ ἐπέχρισεν αὐτοῦ τὸν πηλὸν ἐπὶ τοὺς ὀφθαλμούς. ⁷ καὶ εἶπεν αὐτῷ, ῞Υπαγε νίψαι εἰς τὴν κολυμβήθραν τοῦ Σιλωάμ (ὃ ἑρμηνεύεται ᾿Απεσταλμένος). ἀπῆλθεν οὖν καὶ ἐνίψατο καὶ ἦλθεν βλέπων. ⁸ Οἱ οὖν γείτονες καὶ

AIDS TO PARSING AND TRANSLATING

¹ **παράγων** παράγω "I pass by"
  τυφλόν τυφλός, -ή, -όν " blind"
  γενετῆς γενετή, γενετῆς ἡ "birth"
² **ἠρώτησαν** ἐρωτάω "I ask"
  ἥμαρτεν ἁμαρτάνω "I sin"

1.	2.	3.	4.	5.	6.
Present Active	Future Active	Aorist Active	Perfect Active	Perfect Middle	Aorist Passive
ἁμαρτάνω	ἁμαρτήσω	ἥμαρτον	ἡμάρτηκα	ἡμάρτημαι	ἡμαρτήθην

  γονεῖς γονεύς, γονέως ὁ "parent" Declines like βασιλεύς.
  ἵνα... γεννηθῇ here expresses result. γεννάω "I bear, beget" See the principal parts at 3:3.
³ **ἵνα** ἵνα expresses purpose. See 1:31.
  φανερωθῇ φανερόω "I reveal" See the principal parts at 1:31.
⁴ **ἡμᾶς** is the *accusative subject* of the infinitive ἐργάζεσθαι.
  δεῖ ἐργάζεσθαι On this construction, see 3:7.
  πέμψαντός πέμπω "I send" Identify verb form and tense by consulting the principal parts at 1:22.
  νύξ See 3:2
  δύναται ἐργάζεσθαι Like δεῖ ἐργάζεσθαι, earlier in this verse.
⁵ **ὅταν** See 2:10.
  ὦ is the verb (εἰμί) introduced by the relative adverb **ὅταν**.
⁶ **ἔπτυσεν** πτύω "I spit upon" (perhaps as onomatopoeic "ptooey")
  χαμαί adverb "on the ground"
  πηλόν πηλός, πηλοῦ ὁ "mud, clay"
  πτύσματος πτύσμα, πτύσματος τό "spit, saliva"
  ἐπέχρισεν ἐπιχρίω "I wipe upon, smear" (as "christen")
⁷ **῞Υπαγε νίψαι** Both words are imperatives, but in different tenses.
  νίψαι νίπτω "I wash"
  κολυμβήθραν κολυμβήθρα, κολυμβήθρας ἡ "pool" A cognate of κολυμβάω meaning "I swim."
  ἑρμηνεύεται See 1:42.
  ᾿Απεσταλμενος is a form of ἀποστέλλω ("I send"). See 3:28.

οἱ θεωροῦντες αὐτὸν τὸ πρότερον ὅτι προσαίτης ἦν ἔλεγον, Οὐχ οὗτός ἐστιν ὁ καθήμενος καὶ προσαιτῶν; ⁹ ἄλλοι ἔλεγον ὅτι Οὗτός ἐστιν, ἄλλοι ἔλεγον, Οὐχί, ἀλλὰ ὅμοιος αὐτῷ ἐστιν. ἐκεῖνος ἔλεγεν ὅτι Ἐγώ εἰμι. ¹⁰ ἔλεγον οὖν αὐτῷ, Πῶς [οὖν] ἠνεῴχθησάν σου οἱ ὀφθαλμοί; ¹¹ ἀπεκρίθη ἐκεῖνος, Ὁ ἄνθρωπος ὁ λεγόμενος Ἰησοῦς πηλὸν ἐποίησεν καὶ ἐπέχρισέν μου τοὺς ὀφθαλμοὺς καὶ εἶπέν μοι ὅτι Ὕπαγε εἰς τὸν Σιλωὰμ καὶ νίψαι· ἀπελθὼν οὖν καὶ νιψάμενος ἀνέβλεψα. ¹² καὶ εἶπαν αὐτῷ, Ποῦ ἐστιν ἐκεῖνος; λέγει, Οὐκ οἶδα. ¹³ ἄγουσιν αὐτὸν πρὸς τοὺς Φαρισαίους τόν ποτε τυφλόν. ¹⁴ ἦν δὲ σάββατον ἐν ᾗ ἡμέρᾳ τὸν πηλὸν ἐποίησεν ὁ Ἰησοῦς καὶ ἀνέῳξεν αὐτοῦ τοὺς ὀφθαλμούς. ¹⁵ πάλιν οὖν ἠρώτων αὐτὸν καὶ οἱ Φαρισαῖοι πῶς ἀνέβλεψεν. ὁ δὲ εἶπεν αὐτοῖς, Πηλὸν ἐπέθηκέν μου ἐπὶ τοὺς ὀφθαλμούς, καὶ ἐνιψάμην, καὶ βλέπω. ¹⁶ ἔλεγον οὖν ἐκ τῶν Φαρισαίων τινές, Οὐκ ἔστιν οὗτος παρὰ θεοῦ ὁ ἄνθρωπος, ὅτι τὸ σάββατον οὐ τηρεῖ. ἄλλοι [δὲ] ἔλεγον, Πῶς δύναται ἄνθρωπος ἁμαρτωλὸς τοιαῦτα σημεῖα ποιεῖν; καὶ σχίσμα ἦν ἐν αὐτοῖς. ¹⁷ λέγουσιν οὖν τῷ τυφλῷ πάλιν, Τί σὺ λέγεις περὶ αὐτοῦ, ὅτι ἠνέῳξέν σου τοὺς ὀφθαλμούς; ὁ δὲ εἶπεν ὅτι Προφήτης ἐστίν. ¹⁸ Οὐκ ἐπίστευσαν οὖν οἱ Ἰουδαῖοι περὶ αὐτοῦ

---

⁸ **τὸ πρότερον**   is a neuter noun in the accusative functioning as an adverb ("earlier, previously, before"). See 1:41.

προσαίτης   προσαίτης, προσαίτου ὁ   "begger" The word is a compound of the preposition πρός and the verb αἰτέω meaning "I ask."

καθήμενος   See 2:14.

⁹ **ἄλλοι... ἄλλοι**   Translate "some... others...." See 4:37.

ὅμοιος   ὅμοιος, -α, -ον   "like, similar"

¹⁰ **Πῶς**   "How...?"

ἠνεῴχθησάν   ἀνοίγω ("I open") In this text, the form has a double augment.   See the principal parts at 1:51.

¹¹ **ἀνέβλεψα**   ἀναβλέπω   "I regain sight"

¹² **Ποῦ**   "Where...?"

¹³ **τόν ποτε τυφλόν**   further describes αυτόν. The adverb ποτε without accents is indefinite: "once." The adjective τυφλός is substantive here, in the masculine form ("blind [man]").

¹⁵ **ἐπέθηκέν**   Note the prefix ἐπί followed by the root form -θη-. This verb is a compound of the verb τίθημι ("I put, place"). See the principal parts at 2:10.

¹⁶ **τηρεῖ**   τηρέω   "I keep" See the principal parts at 2:10.

ἁμαρτωλός   ἁμαρτωλός, -όν   "sinful"

τοιαῦτα   modifies the neuter plural noun σημεῖα. On the significance of the letters -οι- within this correlative pronoun, see the note at 4:23.

σχίσμα   σχίσμα, σχίσματος τό   "division"

ὅτι ἦν τυφλὸς καὶ ἀνέβλεψεν ἕως ὅτου ἐφώνησαν τοὺς γονεῖς αὐτοῦ τοῦ ἀναβλέψαντος [19] καὶ ἠρώτησαν αὐτοὺς λέγοντες, Οὗτός ἐστιν ὁ υἱὸς ὑμῶν ὃν ὑμεῖς λέγετε ὅτι τυφλὸς ἐγεννήθη; πῶς οὖν βλέπει ἄρτι; [20] ἀπεκρίθησαν οὖν οἱ γονεῖς αὐτοῦ καὶ εἶπαν, Οἴδαμεν ὅτι οὗτός ἐστιν ὁ υἱὸς ἡμῶν καὶ ὅτι τυφλὸς ἐγεννήθη· [21] πῶς δὲ νῦν βλέπει οὐκ οἴδαμεν, ἢ τίς ἤνοιξεν αὐτοῦ τοὺς ὀφθαλμοὺς ἡμεῖς οὐκ οἴδαμεν· αὐτὸν ἐρωτήσατε, ἡλικίαν ἔχει, αὐτὸς περὶ ἑαυτοῦ λαλήσει. [22] ταῦτα εἶπαν οἱ γονεῖς αὐτοῦ ὅτι ἐφοβοῦντο τοὺς Ἰουδαίους· ἤδη γὰρ συνετέθειντο οἱ Ἰουδαῖοι ἵνα ἐάν τις αὐτὸν ὁμολογήσῃ Χριστόν, ἀποσυνάγωγος γένηται. [23] διὰ τοῦτο οἱ γονεῖς αὐτοῦ εἶπαν ὅτι Ἡλικίαν ἔχει, αὐτὸν ἐπερωτήσατε. [24] Ἐφώνησαν οὖν τὸν ἄνθρωπον ἐκ δευτέρου ὃς ἦν τυφλὸς καὶ εἶπαν αὐτῷ, Δὸς δόξαν τῷ θεῷ· ἡμεῖς οἴδαμεν ὅτι οὗτος ὁ ἄνθρωπος ἁμαρτωλός ἐστιν. [25] ἀπεκρίθη οὖν ἐκεῖνος, Εἰ ἁμαρτωλός ἐστιν οὐκ οἶδα· ἓν οἶδα ὅτι τυφλὸς ὢν ἄρτι βλέπω. [26] εἶπον οὖν αὐτῷ, Τί ἐποίησέν σοι; πῶς ἤνοιξέν σου τοὺς ὀφθαλμούς; [27] ἀπεκρίθη αὐτοῖς, Εἶπον ὑμῖν ἤδη καὶ οὐκ ἠκούσατε· τί πάλιν θέλετε ἀκούειν; μὴ καὶ ὑμεῖς θέλετε αὐτοῦ μαθηταὶ γενέσθαι; [28] καὶ ἐλοιδόρησαν αὐτὸν καὶ εἶπον, Σὺ μαθητὴς εἶ ἐκείνου, ἡμεῖς δὲ τοῦ Μωϋσέως ἐσμὲν μαθηταί· [29] ἡμεῖς οἴδαμεν ὅτι Μωϋσεῖ

---

[18] **ὅτου**   is the neuter genitive form of the relative pronoun ὅστις ("whichever"). Literalistically ἕως ὅτου translates "until whichever (time)" Translate the words together simply as "until."

αὐτοῦ τοῦ Perhaps "of him who..."

[19] **ἄρτι**   "now"

[21] **ἡλικίαν** ἡλικία, ἡλικίας ἡ "maturity"   "Has maturity" = "is old enough" or "is grown up"

ἑαυτοῦ is a reflexive pronoun: "himself." See 1:22 modified.

[22] **ἐφοβοῦντο** φοβέομαι "I fear, am afraid"

συνετέθειντο is a form of the compound verb συντίθημι meaning "I put together." In the middle voice (as here) the verb means "I put together for myself, arrange." Note that the basic stem -θε- is both reduplicated *and* augmented. See the principal parts on the facing page.

ὁμολογήσῃ ὁμολογέω "I confess"

ἀποσυνάγωγος is a compound adjective meaning "excluded from the synagogue" hence "banned," a combination of the preposition ἀπό ("from") and the noun συναγωγή ("synagogue").

[23] **ἐπερωτήσατε** ἐπερωτάω carries the same meaning as the simple form ἐρωτάω: "I ask."

[24] **δός**   See 4:7.

δόξαν δόξα, δόξης ἡ "glory" (as English "doxology")

[25] **ἓν**   Note the rough breathing. See 1:3 if you do not recognize this word.

ὢν   is a participial form of the verb εἰμί ("I am").

[27] **μή**   Introduces a question that anticipates a negative answer: "You don't want... do you?"

[28] **ἐλοιδόρησαν**   λοιδορέω "I rail at, revile, ridicule"

λελάληκεν ὁ θεός, τοῦτον δὲ οὐκ οἴδαμεν πόθεν ἐστίν. ³⁰ ἀπεκρίθη ὁ ἄνθρωπος καὶ εἶπεν αὐτοῖς, Ἐν τούτῳ γὰρ τὸ θαυμαστόν ἐστιν, ὅτι ὑμεῖς οὐκ οἴδατε πόθεν ἐστίν, καὶ ἤνοιξέν μου τοὺς ὀφθαλμούς. ³¹ οἴδαμεν ὅτι ἁμαρτωλῶν ὁ θεὸς οὐκ ἀκούει, ἀλλ' ἐάν τις θεοσεβὴς ᾖ καὶ τὸ θέλημα αὐτοῦ ποιῇ τούτου ἀκούει. ³² ἐκ τοῦ αἰῶνος οὐκ ἠκούσθη ὅτι ἠνέῳξέν τις ὀφθαλμοὺς τυφλοῦ γεγεννημένου· ³³ εἰ μὴ ἦν οὗτος παρὰ θεοῦ, οὐκ ἠδύνατο ποιεῖν οὐδέν. ³⁴ ἀπεκρίθησαν καὶ εἶπαν αὐτῷ, Ἐν ἁμαρτίαις σὺ ἐγεννήθης ὅλος καὶ σὺ διδάσκεις ἡμᾶς; καὶ ἐξέβαλον αὐτὸν ἔξω. ³⁵ ἤκουσεν Ἰησοῦς ὅτι ἐξέβαλον αὐτὸν ἔξω καὶ εὑρὼν αὐτὸν εἶπεν, Σὺ πιστεύεις εἰς τὸν υἱὸν τοῦ ἀνθρώπου; ³⁶ ἀπεκρίθη ἐκεῖνος καὶ εἶπεν, Καὶ τίς ἐστιν, κύριε, ἵνα πιστεύσω εἰς αὐτόν; ³⁷ εἶπεν αὐτῷ ὁ Ἰησοῦς, Καὶ ἑώρακας αὐτὸν καὶ ὁ λαλῶν μετὰ σοῦ ἐκεῖνός ἐστιν. ³⁸ ὁ δὲ ἔφη, Πιστεύω, κύριε· καὶ προσεκύνησεν αὐτῷ. ³⁹ καὶ εἶπεν ὁ Ἰησοῦς, Εἰς κρίμα ἐγὼ εἰς τὸν κόσμον τοῦτον ἦλθον, ἵνα οἱ μὴ βλέποντες βλέπωσιν καὶ οἱ βλέποντες τυφλοὶ γένωνται. ⁴⁰ ἤκουσαν ἐκ τῶν Φαρισαίων ταῦτα οἱ μετ' αὐτοῦ ὄντες καὶ εἶπον αὐτῷ, Μὴ καὶ ἡμεῖς τυφλοί ἐσμεν; ⁴¹ εἶπεν αὐτοῖς ὁ Ἰησοῦς, Εἰ τυφλοὶ ἦτε, οὐκ ἂν εἴχετε ἁμαρτίαν· νῦν δὲ λέγετε ὅτι Βλέπομεν, ἡ ἁμαρτία ὑμῶν μένει.

---

³⁰ **τὸ θαυμαστόν** is a substantival form of the adjective θαυμαστός, -ή, -όν meaning "marvelous."

³¹ **θεοσεβής** θεοσεβής, -ές "devout, god-fearing." From σέβω ("I revere, worship") and θεός ("God"). Declines like ἀληθής.

ᾖ is a subjunctive form of the verb verb εἰμί "to be."

³² **οὐκ ἠκούσθη** Translate impersonally: "...it has not been heard..."

τις This indefinite pronoun ("someone") is the subject of the clause ὅτι ἠνέῳξέν τις ὀφθαλμούς.

τυφλοῦ γεγεννημένου further defines ὀφθαλμούς.

³³ **οὐδέν** is the neuter singular accusative form of οὐδείς, οὐδεμία, οὐδέν meaning "no one, nothing." The form is a combination of the negative particle οὐ and the number "one" (εἷς, μία, ἕν).

³⁴ **ἁμαρτίαις** ἁμαρτία, ἁμαρτίας ἡ "sin"

ὅλος modifies σύ: "you entirely, the whole of you"; perhaps "born *entirely*..."

³⁶ **πιστεύσω** Be certain to note the ἵνα when determining the tense and mood of this verb.

³⁹ **Εἰς** here signifies purpose: "For the purpose of..." See 1:7.

κρίμα κρίμα, κρίματος "judgment"

⁴⁰ **ἐκ τῶν Φαρισαίων** modifies the subject, which is yet to come.

ταῦτα The object of the main verb, ἤκουσαν.

οἱ μετ' αὐτοῦ ὄντες is the subject of the sentence. Start here and then proceed to the descriptor ἐκ τῶν Φαρισαίων before proceeding to the main verb and, finally, its object.

⁴¹ **ἦτε** is an imperfect indicative form of the verb εἰμί ("I am").

ἄν Communicates the sense of the English helping verb "would."

εἴχετε is an imperfect form of the verb ἔχω. The tense serves primarily to communicate the conditional nature of this sentence: "If... then...." See *Greek at a Glance* Conditional 1 Sentences, Class 2a.

¹ Ἀμὴν ἀμὴν λέγω ὑμῖν, ὁ μὴ εἰσερχόμενος διὰ τῆς θύρας εἰς τὴν αὐλὴν τῶν προβάτων ἀλλὰ ἀναβαίνων ἀλλαχόθεν ἐκεῖνος κλέπτης ἐστὶν καὶ λῃστής. ² ὁ δὲ εἰσερχόμενος διὰ τῆς θύρας ποιμήν ἐστιν τῶν προβάτων. ³ τούτῳ ὁ θυρωρὸς ἀνοίγει, καὶ τὰ πρόβατα τῆς φωνῆς αὐτοῦ ἀκούει καὶ τὰ ἴδια πρόβατα φωνεῖ κατ᾽ ὄνομα καὶ ἐξάγει αὐτά. ⁴ ὅταν τὰ ἴδια πάντα ἐκβάλῃ, ἔμπροσθεν αὐτῶν πορεύεται, καὶ τὰ πρόβατα αὐτῷ ἀκολουθεῖ, ὅτι οἴδασιν τὴν φωνὴν αὐτοῦ. ⁵ ἀλλοτρίῳ δὲ οὐ μὴ ἀκολουθήσουσιν, ἀλλὰ φεύξονται ἀπ᾽ αὐτοῦ, ὅτι οὐκ οἴδασιν τῶν ἀλλοτρίων τὴν φωνήν. ⁶ Ταύτην τὴν παροιμίαν εἶπεν αὐτοῖς ὁ Ἰησοῦς, ἐκεῖνοι δὲ οὐκ ἔγνωσαν τίνα ἦν ἃ ἐλάλει αὐτοῖς. ⁷ Εἶπεν οὖν πάλιν ὁ Ἰησοῦς, Ἀμὴν ἀμὴν λέγω ὑμῖν ὅτι

AIDS TO PARSING AND TRANSLATING

¹ **εἰσερχόμενος** εἰς ("into") + ἔρχομαι ("I come, go") See the principal parts at 1:7.
θύρας θύρα, -ας ἡ "door, gate"
αὐλήν αὐλή, -ῆς ἡ "court, sheepfold, any enclosed area"
προβάτων πρόβατον, -ου τό "sheep"
ἀναβαίνων ἀναβαίνω "I go up" See the principal parts at 2:12.
ἀλλαχόθεν "from (-θεν) elsewhere (ἄλλα)"
κλέπτης, -ου ὁ "thief" (as "kleptomaniac")
λῃστής, -ου ὁ "robber"
² **ποιμήν**, ποιμένος ὁ "shepherd" This noun will occur again at 10:11, 12, 14, 16.
³ **θυρωρός**, -οῦ ὁ "doorkeeper, gatekeeper"
ἀνοίγει ἀνοίγω "I open"
φωνῆς φωνή, -ης ἡ "voice", the *genitive object* of ἀκούω ("I hear")
ἴδια ἴδιος, -α, -ον "one's own" The word occurs again at 10:4.
κατ᾽ ὄνομα "by name"
ἐξάγει ἐκ ("out") + ἄγω ("I lead")
⁴ **ὅταν** "whenever" Introduces the subjunctive verb to follow (ἐκβάλῃ).
ἔμπροσθεν "before" + genitive
⁵ **ἀλλοτρίῳ** ἀλλότριος, -ου ὁ stranger
φεύξονται φεύγω "I flee"

1.	2.	3.	4.	5.	6.
Present Active	**Future Active**	**Aorist Active**	**Perfect Active**	**Perfect Middle**	**Aorist Passive**
φεύγω	φεύξομαι	ἔφυγον	πέφευγα	---	---

⁶ **παροιμίαν** παροιμία, -ας ἡ "veiled saying, figure of speech, simile" This word occurs also at 16:25 (2x) and 29.
τίνα Neuter plural of the interrogative pronoun τίς, τίς, τί: "what"
ἦν Recall that neuter plural nouns take a singular verb in ancient Greek.

ἐγώ εἰμι ἡ θύρα τῶν προβάτων. ⁸ πάντες ὅσοι ἦλθον [πρὸ ἐμοῦ] κλέπται εἰσὶν καὶ λησταί, ἀλλ᾽ οὐκ ἤκουσαν αὐτῶν τὰ πρόβατα. ⁹ ἐγώ εἰμι ἡ θύρα· δι᾽ ἐμοῦ ἐάν τις εἰσέλθη σωθήσεται καὶ εἰσελεύσεται καὶ ἐξελεύσεται καὶ νομὴν εὑρήσει. ¹⁰ ὁ κλέπτης οὐκ ἔρχεται εἰ μὴ ἵνα κλέψη καὶ θύση καὶ ἀπολέση· ἐγὼ ἦλθον ἵνα ζωὴν ἔχωσιν καὶ περισσὸν ἔχωσιν. ¹¹ Ἐγώ εἰμι ὁ ποιμὴν ὁ καλός· ὁ ποιμὴν ὁ καλὸς τὴν ψυχὴν αὐτοῦ τίθησιν ὑπὲρ τῶν προβάτων· ¹² ὁ μισθωτὸς καὶ οὐκ ὢν ποιμήν, οὗ οὐκ ἔστιν τὰ πρόβατα ἴδια, θεωρεῖ τὸν λύκον ἐρχόμενον καὶ ἀφίησιν τὰ πρόβατα καὶ φεύγει καὶ ὁ λύκος ἁρπάζει αὐτὰ καὶ σκορπίζει ¹³ ὅτι μισθωτός ἐστιν καὶ οὐ μέλει αὐτῷ περὶ τῶν προβάτων. ¹⁴ Ἐγώ εἰμι ὁ ποιμὴν ὁ καλὸς καὶ γινώσκω τὰ ἐμὰ καὶ γινώσκουσί με τὰ ἐμά, ¹⁵ καθὼς γινώσκει με ὁ πατὴρ κἀγὼ γινώσκω τὸν πατέρα, καὶ τὴν ψυχήν μου τίθημι ὑπὲρ τῶν προβάτων. ¹⁶ καὶ ἄλλα πρόβατα ἔχω ἃ οὐκ ἔστιν ἐκ τῆς αὐλῆς ταύτης· κἀκεῖνα δεῖ με ἀγαγεῖν καὶ τῆς φωνῆς μου ἀκούσουσιν, καὶ γενήσονται μία ποίμνη, εἰς

---

⁸ **πάντες ὅσοι** "all who," literally "all as many as"

⁹ **εἰσέλθη... εἰσελεύσεται** εἰς ("into") + ἔρχομαι ("I come, go") See the principal parts at 1:7.
σωθήσεται future passive form of σῴζω, "I save" See principal parts at 3:17.
νομήν νομή, -ῆς ἡ "a portion, share"; here: "pasture"
εὑρήσει εὑρίσκω "I find" See the principal parts at 2:14.

¹⁰ **κλέψη** κλέπτω "I steal" The verb is cognate with κλέπτης, -ου ὁ ("thief") in 10:1, 8.
θύση θύω "I sacrifice, slaughter, kill"
ἀπολέση ἀπόλλυμι "I perish" See the principal parts at 3:16.
περισσόν περισσός, -ή, -όν "abundant" Here the neuter form functions as adverb: "abundantly" (see 1:41).

¹¹ **τίθησιν ὑπέρ** literally "puts on behalf of." Translate "gives for." The expression occurs again at 10:15; 13:37, 38; and 1 John 3:16.

¹² **μισθωτός, -οῦ ὁ** "hired worker"
οὗ Note rough breathing. This is a relative pronoun. Translate "of whom."
λύκον λύκος, -ου ὁ "wolf"
ἀφίησιν ἀφίημι "I leave, permit, let" See the principal parts at 4:3.
ἁρπάζει ἁρπάζω "I seize" Also at 6:15.
σκορπίζει σκορπίζω "I scatter" Occurs again at 11:52, 16:32.

¹³ **μέλει** "it concerns" (usually 3ʳᵈ person, impersonal) This verb takes its object in the dative case.

ποιμήν. ¹⁷ διὰ τοῦτό με ὁ πατὴρ ἀγαπᾷ ὅτι ἐγὼ τίθημι τὴν ψυχήν μου, ἵνα πάλιν λάβω αὐτήν. ¹⁸ οὐδεὶς αἴρει αὐτὴν ἀπ᾽ ἐμοῦ, ἀλλ᾽ ἐγὼ τίθημι αὐτὴν ἀπ᾽ ἐμαυτοῦ. ἐξουσίαν ἔχω θεῖναι αὐτήν, καὶ ἐξουσίαν ἔχω πάλιν λαβεῖν αὐτήν· ταύτην τὴν ἐντολὴν ἔλαβον παρὰ τοῦ πατρός μου. ¹⁹ Σχίσμα πάλιν ἐγένετο ἐν τοῖς Ἰουδαίοις διὰ τοὺς λόγους τούτους. ²⁰ ἔλεγον δὲ πολλοὶ ἐξ αὐτῶν, Δαιμόνιον ἔχει καὶ μαίνεται· τί αὐτοῦ ἀκούετε; ²¹ ἄλλοι ἔλεγον, Ταῦτα τὰ ῥήματα οὐκ ἔστιν δαιμονιζομένου· μὴ δαιμόνιον δύναται τυφλῶν ὀφθαλμοὺς ἀνοῖξαι; ²² Ἐγένετο τότε τὰ ἐγκαίνια ἐν τοῖς Ἱεροσολύμοις, χειμὼν ἦν, ²³ καὶ περιεπάτει ὁ Ἰησοῦς ἐν τῷ ἱερῷ ἐν τῇ στοᾷ τοῦ Σολομῶνος. ²⁴ ἐκύκλωσαν οὖν αὐτὸν οἱ Ἰουδαῖοι καὶ ἔλεγον αὐτῷ, Ἕως πότε τὴν ψυχὴν ἡμῶν αἴρεις; εἰ σὺ εἶ ὁ Χριστός, εἰπὲ ἡμῖν παρρησίᾳ. ²⁵ ἀπεκρίθη αὐτοῖς ὁ Ἰησοῦς, Εἶπον ὑμῖν καὶ οὐ πιστεύετε· τὰ ἔργα ἃ ἐγὼ ποιῶ ἐν τῷ ὀνόματι τοῦ πατρός μου

---

¹⁷ **ψυχήν** ψυχή, -ῆς ἡ "life, soul" (as English "psychology")
  λάβω λαμβάνω "I take, receive" See the principal parts at 1:5.
¹⁸ **θεῖναι** τίθημι "I put, place" See principal parts at 2:10.
  λαβεῖν... ἔλαβον λαμβάνω "I take, receive" See the principal parts at 1:5.
  ἐντολήν ἐντολή, -ῆς ἡ "a command, precept" (as at John 13:34; 14:15, 21). Consider the cognate
      verb, ἐντέλλομαι ("I order, give orders, command"), at John 8:5; 14:31; 15:14, 17.
¹⁹ **Σχίσμα**, σχίσματος τό "division" (as English "schism")
  ἐγένετο γίνομαι "I come into being, become, happen" See the principal parts at 1:3.
²⁰ **Δαιμόνιον**, -ου τό "demon"
  μαίνεται μαίνομαι "I go crazy, am out of my mind"
²¹ **ῥήματα** ῥῆμα, ῥήματος τό "word"
  δαιμονιζομένου δαιμονίζομαι "I am demon-possessed"
  τυφλῶν τυφλός, -ή, -όν "blind"
  ἀνοῖξαι ἀνοίγω "I open" See the principal parts at 1:51.
²² **ἐγκαίνια**, -ων τά "Hanukkah" (literally "[feast of] things rededicated")
  χειμών, -ονος ὁ "winter"
²³ **περιεπάτει** περιπατέω "I walk"
²⁴ **ἐκύκλωσαν** κυκλόω "I encircle"
  Ἕως πότε Literally "until when?"; translate "how long?"
  τὴν ψυχὴν ἡμῶν αἴρεις Literally "will you take our life/soul?"; translate "will you keep us in
      suspense (NRSV)?"
  παρρησίᾳ "plainly, openly"

ταῦτα μαρτυρεῖ περὶ ἐμοῦ. ²⁶ ἀλλὰ ὑμεῖς οὐ πιστεύετε, ὅτι οὐκ ἐστὲ ἐκ

τῶν προβάτων τῶν ἐμῶν. ²⁷ τὰ πρόβατα τὰ ἐμὰ τῆς φωνῆς μου ἀκούουσιν,

κἀγὼ γινώσκω αὐτά καὶ ἀκολουθοῦσίν μοι, ²⁸ κἀγὼ δίδωμι αὐτοῖς ζωὴν

αἰώνιον καὶ οὐ μὴ ἀπόλωνται εἰς τὸν αἰῶνα καὶ οὐχ ἁρπάσει τις αὐτὰ ἐκ

τῆς χειρός μου. ²⁹ ὁ πατήρ μου ὃ δέδωκέν μοι πάντων μεῖζόν ἐστιν, καὶ

οὐδεὶς δύναται ἁρπάζειν ἐκ τῆς χειρὸς τοῦ πατρός. ³⁰ ἐγὼ καὶ ὁ πατὴρ

ἕν ἐσμεν. ³¹ Ἐβάστασαν πάλιν λίθους οἱ Ἰουδαῖοι ἵνα λιθάσωσιν

αὐτόν. ³² ἀπεκρίθη αὐτοῖς ὁ Ἰησοῦς, Πολλὰ ἔργα καλὰ ἔδειξα ὑμῖν ἐκ

τοῦ πατρός· διὰ ποῖον αὐτῶν ἔργον ἐμὲ λιθάζετε; ³³ ἀπεκρίθησαν αὐτῷ οἱ

Ἰουδαῖοι, Περὶ καλοῦ ἔργου οὐ λιθάζομέν σε ἀλλὰ περὶ βλασφημίας, καὶ

ὅτι σὺ ἄνθρωπος ὢν ποιεῖς σεαυτὸν θεόν. ³⁴ ἀπεκρίθη αὐτοῖς [ὁ] Ἰησοῦς,

Οὐκ ἔστιν γεγραμμένον ἐν τῷ νόμῳ ὑμῶν ὅτι Ἐγὼ εἶπα, Θεοί ἐστε; ³⁵ εἰ

---

²⁸ **ἀπόλωνται** ἀπόλλυμι Middle: "I perish." See the principal parts at 3:16.
  ἁρπάσει ἁρπάζω "I seize"
  χειρός χείρ, χειρός ἡ "hand"
²⁹ **ὁ πατήρ μου ὃ δέδωκέν** Read "that which my father has given" as the subject of the verb ἐστιν.
  πάντων μεῖζόν See note at 4:12.
³⁰ **ἕν** Note the rough breathing. See the table at 1:3.
  ἐσμεν εἰμί "I am"
³¹ **Ἐβάστασαν** βαστάζω "I pick up, carry, bear (a burden)"
  λίθους λίθος, λίθου ὁ "stone" (as "lithography") See 2:6.
  λιθάσωσιν λιθάζω "I stone"
³² **ἔργα** ἔργον, -ου τό "work"
  καλά καλός, -ή, -όν "good"
  ἔδειξα δείκνυμι "I show"

1. Present Active	2. Future Active	3. Aorist Active	4. Perfect Active	5. Perfect Middle	6. Aorist Passive
δείκνυμι	δείξω	ἔδειξα	δέδειχα	δέδειγμαι	ἐδείχθην

  ποῖον αὐτῶν ἔργον "which work of them"
³⁴ **γεγραμμένον** γράφω "I write" See the notes and principal parts at 2:17.
  νόμῳ νόμος, -ου ὁ "law"
  εἶπα An alternative form of εἶπον, "I said" The first aorist alpha ending has been attached to a second aorist verb. Compare εἶπαν for εἶπον.

ἐκείνους εἶπεν θεοὺς πρὸς οὓς ὁ λόγος τοῦ θεοῦ ἐγένετο, καὶ οὐ δύναται λυθῆναι ἡ γραφή, ³⁶ ὃν ὁ πατὴρ ἡγίασεν καὶ ἀπέστειλεν εἰς τὸν κόσμον ὑμεῖς λέγετε ὅτι Βλασφημεῖς, ὅτι εἶπον, Υἱὸς τοῦ θεοῦ εἰμι; ³⁷ εἰ οὐ ποιῶ τὰ ἔργα τοῦ πατρός μου, μὴ πιστεύετέ μοι· ³⁸ εἰ δὲ ποιῶ, κἂν ἐμοὶ μὴ πιστεύητε, τοῖς ἔργοις πιστεύετε, ἵνα γνῶτε καὶ γινώσκητε ὅτι ἐν ἐμοὶ ὁ πατὴρ κἀγὼ ἐν τῷ πατρί. ³⁹ Ἐζήτουν [οὖν] αὐτὸν πάλιν πιάσαι, καὶ ἐξῆλθεν ἐκ τῆς χειρὸς αὐτῶν. ⁴⁰ Καὶ ἀπῆλθεν πάλιν πέραν τοῦ Ἰορδάνου εἰς τὸν τόπον ὅπου ἦν Ἰωάννης τὸ πρῶτον βαπτίζων καὶ ἔμεινεν ἐκεῖ. ⁴¹ καὶ πολλοὶ ἦλθον πρὸς αὐτὸν καὶ ἔλεγον ὅτι Ἰωάννης μὲν σημεῖον ἐποίησεν οὐδέν, πάντα δὲ ὅσα εἶπεν Ἰωάννης περὶ τούτου ἀληθῆ ἦν. ⁴² καὶ πολλοὶ ἐπίστευσαν εἰς αὐτὸν ἐκεῖ.

---

³⁵ **εἰ ἐκείνους εἶπεν θεοὺς πρὸς οὓς ὁ λόγος τοῦ θεοῦ ἐγένετο** "If those (εἰ ἐκείνους) to whom the word of God came (πρὸς οὓς ὁ λόγος τοῦ θεοῦ ἐγένετο) he called gods (εἶπεν θεούς)"

καὶ οὐ δύναται λυθῆναι ἡ γραφή An interlocution: "—and (καί) the Scripture (ἡ γραφή) cannot be broken (οὐ δύναται λυθῆναι) – "

³⁶ **ὃν ὁ πατὴρ ἡγίασεν καὶ ἀπέστειλεν εἰς τὸν κόσμον ὑμεῖς λέγετε** The whole clause "ὃν... κόσμον" functions as an accusative of respect: "With respect to the one whom the Father has made holy and sent into the world, do you say, 'You blaspheme'?"

³⁸ **κἂν** crasis: καί + ἄν ("even though")

γνῶτε... γινώσκητε γινώσκω "I know" See the principal parts at 1:10.

κἀγώ crasis: καί + ἐγώ (Supply forms of the verb "to be" in your translation of this ὅτι clause.)

³⁹ **Ἐζήτουν** ζητέω "I seek"

πιάσαι πιάζω "I seize, arrest"

⁴⁰ **τὸ πρῶτον** Neuter accusative as adverb ("formerly"). See 1:41.

ἔμεινεν μένω "I remain" See 1:32.

⁴¹ **μέν... δέ** "on the one hand... on the other hand"

πάντα... ὅσα "everything"

τούτου "this (man)," i.e. Jesus

ἀληθῆ ἀληθής, ἀληθές "true"

¹ Ἦν δέ τις ἀσθενῶν, Λάζαρος ἀπὸ Βηθανίας, ἐκ τῆς κώμης Μαρίας καὶ Μάρθας τῆς ἀδελφῆς αὐτῆς. ² ἦν δὲ Μαριὰμ ἡ ἀλείψασα τὸν κύριον μύρῳ καὶ ἐκμάξασα τοὺς πόδας αὐτοῦ ταῖς θριξὶν αὐτῆς, ἧς ὁ ἀδελφὸς Λάζαρος ἠσθένει. ³ ἀπέστειλαν οὖν αἱ ἀδελφαὶ πρὸς αὐτὸν λέγουσαι, Κύριε, ἴδε ὃν φιλεῖς ἀσθενεῖ. ⁴ ἀκούσας δὲ ὁ Ἰησοῦς εἶπεν, Αὕτη ἡ ἀσθένεια οὐκ ἔστιν πρὸς θάνατον ἀλλ' ὑπὲρ τῆς δόξης τοῦ θεοῦ, ἵνα δοξασθῇ ὁ υἱὸς τοῦ θεοῦ δι' αὐτῆς. ⁵ ἠγάπα δὲ ὁ Ἰησοῦς τὴν Μάρθαν καὶ τὴν ἀδελφὴν αὐτῆς καὶ τὸν Λάζαρον. ⁶ ὡς οὖν ἤκουσεν ὅτι ἀσθενεῖ, τότε μὲν ἔμεινεν ἐν ᾧ ἦν τόπῳ δύο ἡμέρας, ⁷ ἔπειτα μετὰ τοῦτο λέγει τοῖς μαθηταῖς, Ἄγωμεν εἰς τὴν Ἰουδαίαν πάλιν. ⁸ λέγουσιν αὐτῷ οἱ μαθηταί, Ῥαββί, νῦν ἐζήτουν σε λιθάσαι οἱ Ἰουδαῖοι, καὶ πάλιν ὑπάγεις ἐκεῖ; ⁹ ἀπεκρίθη Ἰησοῦς, Οὐχὶ δώδεκα ὧραί εἰσιν τῆς ἡμέρας; ἐάν τις περιπατῇ ἐν τῇ ἡμέρᾳ, οὐ προσκόπτει, ὅτι τὸ φῶς τοῦ κόσμου τούτου βλέπει· ¹⁰ ἐὰν δέ τις περιπατῇ ἐν τῇ νυκτί, προσκόπτει, ὅτι τὸ φῶς οὐκ ἔστιν ἐν αὐτῷ. ¹¹ ταῦτα εἶπεν, καὶ μετὰ τοῦτο λέγει αὐτοῖς, Λάζαρος ὁ φίλος ἡμῶν

AIDS TO PARSING AND TRANSLATING

¹ **ἀσθενῶν**   Identify the case, gender, and number of this participial form of ἀσθενέω ("I am sick"). See 5:3, 7; 6:2.

  κώμης   κώμη, -ης ἡ "village"

² **ἀλείψασα**   Identify the case, gender, and number of this participial form of ἀλείφω ("I anoint").

  ἐκμάξασα   is a form similar to ἀλείψασα from ἐκ + μάσσω "I wipe off"

  θριξίν   θρίξ, τριχός ἡ "hair"

³ **ἴδε**   See 1:47.

⁴ **ἀκούσας**   See note on ἐμβλέψας at 1:36.

  Αὕτη ἡ ἀσθένεια   The demonstrative adjective οὗτος, αὕτη, τοῦτο occurs *outside* of the definite article and noun group: Αὕτη [ἡ ἀσθένεια] "this illness"

  δοξασθῇ   δοξάζω "I praise, glorify" Note the -θη- in determining the voice of this verb. The mood has been determined by its occurrence with ἵνα.

  αὐτῆς   This feminine pronoun looks back to the feminine antecedent ἡ ἀσθένεια.

⁵ **ἠγάπα**   ἀγαπάω "I love"

⁶ **ἔμεινεν**   μένω "I remain" See 1:32.

  ἐν ᾧ ἦν τόπῳ   Read: "in the place (ἐν... τόπῳ) in which he was (ᾧ ἦν)."

⁷ **ἔπειτα**   "then"

  Ἄγωμεν   A hortatory subjunctive: "Let us go."

⁸ **ἐζήτουν**   ζητέω "I seek"

  λιθάσαι   λιθάζω "I stone" This infinitive form functions in conjunction with the verb ἐζήτουν.

⁹ **προσκόπτει**   προσκόπτω "I stumble"

κεκοίμηται· ἀλλὰ πορεύομαι ἵνα ἐξυπνίσω αὐτόν. ^{12} εἶπαν οὖν οἱ μαθηταὶ αὐτῷ, Κύριε, εἰ κεκοίμηται σωθήσεται. ^{13} εἰρήκει δὲ ὁ Ἰησοῦς περὶ τοῦ θανάτου αὐτοῦ, ἐκεῖνοι δὲ ἔδοξαν ὅτι περὶ τῆς κοιμήσεως τοῦ ὕπνου λέγει. ^{14} τότε οὖν εἶπεν αὐτοῖς ὁ Ἰησοῦς παρρησίᾳ, Λάζαρος ἀπέθανεν, ^{15} καὶ χαίρω δι' ὑμᾶς ἵνα πιστεύσητε, ὅτι οὐκ ἤμην ἐκεῖ· ἀλλὰ ἄγωμεν πρὸς αὐτόν. ^{16} εἶπεν οὖν Θωμᾶς ὁ λεγόμενος Δίδυμος τοῖς συμμαθηταῖς, Ἄγωμεν καὶ ἡμεῖς ἵνα ἀποθάνωμεν μετ' αὐτοῦ. ^{17} Ἐλθὼν οὖν ὁ Ἰησοῦς εὗρεν αὐτὸν τέσσαρας ἤδη ἡμέρας ἔχοντα ἐν τῷ μνημείῳ. ^{18} ἦν δὲ ἡ Βηθανία ἐγγὺς τῶν Ἱεροσολύμων ὡς ἀπὸ σταδίων δεκαπέντε. ^{19} πολλοὶ δὲ ἐκ τῶν Ἰουδαίων ἐληλύθεισαν πρὸς τὴν Μάρθαν καὶ Μαριὰμ ἵνα παραμυθήσωνται αὐτὰς περὶ τοῦ ἀδελφοῦ. ^{20} ἡ οὖν Μάρθα ὡς ἤκουσεν ὅτι Ἰησοῦς ἔρχεται ὑπήντησεν αὐτῷ· Μαριὰμ δὲ ἐν τῷ οἴκῳ ἐκαθέζετο. ^{21} εἶπεν οὖν ἡ Μάρθα πρὸς τὸν Ἰησοῦν, Κύριε, εἰ ἦς ὧδε οὐκ

---

^{11} **κεκοίμηται** κοιμάομαι "I sleep" (deponent)

ἐξυπνίσω ἐξυπνίζω "I awaken" Note that the verb functions within a ἵνα clause: this is not the future tense.

^{12} **σωθήσεται** future passive form of σῴζω, "I save" See principal parts at 3:17

^{13} **εἰρήκει** λέγω "I say, speak" The pluperfect form of the verb. Compare the principal parts at 4:18.

ἔδοξαν δοκέω "I think, seem"

κοιμήσεως κοίμησις, -εως ἡ "sleep" **τῆς κοιμήσεως τοῦ ὕπνου** "of natural sleep"

^{14} **παρρησίᾳ** "clearly, explicitly"

^{15} **ἤμην** εἰμί "I am"

ἄγωμεν See 11:7.

^{16} **συμμαθηταῖς** συν + μαθητής "fellow disciple"

ἀποθάνωμεν Like ἄγωμεν (which occurs here for the third time in ten verses; see also 11:7, 15), ἀποθάνωμεν is a hortatory subjunctive (ἀποθνῄσκω; principal parts at 4:47). See 11:7.

^{17} **Ἐλθὼν** aorist participle from ἔρχομαι ("I come, go"). See the principal parts at 1:7.

εὗρεν εὑρίσκω "I find" See the principal parts at 2:14.

τέσσαρας ἤδη ἡμέρας ἔχοντα ἔχοντα here refers to a "temporal circumstance." Cf. BDAG s.v. ἔχω 7b.

μνημείῳ μνημεῖον, -ου τό "tomb" (as "mnemonic, memorial")

^{18} **ἐγγύς** "near"

ὡς "about" with numbers

σταδίων στάδιος, -ου ὁ a measurement of distance representing about 607 feet.

^{19} **ἐληλύθεισαν** ἔρχομαι "I come, go" A pluperfect form of the verb. Cp. the principal parts at 1:7.

παραμυθήσωνται παραμυθέομαι "I comfort, encourage" (deponent) Note the mood and construction.

^{20} **ὡς** "when"

ὑπήντησεν ὑπαντάω "I meet"

ἐκαθέζετο καθέζομαι "I sit" (as "cathedral"; deponent)

^{21} **ἦς** εἰμί "I am"

ἂν ἀπέθανεν ὁ ἀδελφός μου· ²² [ἀλλὰ] καὶ νῦν οἶδα ὅτι ὅσα ἂν αἰτήσῃ τὸν θεὸν δώσει σοι ὁ θεός. ²³ λέγει αὐτῇ ὁ Ἰησοῦς, Ἀναστήσεται ὁ ἀδελφός σου. ²⁴ λέγει αὐτῷ ἡ Μάρθα, Οἶδα ὅτι ἀναστήσεται ἐν τῇ ἀναστάσει ἐν τῇ ἐσχάτῃ ἡμέρᾳ. ²⁵ εἶπεν αὐτῇ ὁ Ἰησοῦς, Ἐγώ εἰμι ἡ ἀνάστασις καὶ ἡ ζωή· ὁ πιστεύων εἰς ἐμὲ κἂν ἀποθάνῃ ζήσεται, ²⁶ καὶ πᾶς ὁ ζῶν καὶ πιστεύων εἰς ἐμὲ οὐ μὴ ἀποθάνῃ εἰς τὸν αἰῶνα· πιστεύεις τοῦτο; ²⁷ λέγει αὐτῷ, Ναί, κύριε, ἐγὼ πεπίστευκα ὅτι σὺ εἶ ὁ Χριστὸς ὁ υἱὸς τοῦ θεοῦ ὁ εἰς τὸν κόσμον ἐρχόμενος. ²⁸ Καὶ τοῦτο εἰποῦσα ἀπῆλθεν καὶ ἐφώνησεν Μαριὰμ τὴν ἀδελφὴν αὐτῆς λάθρᾳ εἰποῦσα, Ὁ διδάσκαλος πάρεστιν καὶ φωνεῖ σε. ²⁹ ἐκείνη δὲ ὡς ἤκουσεν ἠγέρθη ταχὺ καὶ ἤρχετο πρὸς αὐτόν· ³⁰ οὔπω δὲ ἐληλύθει ὁ Ἰησοῦς εἰς τὴν κώμην, ἀλλ' ἦν ἔτι ἐν τῷ τόπῳ ὅπου ὑπήντησεν αὐτῷ ἡ Μάρθα. ³¹ οἱ οὖν Ἰουδαῖοι οἱ ὄντες μετ' αὐτῆς ἐν τῇ οἰκίᾳ καὶ παραμυθούμενοι αὐτήν,

---

²² **ὅσα** neuter plural form of correlative ὅσος, -α, -ον "as much as." The indefinite character of the statement is furthered by the indefinite particle that follows, ἄν.

αἰτήσῃ αἰτέω "I ask" Note how the subjunctive mood suits the indefinite context. See the principal parts at 4:10.

δώσει δίδωμι "I give" See the principal parts at 1:12.

²³ **Ἀναστήσεται** ἀνά + ἵστημι ("I raise up") Note in particular the voice and tense of the verb. The principal parts are at 1:26.

²⁴ **ἀναστάσει** ἀνάστασις, -εως ἡ "resurrection"

²⁵ **κἂν** A contraction of καί + ἐάν "even if"

ζήσεται ζάω ("I live") is one member of a family of verbs whose future form is deponent.

²⁶ **πᾶς ὁ ζῶν** "everyone living"

οὐ μὴ ἀποθάνῃ Note the use of the subjunctive mood to express *emphatic denial*.

²⁷ **εἶ** εἰμί "I am"

ὁ Χριστὸς ὁ... ὁ.... The title "Christ" is further defined by two following phrases.

²⁸ **εἰποῦσα** Identify the case, gender, and number of this participial form of λέγω ("I say").

λάθρᾳ "privately, in secret," the opposite of **παρρησίᾳ** when it means "openly, in public" as in 18:20

πάρεστιν παρειμί "I am present"

²⁹ **ὡς** "when"

ἠγέρθη ἐγείρω "I wake up, get up" See the principal parts at 2:19.

ταχύ "quickly" (neuter of ταχύς, ταχεῖα, ταχύ as adverb)

ἤρχετο ἔρχομαι "I come, go" See the principal parts at 1:7. Note how little has changed: what is the tense of this verb?

³⁰ **οὔπω** "not yet"

ἐληλύθει ἔρχομαι "I come, go" A pluperfect form of the verb. Compare the principal parts at 1:7.

³¹ **ὄντες** a participial form of εἰμί "I am"

παραμυθούμενοι See 11:19. Note the -μενος indicator.

ἰδόντες τὴν Μαριὰμ ὅτι ταχέως ἀνέστη καὶ ἐξῆλθεν, ἠκολούθησαν αὐτῇ δόξαντες ὅτι ὑπάγει εἰς τὸ μνημεῖον ἵνα κλαύσῃ ἐκεῖ. ³² ἡ οὖν Μαριὰμ ὡς ἦλθεν ὅπου ἦν Ἰησοῦς ἰδοῦσα αὐτὸν ἔπεσεν αὐτοῦ πρὸς τοὺς πόδας λέγουσα αὐτῷ, Κύριε, εἰ ἦς ὧδε οὐκ ἄν μου ἀπέθανεν ὁ ἀδελφός. ³³ Ἰησοῦς οὖν ὡς εἶδεν αὐτὴν κλαίουσαν καὶ τοὺς συνελθόντας αὐτῇ Ἰουδαίους κλαίοντας, ἐνεβριμήσατο τῷ πνεύματι καὶ ἐτάραξεν ἑαυτόν· ³⁴ καὶ εἶπεν, Ποῦ τεθείκατε αὐτόν; λέγουσιν αὐτῷ, Κύριε, ἔρχου καὶ ἴδε. ³⁵ ἐδάκρυσεν ὁ Ἰησοῦς. ³⁶ ἔλεγον οὖν οἱ Ἰουδαῖοι, Ἴδε πῶς ἐφίλει αὐτόν. ³⁷ τινὲς δὲ ἐξ αὐτῶν εἶπαν, Οὐκ ἐδύνατο οὗτος ὁ ἀνοίξας τοὺς ὀφθαλμοὺς τοῦ τυφλοῦ ποιῆσαι ἵνα καὶ οὗτος μὴ ἀποθάνῃ; ³⁸ Ἰησοῦς οὖν πάλιν ἐμβριμώμενος ἐν ἑαυτῷ ἔρχεται εἰς τὸ μνημεῖον· ἦν δὲ σπήλαιον καὶ λίθος ἐπέκειτο ἐπ' αὐτῷ. ³⁹ λέγει ὁ Ἰησοῦς, Ἄρατε τὸν λίθον. λέγει

ἰδόντες ὁράω "I see" See the principal parts at 1:18.

ταχέως An alternate form of the adverb "quickly"; compare ταχύ at 11:29.

ἀνέστη ἀνά + ἵστημι ("I raise up") The principal parts are at 1:26.

δόξαντες δοκέω "I think, seem"

κλαύσῃ κλαίω "I weep" Why is this verb in the subjunctive mood?

1. Present Active	2. Future Active	3. Aorist Active	4. Perfect Active	5. Perfect Middle	6. Aorist Passive
κλαίω	κλαύσω	ἔκλαυσα			

³² **ἰδοῦσα** ὁράω "I see" See the principal parts at 1:18. Identify the case, gender, and number of this participial form.

ἔπεσεν πίπτω "I fall" See the principal parts at 6:10.

πόδας πούς, ποδός ὁ "foot"

μου modifies ἀδελφός.

³³ **κλαίουσαν** Identify the case, gender, and number of this participial form.

συνελθόντας συνέρχομαι "I accompany, gather"

ἐνεβριμήσατο ἐμβριμάομαι "I am passionate" ἐμβριμῶμαι τῷ πνεύματι "I am deeply moved"

ἐτάραξεν ταράσσω "I am troubled" See principal parts at 5:4.

³⁴ **τεθείκατε** τίθημι "I put, place" See principal parts at 2:10.

ἔρχου καὶ ἴδε See 1:46.

³⁵ **ἐδάκρυσεν** δακρύω "I weep"

³⁷ **Οὐκ ἐδύνατο... ποιῆσαι ἵνα...** The core of the sentence: "Is [he who...] not able to do such that...."

ἀνοίξας ἀνοίγω "I open" On the ending in -σας, see 1:36. See the principal parts at 1:51.

³⁸ **ἐμβριμώμενος ἐν ἑαυτῷ** "deeply moved" as ἐμβριμήσατο τῷ πνεύματι at 1:33.

σπήλαιον, -ου τό "cave"

ἐπέκειτο ἐπί ("upon") + κεῖμαι ("I lie")

³⁹ **Ἄρατε** αἴρω "I lift" See the principal parts at 2:16. Note the mood of this verb.

αὐτῷ ἡ ἀδελφὴ τοῦ τετελευτηκότος Μάρθα, Κύριε, ἤδη ὄζει, τεταρταῖος γάρ ἐστιν. ⁴⁰ λέγει αὐτῇ ὁ Ἰησοῦς, Οὐκ εἶπόν σοι ὅτι ἐὰν πιστεύσῃς ὄψῃ τὴν δόξαν τοῦ θεοῦ; ⁴¹ ἦραν οὖν τὸν λίθον. ὁ δὲ Ἰησοῦς ἦρεν τοὺς ὀφθαλμοὺς ἄνω καὶ εἶπεν, Πάτερ, εὐχαριστῶ σοι ὅτι ἤκουσάς μου. ⁴² ἐγὼ δὲ ᾔδειν ὅτι πάντοτέ μου ἀκούεις, ἀλλὰ διὰ τὸν ὄχλον τὸν περιεστῶτα εἶπον, ἵνα πιστεύσωσιν ὅτι σύ με ἀπέστειλας. ⁴³ καὶ ταῦτα εἰπὼν φωνῇ μεγάλῃ ἐκραύγασεν, Λάζαρε, δεῦρο ἔξω. ⁴⁴ ἐξῆλθεν ὁ τεθνηκὼς δεδεμένος τοὺς πόδας καὶ τὰς χεῖρας κειρίαις, καὶ ἡ ὄψις αὐτοῦ σουδαρίῳ περιεδέδετο. λέγει αὐτοῖς ὁ Ἰησοῦς, Λύσατε αὐτὸν καὶ ἄφετε αὐτὸν ὑπάγειν. ⁴⁵ Πολλοὶ οὖν ἐκ τῶν Ἰουδαίων οἱ ἐλθόντες πρὸς τὴν Μαριὰμ καὶ θεασάμενοι ἃ ἐποίησεν, ἐπίστευσαν εἰς αὐτόν· ⁴⁶ τινὲς δὲ ἐξ αὐτῶν ἀπῆλθον πρὸς τοὺς Φαρισαίους καὶ εἶπαν αὐτοῖς ἃ ἐποίησεν Ἰησοῦς. ⁴⁷ συνήγαγον οὖν οἱ ἀρχιερεῖς καὶ οἱ Φαρισαῖοι συνέδριον καὶ ἔλεγον, Τί ποιοῦμεν ὅτι οὗτος ὁ ἄνθρωπος πολλὰ ποιεῖ σημεῖα; ⁴⁸ ἐὰν ἀφῶμεν αὐτὸν οὕτως, πάντες πιστεύσουσιν εἰς αὐτόν, καὶ ἐλεύσονται οἱ

τετελευτηκότος τελευτάω "I die"
ὄζει ὄζω "I smell, stink"
⁴⁰ **ὄψῃ** ὁράω "I see" See the principal parts at 1:18. Identify the person and number of this form.
⁴² **ᾔδειν** See 1:31.
περιεστῶτα περιΐστημι "I stand around" See the principal parts at 1:26. Then identify the case, gender, and number of this participial form.
⁴³ **δεῦρο** See 4:29.
⁴⁴ **τεθνηκώς** ἀποθνήσκω See the principal parts at 4:47. Identify the case, gender, and number of this participial form.
δεδεμένος δέω "I bind"
χεῖρας χείρ, χειρός ἡ "hand"
κειρίαις κειρία, -ας ἡ strip of cloth
ὄψις -εως ἡ face, but cp. 7:24.
σουδαρίῳ σουδάριον, -ου τό facecloth, handkerchief
περιεδέδετο περιδέω "I bind around, wrap"
ἄφετε ἀφίημι "I permit, let" See the principal parts at 4:3.
⁴⁵ **θεασάμενοι** θεάομαι "I see"
⁴⁷ **συνέδριον**, -ου τό "Sanhedrin," the high Jewish council The noun is the object of συνήγαγον: "[they] gathered the Sanhedrin...."
ποιοῦμεν present indicative, "What are we doing?", which expects the answer, "Nothing." The translation of the NRSV "What are we to do?" assumes this very rare usage, where present indicative can function like a future indicative or a deliberative subjunctive.
ὅτι Try "since" here.
πολλά Modifies σημεῖα.
⁴⁸ **ἀφῶμεν** ἀφίημι "I permit, let" See the principal parts at 4:3.

Ῥωμαῖοι καὶ ἀροῦσιν ἡμῶν καὶ τὸν τόπον καὶ τὸ ἔθνος. [49] εἷς δὲ τις ἐξ αὐτῶν Καϊάφας, ἀρχιερεὺς ὢν τοῦ ἐνιαυτοῦ ἐκείνου, εἶπεν αὐτοῖς, Ὑμεῖς οὐκ οἴδατε οὐδέν, [50] οὐδὲ λογίζεσθε ὅτι συμφέρει ὑμῖν ἵνα εἷς ἄνθρωπος ἀποθάνῃ ὑπὲρ τοῦ λαοῦ καὶ μὴ ὅλον τὸ ἔθνος ἀπόληται. [51] τοῦτο δὲ ἀφ᾽ ἑαυτοῦ οὐκ εἶπεν, ἀλλὰ ἀρχιερεὺς ὢν τοῦ ἐνιαυτοῦ ἐκείνου ἐπροφήτευσεν ὅτι ἔμελλεν Ἰησοῦς ἀποθνήσκειν ὑπὲρ τοῦ ἔθνους, [52] καὶ οὐχ ὑπὲρ τοῦ ἔθνους μόνον ἀλλ᾽ ἵνα καὶ τὰ τέκνα τοῦ θεοῦ τὰ διεσκορπισμένα συναγάγῃ εἰς ἕν. [53] ἀπ᾽ ἐκείνης οὖν τῆς ἡμέρας ἐβουλεύσαντο ἵνα ἀποκτείνωσιν αὐτόν. [54] Ὁ οὖν Ἰησοῦς οὐκέτι παρρησίᾳ περιεπάτει ἐν τοῖς Ἰουδαίοις, ἀλλὰ ἀπῆλθεν ἐκεῖθεν εἰς τὴν χώραν ἐγγὺς τῆς ἐρήμου, εἰς Ἐφραὶμ λεγομένην πόλιν, κἀκεῖ ἔμεινεν μετὰ τῶν μαθητῶν. [55] Ἦν δὲ ἐγγὺς τὸ πάσχα τῶν Ἰουδαίων, καὶ ἀνέβησαν πολλοὶ εἰς Ἱεροσόλυμα ἐκ τῆς χώρας πρὸ τοῦ πάσχα ἵνα ἁγνίσωσιν ἑαυτούς. [56] ἐζήτουν οὖν τὸν Ἰησοῦν καὶ ἔλεγον μετ᾽ ἀλλήλων ἐν τῷ ἱερῷ ἑστηκότες, Τί δοκεῖ ὑμῖν; ὅτι οὐ μὴ ἔλθῃ εἰς τὴν ἑορτήν; [57] δεδώκεισαν δὲ οἱ ἀρχιερεῖς καὶ οἱ Φαρισαῖοι ἐντολὰς ἵνα ἐάν τις γνῷ ποῦ ἐστιν μηνύσῃ, ὅπως πιάσωσιν αὐτόν.

ἐλεύσονται ἔρχομαι "I come, go" See the principal parts at 1:7.

ἀροῦσιν αἴρω "I lift, take" See the principal parts at 2:16.

[49] **εἷς δὲ τις** Indefinite pronoun (unaccented τις, τινος) with εἷς: "And a certain one...."

    ὢν εἰμί "I am"

[50] **συμφέρει** "it benefits, is useful" (usually 3rd person, impersonal)

    ἀπόληται ἀπόλλυμι "I destroy" See the principal parts at 3:16.

[51] **ἐπροφήτευσεν** προφητεύω "I prophesy"

[52] **διεσκορπισμένα** διά ("through") + σκορπίζω ("I scatter")

    συναγάγῃ συνάγω "I gather"

    ἕν εἷς, μία, ἕν See the chart at 1:3.

[53] **ἐβουλεύσαντο** βουλεύομαι "I plan, decide"

[55] **ἀνέβησαν** ἀναβαίνω "I go up" See the principal parts at 2:12.

    ἁγνίσωσιν ἁγνίζω "I purify"

[56] **ἑστηκότες** ἵστημι "I stand" See the principal parts at 1:26.

[57] **δεδώκεισαν** δίδωμι "I give" A pluperfect form of the verb. Compare the principal parts at 1:12.

    γνῷ γινώσκω "I know" See the principal parts at 1:10.

    μηνύσῃ μηνύω "I tell, announce"

    πιάσωσιν πιάζω "I seize, arrest"

¹ Ὁ οὖν Ἰησοῦς πρὸ ἓξ ἡμερῶν τοῦ πάσχα ἦλθεν εἰς Βηθανίαν, ὅπου ἦν Λάζαρος, ὃν ἤγειρεν ἐκ νεκρῶν Ἰησοῦς. ² ἐποίησαν οὖν αὐτῷ δεῖπνον ἐκεῖ, καὶ ἡ Μάρθα διηκόνει, ὁ δὲ Λάζαρος εἷς ἦν ἐκ τῶν ἀνακειμένων σὺν αὐτῷ. ³ ἡ οὖν Μαριὰμ λαβοῦσα λίτραν μύρου νάρδου πιστικῆς πολυτίμου ἤλειψεν τοὺς πόδας τοῦ Ἰησοῦ καὶ ἐξέμαξεν ταῖς θριξὶν αὐτῆς τοὺς πόδας αὐτοῦ· ἡ δὲ οἰκία ἐπληρώθη ἐκ τῆς ὀσμῆς τοῦ μύρου. ⁴ λέγει δὲ Ἰούδας ὁ Ἰσκαριώτης εἷς [ἐκ] τῶν μαθητῶν αὐτοῦ, ὁ μέλλων αὐτὸν παραδιδόναι, ⁵ Διὰ τί τοῦτο τὸ μύρον οὐκ ἐπράθη τριακοσίων δηναρίων καὶ ἐδόθη πτωχοῖς; ⁶ εἶπεν δὲ τοῦτο οὐχ ὅτι περὶ τῶν πτωχῶν ἔμελεν αὐτῷ, ἀλλ' ὅτι κλέπτης ἦν καὶ τὸ γλωσσόκομον ἔχων τὰ βαλλόμενα

AIDS TO PARSING AND TRANSLATING

¹ **ἓξ** Note the breathing mark (as "hexagon").

ἤγειρεν ἐγείρω "I rise, wake" See the principal parts at 2:19.

νεκρῶν νεκρός, -ά, -όν "dead"

² **δεῖπνον**, -ου τό "feast, supper, meal"

διηκόνει διακονέω "I serve"

εἷς Note the breathing mark. See the table at 1:3.

ἀνακειμένων ἀνάκειμαι "I lie down" (i.e. "recline for dinner") See 6:11.

³ **λαβοῦσα** λαμβάνω "I take, receive" See the principal parts at 1:5. What is the gender of this active participle?

λίτραν λίτρα, -ας ἡ "pound" (as "liter")

μύρου μύρον, -ου τό "ointment"

νάρδου νάρδος, -ου ὁ "oil of nard"

πιστικῆς πιστικός, -ή, -όν "pure"

πολυτίμου πολύτιμος, -η, -ον "very expensive"

ἤλειψεν ἀλείφω "I anoint"

πόδας πούς, ποδός ὁ "foot"

ἐξέμαξεν ἐκμάσσω "I wipe off"

θριξὶν θρίξ, τριχός ἡ "hair"

ἐπληρώθη πληρόω "I fill, fulfill" See the principal parts at 3:29.

ὀσμῆς ὀσμή, -ῆς ἡ "smell"

⁴ **μέλλων** μέλλω "I am about to, I am going to" The verb introduces a phrase that is typically completed by an infinitive (here παραδιδόναι, "I hand over, betray")

⁵ **ἐπράθη** πιπράσκω "I sell"

ἐδόθη δίδωμι "I give" See the principal parts at 1:12.

πτωχοῖς πτωχός, -ή, -όν "poor"

⁶ **ἔμελεν** "it was a concern to" (usually 3rd person, impersonal)

κλέπτης, -ου ὁ "thief"

γλωσσόκομον, -ου τό "money box, money bag"

ἐβάσταζεν. ⁷ εἶπεν οὖν ὁ Ἰησοῦς, Ἄφες αὐτήν, ἵνα εἰς τὴν ἡμέραν τοῦ ἐνταφιασμοῦ μου τηρήσῃ αὐτό· ⁸ τοὺς πτωχοὺς γὰρ πάντοτε ἔχετε μεθ' ἑαυτῶν, ἐμὲ δὲ οὐ πάντοτε ἔχετε. ⁹ Ἔγνω οὖν [ὁ] ὄχλος πολὺς ἐκ τῶν Ἰουδαίων ὅτι ἐκεῖ ἐστιν καὶ ἦλθον οὐ διὰ τὸν Ἰησοῦν μόνον, ἀλλ' ἵνα καὶ τὸν Λάζαρον ἴδωσιν ὃν ἤγειρεν ἐκ νεκρῶν. ¹⁰ ἐβουλεύσαντο δὲ οἱ ἀρχιερεῖς ἵνα καὶ τὸν Λάζαρον ἀποκτείνωσιν, ¹¹ ὅτι πολλοὶ δι' αὐτὸν ὑπῆγον τῶν Ἰουδαίων καὶ ἐπίστευον εἰς τὸν Ἰησοῦν. ¹² Τῇ ἐπαύριον ὁ ὄχλος πολὺς ὁ ἐλθὼν εἰς τὴν ἑορτήν, ἀκούσαντες ὅτι ἔρχεται ὁ Ἰησοῦς εἰς Ἱεροσόλυμα ¹³ ἔλαβον τὰ βαΐα τῶν φοινίκων καὶ ἐξῆλθον εἰς ὑπάντησιν αὐτῷ καὶ ἐκραύγαζον, Ὡσαννά· εὐλογημένος ὁ ἐρχόμενος ἐν ὀνόματι κυρίου, [καὶ] ὁ βασιλεὺς τοῦ Ἰσραήλ. ¹⁴ εὑρὼν δὲ ὁ Ἰησοῦς ὀνάριον ἐκάθισεν ἐπ' αὐτό, καθώς ἐστιν γεγραμμένον, ¹⁵ Μὴ φοβοῦ, θυγάτηρ Σιών· ἰδοὺ ὁ βασιλεύς σου ἔρχεται, καθήμενος ἐπὶ πῶλον ὄνου. ¹⁶ ταῦτα οὐκ ἔγνωσαν αὐτοῦ οἱ μαθηταὶ τὸ πρῶτον, ἀλλ' ὅτε ἐδοξάσθη

ἐβάσταζεν βαστάζω "I pick up, carry away, steal"

⁷ Ἄφες ἀφίημι "I leave alone, let be, let go" See the principal parts at 4:3.

ἐνταφιασμοῦ ἐνταφιασμός, -οῦ ὁ "burial"

τηρήσῃ τηρέω "I keep" See the principal parts at 2:10.

⁸ πάντοτε "always"

⁹ Ἔγνω γινώσκω "I know" See the principal parts at 1:10.

ἴδωσιν ὁράω "I see" See the principal parts at 1:18.

¹⁰ ἐβουλεύσαντο βουλεύομαι "I plan, decide"

¹¹ ὑπῆγον ὑπάγω "I go, I depart"

¹³ βαΐα βαΐον, ου τό "branch"

φοινίκων φοῖνιξ, φοίνικος ὁ "palm tree" (as "Phoenicia")

ὑπάντησιν ὑπάντησις, -εως ἡ "a meeting"

ἐκραύγαζον κραυγάζω "I cry out"

¹⁴ ὀνάριον, -ου τό "young donkey"

ἐκάθισεν καθίζω "I sit"

¹⁵ καθήμενος κάθημαι "I sit"

πῶλος, -ου ὁ "foal, colt, horse"

ὄνου ὄνος, -ου ὁ "donkey"

¹⁶ ἐδοξάσθη δοξάζω "I praise, glorify" See 11:4.

Ἰησοῦς τότε ἐμνήσθησαν ὅτι ταῦτα ἦν ἐπ' αὐτῷ γεγραμμένα καὶ ταῦτα ἐποίησαν αὐτῷ. ¹⁷ ἐμαρτύρει οὖν ὁ ὄχλος ὁ ὢν μετ' αὐτοῦ ὅτε τὸν Λάζαρον ἐφώνησεν ἐκ τοῦ μνημείου καὶ ἤγειρεν αὐτὸν ἐκ νεκρῶν. ¹⁸ διὰ τοῦτο [καὶ] ὑπήντησεν αὐτῷ ὁ ὄχλος, ὅτι ἤκουσαν τοῦτο αὐτὸν πεποιηκέναι τὸ σημεῖον. ¹⁹ οἱ οὖν Φαρισαῖοι εἶπαν πρὸς ἑαυτούς, Θεωρεῖτε ὅτι οὐκ ὠφελεῖτε οὐδέν· ἴδε ὁ κόσμος ὀπίσω αὐτοῦ ἀπῆλθεν. ²⁰ ἦσαν δὲ Ἕλληνές τινες ἐκ τῶν ἀναβαινόντων ἵνα προσκυνήσωσιν ἐν τῇ ἑορτῇ· ²¹ οὗτοι οὖν προσῆλθον Φιλίππῳ τῷ ἀπὸ Βηθσαϊδὰ τῆς Γαλιλαίας, καὶ ἠρώτων αὐτὸν λέγοντες, Κύριε, θέλομεν τὸν Ἰησοῦν ἰδεῖν. ²² ἔρχεται ὁ Φίλιππος καὶ λέγει τῷ Ἀνδρέᾳ, ἔρχεται Ἀνδρέας καὶ Φίλιππος καὶ λέγουσιν τῷ Ἰησοῦ. ²³ ὁ δὲ Ἰησοῦς ἀποκρίνεται αὐτοῖς λέγων, Ἐλήλυθεν ἡ ὥρα ἵνα δοξασθῇ ὁ υἱὸς τοῦ ἀνθρώπου. ²⁴ ἀμὴν ἀμὴν λέγω ὑμῖν, ἐὰν μὴ ὁ κόκκος τοῦ σίτου πεσὼν εἰς τὴν γῆν ἀποθάνῃ, αὐτὸς μόνος μένει· ἐὰν

ἐμνήσθησαν μιμνήσκω "I remind, call to mind" See the principal parts at 2:22.

¹⁷ **μνημείου** μνημείον, -ου τό "tomb"

¹⁸ **ὑπήντησεν** ὑπαντάω "I meet"

¹⁹ **ὠφελεῖτε** ὠφελέω "I help, be useful, benefit"

ὀπίσω "back, behind" With **ἀπέρχομαι**, "I pull or shrink back." See also 18:6.

²⁰ **Ἕλληνές** Ἕλλην, Ἕλληνος ὁ "Greek (person)"

ἐκ τῶν ἀναβαινόντων "among those going up"

²¹ **ἠρώτων** ἐρωτάω "I ask" See the principal parts at 1:21.

θέλομεν See 1:43.

ἰδεῖν is an infinitive form of the verb ὁράω. See the principal parts at 1:18.

²² **ἔρχεται Ἀνδρέας καὶ Φίλιππος καὶ λέγουσιν** The phrase begins a new assertion. The singular verb agrees with the first subject when there are two or more joined by καί and the verb stands before the subjects (but with both subjects together when the verb stands after the subjects). See BDF 135(1). "Andrew comes as well as Philip (comes) and they tell...."

²³ **ἵνα δοξασθῇ ὁ υἱὸς τοῦ ἀνθρώπου** Here ἵνα with the subjunctive describes the *content* of ἡ ὥρα: "the hour for the Son of Man to be glorified."

²⁴ **κόκκος** κόκκος, κόκκου ὁ "seed"

σίτου σῖτος, σίτου ὁ "wheat"

πεσών is a participial form of πίπτω ("I fall"). See the principal parts at 11:32.

ἀποθάνῃ ἀποθνήσκω "I die" See the principal parts at 4:47.

μόνος μόνος, μόνη, μόνον "alone"

δὲ ἀποθάνῃ, πολὺν καρπὸν φέρει. ²⁵ ὁ φιλῶν τὴν ψυχὴν αὐτοῦ ἀπολλύει αὐτήν, καὶ ὁ μισῶν τὴν ψυχὴν αὐτοῦ ἐν τῷ κόσμῳ τούτῳ εἰς ζωὴν αιώνιον φυλάξει αὐτήν. ²⁶ ἐάν ἐμοί τις διακονῇ, ἐμοὶ ἀκολουθείτω, καὶ ὅπου εἰμὶ ἐγὼ ἐκεῖ καὶ ὁ διάκονος ὁ ἐμὸς ἔσται· ἐάν τις ἐμοὶ διακονῇ τιμήσει αὐτὸν ὁ πατήρ. ²⁷ νῦν ἡ ψυχή μου τετάρακται, καὶ τί εἴπω; Πάτερ, σῶσόν με ἐκ τῆς ὥρας ταύτης; ἀλλὰ διὰ τοῦτο ἦλθον εἰς τὴν ὥραν ταύτην. ²⁸ πάτερ, δόξασόν σου τὸ ὄνομα. ἦλθεν οὖν φωνὴ ἐκ τοῦ οὐρανοῦ, Καὶ ἐδόξασα καὶ πάλιν δοξάσω. ²⁹ ὁ οὖν ὄχλος ὁ ἑστὼς καὶ ἀκούσας ἔλεγεν Βροντὴν γεγονέναι, ἄλλοι ἔλεγον, Ἄγγελος αὐτῷ λελάληκεν. ³⁰ ἀπεκρίθη Ἰησοῦς καὶ εἶπεν, Οὐ δι᾽ ἐμὲ ἡ φωνὴ αὕτη γέγονεν ἀλλὰ δι᾽ ὑμᾶς. ³¹ νῦν

---

²⁵ **φιλῶν**   φιλέω   "like, love"

1. Present Active	2. Future Active	3. Aorist Active	4. Perfect Active	5. Perfect Middle	6. Aorist Passive
φιλέω	φιλήσω	ἐφίλησα	πεφίληκα	πεφίλημαι	ἐφιλήθην

ἀπολλύει   ἀπολλύω   "I destroy, lose"
μισῶν   μισέω   "I hate"
φυλάξει   φυλάσσω   "I keep, guard"

φυλάσσω	φυλάξω	ἐφύλαξα	πεφύλαχα	πεφύλαγμαι	ἐφυλάχθην

²⁶ **διακονῇ**   διακονέω   "I serve" (as in the English word "deacon")
ἀκολουθείτω   is an imperative in the third person singular. Translate "let him/her follow...."
ὅπου   "where, wherever"
ἔσται   A future form of the verb εἰμί   "I am"
τιμήσει   τιμάω   "I honor"

²⁷ **τετάρακται**   ταράσσω   "I disturb, trouble"   See the principal parts at 5:4.
εἴπω   λέγω   "I say, speak"   See the principal parts at 4:18. What is the function of this subjunctive?
Πάτερ   is vocative singular form of the third declension noun πατήρ, πατρός ὁ ("father").
σῶσόν   is an imperatival form of the verb σῴζω (with the same personal ending as the liturgical expression κύριε ἐλέησον). See the principal parts at 3:17.

²⁸ **δόξασόν** is a form of the verb δοξάζω meaning "I glorify" (as "doxology"). This verb occurs three times in this verse. Compare this particular form with the form of σῶσόν immediately above (12:27).

²⁹ **ἑστώς**   is the perfect participle of the verb ἵστημι. Translate "standing there." See the principal parts at 1:26.
ἔλεγεν introduces indirect discourse *not* with the word ὅτι, but in another recurring mode: an "accusative-infinitive construction" in which the accusative serves as the subject of the verb expressed as an infinitive. See the notes that follow.
Βροντήν   is the **accusative** form of the noun βροντή, βροντῆς ἡ meaning "thunder" (and subject of the infinitive).
γεγονέναι   is the perfect **infinitive** form of the verb γίνομαι. See the principal parts at 1:3.

κρίσις ἐστὶν τοῦ κόσμου τούτου, νῦν ὁ ἄρχων τοῦ κόσμου τούτου ἐκβληθήσεται ἔξω· ³² κἀγὼ ἐὰν ὑψωθῶ ἐκ τῆς γῆς, πάντας ἑλκύσω πρὸς ἐμαυτόν. ³³ τοῦτο δὲ ἔλεγεν σημαίνων ποίῳ θανάτῳ ἤμελλεν ἀποθνήσκειν. ³⁴ ἀπεκρίθη οὖν αὐτῷ ὁ ὄχλος, Ἡμεῖς ἠκούσαμεν ἐκ τοῦ νόμου ὅτι ὁ Χριστὸς μένει εἰς τὸν αἰῶνα, καὶ πῶς λέγεις σὺ ὅτι δεῖ ὑψωθῆναι τὸν υἱὸν τοῦ ἀνθρώπου; τίς ἐστιν οὗτος ὁ υἱὸς τοῦ ἀνθρώπου; ³⁵ εἶπεν οὖν αὐτοῖς ὁ Ἰησοῦς, Ἔτι μικρὸν χρόνον τὸ φῶς ἐν ὑμῖν ἐστιν. περιπατεῖτε ὡς τὸ φῶς ἔχετε, ἵνα μὴ σκοτία ὑμᾶς καταλάβῃ· καὶ ὁ περιπατῶν ἐν τῇ σκοτίᾳ οὐκ οἶδεν ποῦ ὑπάγει. ³⁶ ὡς τὸ φῶς ἔχετε, πιστεύετε εἰς τὸ φῶς, ἵνα υἱοὶ φωτὸς γένησθε. Ταῦτα ἐλάλησεν Ἰησοῦς, καὶ ἀπελθὼν ἐκρύβη ἀπ᾽ αὐτῶν.

***A note to the reader: At the time of publication the section of John 12: 37–50 was not included. In this printing this section of verses have been added at the very end of the book.

---

³¹ **κρίσις** κρίσις, κρίσεως ἡ "judgment" (as "crisis")
ἐκβληθήσεται ἐκ ("out") + βάλλω throw "cast out" See the principal parts at 3:24.
³² **ἐάν** Here ἐάν means "when" not "if."
ὑψωθῶ ὑψόω "I exalt, lift up, raise." See the comments on the phrase ὑψωθῆναι δεῖ at 3:14.
κἀγὼ ἐὰν ὑψωθῶ "and when I am lifted up...."
ἑλκύσω ἕλκω "I drag, draw" See the principal parts at 6:44.
ἐμαυτόν is a reflexive pronoun meaning "myself." Note the prefix ἐμ- plus αὐτος. See also 1:22 and 9:21.
³³ **σημαίνων** σημαίνω "I signal, indicate" (as "semaphor")
ποίῳ ποῖος, -α, -ον interrogative pronoun meaning "what sort of, what kind of." Note the internal -οι- (as presented at 4:23).
θανάτῳ θάνατος, θανάτου ὁ "death"
ἤμελλεν See note at 4:47.
³⁵ **μικρόν** μικρός, μικρά, μικρόν "little, small" (as "microscope, microbiology, microeconomics")
καταλάβῃ καταλαμβάνω "I overcome." See 1:5.
³⁶ **ἐκρύβη** κρύπτω "I hide" (as "cryptic") See the principal parts at 8:59.

¹ Πρὸ δὲ τῆς ἑορτῆς τοῦ πάσχα εἰδὼς ὁ Ἰησοῦς ὅτι ἦλθεν αὐτοῦ ἡ ὥρα ἵνα

μεταβῇ ἐκ τοῦ κόσμου τούτου πρὸς τὸν πατέρα, ἀγαπήσας τοὺς ἰδίους

τοὺς ἐν τῷ κόσμῳ εἰς τέλος ἠγάπησεν αὐτούς. ² καὶ δείπνου γινομένου,

τοῦ διαβόλου ἤδη βεβληκότος εἰς τὴν καρδίαν ἵνα παραδοῖ αὐτὸν Ἰούδας

Σίμωνος Ἰσκαριώτου, ³ εἰδὼς ὅτι πάντα ἔδωκεν αὐτῷ ὁ πατὴρ εἰς τὰς

χεῖρας καὶ ὅτι ἀπὸ θεοῦ ἐξῆλθεν καὶ πρὸς τὸν θεὸν ὑπάγει, ⁴ ἐγείρεται

ἐκ τοῦ δείπνου καὶ τίθησιν τὰ ἱμάτια καὶ λαβὼν λέντιον διέζωσεν

ἑαυτόν· ⁵ εἶτα βάλλει ὕδωρ εἰς τὸν νιπτῆρα καὶ ἤρξατο νίπτειν τοὺς

πόδας τῶν μαθητῶν καὶ ἐκμάσσειν τῷ λεντίῳ ᾧ ἦν διεζωσμένος. ⁶ ἔρχεται

οὖν πρὸς Σίμωνα Πέτρον· λέγει αὐτῷ, Κύριε, σύ μου νίπτεις τοὺς πόδας;

⁷ ἀπεκρίθη Ἰησοῦς καὶ εἶπεν αὐτῷ, Ὃ ἐγὼ ποιῶ σὺ οὐκ οἶδας ἄρτι,

---

AIDS TO PARSING AND TRANSLATING

¹ **εἰδώς** a perfect participle of the verb οἶδα with endings εἰδώς, εἰδώτος, etc. Just as the perfect tense of ἵστημι means simply "stand, so the perfect of οἶδα has a present meaning: "knowing."

μεταβῇ μεταβαίνω "I cross over" See the principal parts at 2:12.

ἀγαπήσας ἀγαπάω "I love" On this form, see 1:36.

τοὺς ἰδίους See 1:11.

τέλος, -ους τό "the end"

² **δείπνου** δεῖπνον, -ου τό "meal"

δείπνου γινομένου is the first of two genitive absolutes in this sentence.

τοῦ διαβόλου... βεβληκότος is the core of the second genitive absolute in the sentence.

βεβληκότος βάλλω "I throw, put, place" See the principal parts at 3:24.

παραδοῖ is an alternative for παραδῷ, the subjunctive form of the verb παραδίδωμι ("I hand over") See the principal parts at 1:12.

⁴ **ἐγείρεται** is the finite (main) verb of the complex sentence that runs from 13:2-4. ἐγείρω "I raise"

ἱμάτια ἱμάτιον, -ου τό "outer garment"

λέντιον, -ου τό "towel"

διέζωσεν διαζώννυμι "I wrap around, gird"

⁵ **νιπτῆρα** νιπτήρ, νιπτῆρος ὁ "washbasin"

ἤρξατο ἄρχω "I rule" middle voice: "I begin" + infinitive

1. Present Active	2. Future Active	3. Aorist Active	4. Perfect Active	5. Perfect Middle	6. Aorist Passive
ἄρχω	ἄρξω	ἦρξα	ἦρχα	ἦργμαι	ἦρχθην

νίπτειν is the anticipated infinitive form that functions with ἤρξατο. νίπτω "I wash" This verb occurs several times in the verses that follow.

νίπτω	νίψω	ἔνιψα	---	νένιμμαι	ἐνίφθην

ἐκμάσσειν is a second infinitive that functions with ἤρξατο. ἐκμάσσω "I wipe off"

γνώσῃ δὲ μετὰ ταῦτα. ⁸λέγει αὐτῷ Πέτρος, Οὐ μὴ νίψῃς μου τοὺς πόδας εἰς τὸν αἰῶνα. ἀπεκρίθη Ἰησοῦς αὐτῷ, Ἐὰν μὴ νίψω σε, οὐκ ἔχεις μέρος μετ' ἐμοῦ. ⁹λέγει αὐτῷ Σίμων Πέτρος, Κύριε, μὴ τοὺς πόδας μου μόνον ἀλλὰ καὶ τὰς χεῖρας καὶ τὴν κεφαλήν. ¹⁰λέγει αὐτῷ ὁ Ἰησοῦς, Ὁ λελουμένος οὐκ ἔχει χρείαν εἰ μὴ τοὺς πόδας νίψασθαι, ἀλλ' ἔστιν καθαρὸς ὅλος· καὶ ὑμεῖς καθαροί ἐστε, ἀλλ' οὐχὶ πάντες. ¹¹ᾔδει γὰρ τὸν παραδιδόντα αὐτόν· διὰ τοῦτο εἶπεν ὅτι Οὐχὶ πάντες καθαροί ἐστε. ¹²Ὅτε οὖν ἔνιψεν τοὺς πόδας αὐτῶν [καὶ] ἔλαβεν τὰ ἱμάτια αὐτοῦ καὶ ἀνέπεσεν πάλιν, εἶπεν αὐτοῖς, Γινώσκετε τί πεποίηκα ὑμῖν; ¹³ὑμεῖς φωνεῖτέ με Ὁ διδάσκαλος καὶ Ὁ κύριος, καὶ καλῶς λέγετε, εἰμὶ γάρ. ¹⁴εἰ οὖν ἐγὼ ἔνιψα ὑμῶν τοὺς πόδας ὁ κύριος καὶ ὁ διδάσκαλος, καὶ ὑμεῖς ὀφείλετε ἀλλήλων νίπτειν τοὺς πόδας· ¹⁵ὑπόδειγμα γὰρ ἔδωκα ὑμῖν ἵνα καθὼς ἐγὼ ἐποίησα ὑμῖν καὶ ὑμεῖς ποιῆτε. ¹⁶ἀμὴν ἀμὴν λέγω ὑμῖν, οὐκ

---

⁷ **γνώσῃ** γινώσκω "I know" See the principal parts at 1:10.
⁸ **Οὐ μὴ νίψῃς** Here the verb νίπτω ("I wash") is employed as an emphatic denial (thus the subjunctive form).
Ἐὰν μή "unless"
μέρος, -ους τό "part"
¹⁰ **λελουμένος** λούω "I wash"
χρείαν χρεία, -ας ἡ "need"
καθαρός, -ά, -όν "clean"
¹¹ **ᾔδει** pluperfect form of οἶδα. Translate as simple past: "he knew."
παραδιδόντα παραδίδωμι "I hand over" What form does the verb assume here?
ἐστε εἰμί "I am"
¹² **ἔλαβεν** λαμβάνω "I take, receive" See the principal parts at 1:5.
ἀνέπεσεν ἀναπίπτω "I sit down" See the principal parts at 6:10.
τί neuter singular form of interrogative pronoun τίς, τίς, τί "what"
πεποίηκα ποιέω "I make, do" See the principal parts at 2:5.
¹³ **φωνεῖτε** φωνέω "I call" (as "telephone")
καλῶς "well" Note the adverbial suffix -ως.
¹⁴ **ὀφείλετε** ὀφείλω "I ought" anticipates the infinitive form that follows (νίπτειν).
ἀλλήλων genitive: "of one another" See 4:33.
¹⁵ **ὑπόδειγμα, ὑποδείγματος τό** "example, pattern"
ἔδωκα δίδωμι "I give" See the principal parts at 1:12.
ἐποίησα... ποιῆτε ποιέω "I make, do" See the principal parts at 2:5.

ἔστιν δοῦλος μείζων τοῦ κυρίου αὐτοῦ οὐδὲ ἀπόστολος μείζων τοῦ πέμψαντος αὐτόν. ¹⁷ εἰ ταῦτα οἴδατε, μακάριοί ἐστε ἐὰν ποιῆτε αὐτά. ¹⁸ οὐ περὶ πάντων ὑμῶν λέγω· ἐγὼ οἶδα τίνας ἐξελεξάμην· ἀλλ᾽ ἵνα ἡ γραφὴ πληρωθῇ, Ὁ τρώγων μου τὸν ἄρτον ἐπῆρεν ἐπ᾽ ἐμὲ τὴν πτέρναν αὐτοῦ. ¹⁹ ἀπ᾽ ἄρτι λέγω ὑμῖν πρὸ τοῦ γενέσθαι, ἵνα πιστεύσητε ὅταν γένηται ὅτι ἐγώ εἰμι. ²⁰ ἀμὴν ἀμὴν λέγω ὑμῖν, ὁ λαμβάνων ἄν τινα πέμψω ἐμὲ λαμβάνει, ὁ δὲ ἐμὲ λαμβάνων λαμβάνει τὸν πέμψαντα με. ²¹ Ταῦτα εἰπὼν [ὁ] Ἰησοῦς ἐταράχθη τῷ πνεύματι καὶ ἐμαρτύρησεν καὶ εἶπεν, Ἀμὴν ἀμὴν λέγω ὑμῖν ὅτι εἷς ἐξ ὑμῶν παραδώσει με. ²² ἔβλεπον εἰς ἀλλήλους οἱ μαθηταὶ ἀπορούμενοι περὶ τίνος λέγει. ²³ ἦν ἀνακείμενος εἷς ἐκ τῶν μαθητῶν αὐτοῦ ἐν τῷ κόλπῳ τοῦ Ἰησοῦ, ὃν

---

¹⁶ **μείζων**, -ονος "greater" + genitive of comparison (twice in this verse)

πέμψαντος πέμπω "I send" This participle is the second genitive of comparison. Consult the principal parts at 1:22 to determine the tense of the participle.

¹⁷ **μακάριοί** μακάριος, -α, -ον "happy, blessed"

¹⁸ **ἐξελεξάμην** ἐκλέγομαι "I choose" (deponent). See the principal parts at 6:70.

πληρωθῇ πληρόω "I fulfill" See the principal parts at 3:29.

τρώγων τρώγω "I chew, eat"

ἐπῆρεν ἐπαίρω (ἐπί + αἴρω) "I lift up, take away" See the principal parts at 2:16.

ἐπ᾽ Read "against"

πτέρναν πτέρνα, -ης ἡ "foot, heel"

²⁰ **ἄν τινα** The indefinite particle ἄν + indefinite pronoun τις, τινος = "whomever"

πέμψω πέμπω "I send" An aorist subjunctive verb (thus lacking an augment). See the principal parts at 1:22.

πέμψαντά is a participial form of πέμπω ("I send").

²¹ **εἰπών** λέγω "I say" See the principal parts at 4:18.

ἐταράχθη ταράσσω "I am troubled" See the principal parts at 5:4.

ἐμαρτύρησεν μαρτυρέω "I testify, witness" See the principal parts at 1:7.

παραδώσει παραδίδωμι "I hand over" See the principal parts at 1:12.

²² **ἔβλεπον** βλέπω "I look"

ἀλλήλους See 4:33.

ἀπορούμενοι ἀπορέω "I am at a loss, I am uncertain"

²³ **ἦν ἀνακείμενος** is a periphrastic form of the verb κεῖμαι ("I lay down"): a form of the verb εἰμί functions with the passive participle. See 1:9, 24.

κόλπῳ κόλπος, -ου ὁ "lap, bosom"

ἠγάπα ὁ Ἰησοῦς· ²⁴ νεύει οὖν τούτῳ Σίμων Πέτρος πυθέσθαι τίς ἂν

εἴη περὶ οὗ λέγει. ²⁵ ἀναπεσὼν οὖν ἐκεῖνος οὕτως ἐπὶ τὸ στῆθος τοῦ

Ἰησοῦ λέγει αὐτῷ, Κύριε, τίς ἐστιν; ²⁶ ἀποκρίνεται [ὁ] Ἰησοῦς, Ἐκεῖνός

ἐστιν ᾧ ἐγὼ βάψω τὸ ψωμίον καὶ δώσω αὐτῷ. βάψας οὖν τὸ ψωμίον

[λαμβάνει καὶ] δίδωσιν Ἰούδᾳ Σίμωνος Ἰσκαριώτου. ²⁷ καὶ μετὰ τὸ ψωμίον

τότε εἰσῆλθεν εἰς ἐκεῖνον ὁ Σατανᾶς. λέγει οὖν αὐτῷ ὁ Ἰησοῦς,

Ὃ ποιεῖς ποίησον τάχιον. ²⁸ τοῦτο [δὲ] οὐδεὶς ἔγνω τῶν ἀνακειμένων

πρὸς τί εἶπεν αὐτῷ· ²⁹ τινὲς γὰρ ἐδόκουν, ἐπεὶ τὸ γλωσσόκομον εἶχεν

Ἰούδας, ὅτι λέγει αὐτῷ [ὁ] Ιησοῦς, Ἀγόρασον ὧν χρείαν ἔχομεν εἰς τὴν

ἑορτήν, ἢ τοῖς πτωχοῖς ἵνα τι δῷ. ³⁰ λαβὼν οὖν τὸ ψωμίον ἐκεῖνος ἐξῆλθεν

εὐθύς. ἦν δὲ νύξ. ³¹ Ὅτε οὖν ἐξῆλθεν, λέγει Ἰησοῦς, Νῦν ἐδοξάσθη

ἠγάπα ἀγαπάω ˋ "I love" Can you determine why this regular, imperfect form appears as it does, with an eta (η) at the beginning and an alpha (α) at the end?

²⁴ **νεύει** νεύω "I nod"

πυθέσθαι πυνθάνομαι "I learn, inquire" See the principal parts at 4:52.

ἂν εἴη The indefinite particle ἂν with a form of the verb εἰμί ("I am") in the optative mood. Translate "it might be"

²⁵ **ἀναπεσών** ἀναπίπτω "I sit down" See the principal parts at 6:10.

στῆθος, -ους τό "chest, breast"

²⁶ **βάψω** βάπτω "I dip"

ψωμίον, -ου τό "piece of bread"

δώσω δίδωμι "I give" See the principal parts at 1:12.

βάψας βάπτω "I dip" On the ending in -σας, see 1:36.

²⁷ **ποίησον** ποιέω "I make, do" The first aorist imperative ending -σον may be familiar from the liturgical expression κύριε, ἐλέησον ("Lord, have mercy").

τάχιον "quickly" Compare 11:29, 31.

²⁸ **ἔγνω** γινώσκω "I know" See the principal parts at 1:10.

ἀνακειμένων ἀνάκειμαι "I recline"

²⁹ **ἐδόκουν** δοκέω "I think, seem"

γλωσσόκομον, -ου τό "money box or bag"

Ἀγόρασον ἀγοράζω "I buy" Note here again first aorist imperative ending -σον.

ὧν genitive plural neuter relative pronoun: "those things of which"

χρείαν χρεία, -ας ἡ "need"

εἰς Here: "for (the purpose of)"

ἢ "or," introducing another possibility of whom to buy for....

πτωχοῖς πτωχός, -ή, -όν "poor"

δῷ is a subjunctive form of the verb δίδωμι ("I give"). See the principal parts at 1:12.

³¹ **ἐδοξάσθη** δοξάζω "I praise, glorify" See 11:4.

ὁ υἱὸς τοῦ ἀνθρώπου, καὶ ὁ θεὸς ἐδοξάσθη ἐν αὐτῷ· ³² [εἰ ὁ θεὸς ἐδοξάσθη ἐν αὐτῷ] καὶ ὁ θεὸς δοξάσει αὐτὸν ἐν αὐτῷ, καὶ εὐθὺς δοξάσει αὐτόν. ³³ τεκνία, ἔτι μικρὸν μεθ' ὑμῶν εἰμι· ζητήσετέ με, καὶ καθὼς εἶπον τοῖς Ἰουδαίοις ὅτι Ὅπου ἐγὼ ὑπάγω ὑμεῖς οὐ δύνασθε ἐλθεῖν, καὶ ὑμῖν λέγω ἄρτι. ³⁴ ἐντολὴν καινὴν δίδωμι ὑμῖν, ἵνα ἀγαπᾶτε ἀλλήλους, καθὼς ἠγάπησα ὑμᾶς ἵνα καὶ ὑμεῖς ἀγαπᾶτε ἀλλήλους. ³⁵ ἐν τούτῳ γνώσονται πάντες ὅτι ἐμοὶ μαθηταί ἐστε, ἐὰν ἀγάπην ἔχητε ἐν ἀλλήλοις. ³⁶ Λέγει αὐτῷ Σίμων Πέτρος, Κύριε, ποῦ ὑπάγεις; ἀπεκρίθη [αὐτῷ] Ἰησοῦς, Ὅπου ὑπάγω οὐ δύνασαί μοι νῦν ἀκολουθῆσαι, ἀκολουθήσεις δὲ ὕστερον. ³⁷ λέγει αὐτῷ ὁ Πέτρος, Κύριε, διὰ τί οὐ δύναμαί σοι ἀκολουθῆσαι ἄρτι; τὴν ψυχήν μου ὑπὲρ σοῦ θήσω. ³⁸ ἀποκρίνεται Ἰησοῦς, Τὴν ψυχήν σου ὑπὲρ ἐμοῦ θήσεις; ἀμὴν ἀμὴν λέγω σοι, οὐ μὴ ἀλέκτωρ φωνήσῃ ἕως οὗ ἀρνήσῃ με τρίς.

---

³³ **ζητήσετέ** ζητέω "I seek"
³⁴ **καινήν** καινός, -ή, -όν "new"
³⁵ **γνώσονται** γινώσκω "I know" See the principal parts at 1:10.
³⁶ **Ὅπου** "where"
  ἀκολουθῆσαι ἀκολουθέω "I follow" Note that the -θη- here is part of the verb stem, not the ending.
  ὕστερον "later"
³⁷ **θήσω** τίθημι "I put, place" See the principal parts at 2:10.
³⁸ **ἀλέκτωρ**, -ορος ὁ "rooster"
  φωνήσῃ φωνέω "I call"
  ἀρνήσῃ ἀρνέομαι "I deny" See the principal parts at 1:20.

¹ Μὴ ταρασσέσθω ὑμῶν ἡ καρδία· πιστεύετε εἰς τὸν θεὸν καὶ εἰς ἐμὲ πιστεύετε. ² ἐν τῇ οἰκίᾳ τοῦ πατρός μου μοναὶ πολλαί εἰσιν· εἰ δὲ μή, εἶπον ἂν ὑμῖν ὅτι πορεύομαι ἑτοιμάσαι τόπον ὑμῖν; ³ καὶ ἐὰν πορευθῶ καὶ ἑτοιμάσω τόπον ὑμῖν, πάλιν ἔρχομαι καὶ παραλήμψομαι ὑμᾶς πρὸς ἐμαυτόν, ἵνα ὅπου εἰμὶ ἐγὼ καὶ ὑμεῖς ἦτε. ⁴ καὶ ὅπου [ἐγὼ] ὑπάγω οἴδατε τὴν ὁδόν. ⁵ Λέγει αὐτῷ Θωμᾶς, Κύριε, οὐκ οἴδαμεν ποῦ ὑπάγεις· πῶς δυνάμεθα τὴν ὁδὸν εἰδέναι; ⁶ λέγει αὐτῷ [ὁ] Ἰησοῦς, Ἐγώ εἰμι ἡ ὁδὸς καὶ ἡ ἀλήθεια καὶ ἡ ζωή· οὐδεὶς ἔρχεται πρὸς τὸν πατέρα εἰ μὴ δι' ἐμοῦ. ⁷ εἰ ἐγνώκατέ με, καὶ τὸν πατέρα μου γνώσεσθε· καὶ ἀπ' ἄρτι γινώσκετε αὐτὸν καὶ ἑωράκατε αὐτόν. ⁸ λέγει αὐτῷ Φίλιππος, Κύριε, δεῖξον ἡμῖν τὸν πατέρα, καὶ ἀρκεῖ ἡμῖν. ⁹ λέγει αὐτῷ ὁ Ἰησοῦς, Τοσούτῳ χρόνῳ μεθ' ὑμῶν εἰμι καὶ οὐκ ἔγνωκάς με, Φίλιππε; ὁ ἑωρακὼς ἐμὲ ἑώρακεν τὸν πατέρα· πῶς σὺ λέγεις, Δεῖξον ἡμῖν τὸν πατέρα; ¹⁰ οὐ πιστεύεις ὅτι ἐγὼ ἐν τῷ πατρὶ καὶ ὁ πατὴρ ἐν ἐμοί ἐστιν; τὰ ῥήματα ἃ ἐγὼ λέγω ὑμῖν ἀπ' ἐμαυτοῦ οὐ λαλῶ, ὁ δὲ πατὴρ ἐν ἐμοὶ μένων ποιεῖ τὰ ἔργα αὐτοῦ. ¹¹ πιστεύετέ μοι ὅτι ἐγὼ ἐν τῷ πατρὶ καὶ ὁ πατὴρ ἐν ἐμοί· εἰ δὲ μή, διὰ τὰ ἔργα αὐτὰ πιστεύετε. ¹² ἀμὴν ἀμὴν λέγω ὑμῖν, ὁ πιστεύων εἰς ἐμὲ τὰ

AIDS TO PARSING AND TRANSLATING

¹ **ταρασσέσθω** ταράσσω "I am troubled" Translate this present passive *3rd person singular imperative* with the helping verb "let."

² **μοναί** μονή, -ῆς ἡ "a place to stay in (μένω), a room"
ἑτοιμάσαι ἑτοιμάζω "I prepare"

³ **παραλήμψομαι** παραλαμβάνω "I receive, invite"

⁵ **εἰδέναι** οἶδα "I know"

⁷ **ἐγνώκατέ... γνώσεσθε... γινώσκετε** γινώσκω "I know" See the principal parts at 1:10.
ἑωράκατε ὁράω "I see" See the principal parts at 1:18.

⁸ **δεῖξον** δείκνυμι "I show" See the principal parts at 10:32. The first aorist imperative ending -σον may be familiar from the liturgical expression κύριε, ἐλέησον ("Lord, have mercy").
ἀρκεῖ ἀρκέω "I am sufficient"

⁹ **Τοσούτῳ** τοσοῦτος, τοσαύτη, τοσοῦτο "so great, so much"

¹⁰ **ῥήματα** ῥῆμα, ῥήματος τό "word, statement"

ἔργα ἃ ἐγὼ ποιῶ κἀκεῖνος ποιήσει καὶ μείζονα τούτων ποιήσει, ὅτι ἐγὼ

πρὸς τὸν πατέρα πορεύομαι. ¹³ καὶ ὅ τι ἂν αἰτήσητε ἐν τῷ ὀνόματί μου

τοῦτο ποιήσω, ἵνα δοξασθῇ ὁ πατὴρ ἐν τῷ υἱῷ· ¹⁴ ἐάν τι αἰτήσητέ με ἐν

τῷ ὀνόματί μου ἐγὼ ποιήσω. ¹⁵ Ἐὰν ἀγαπᾶτέ με, τὰς ἐντολὰς τὰς ἐμὰς

τηρήσετε· ¹⁶ κἀγὼ ἐρωτήσω τὸν πατέρα καὶ ἄλλον παράκλητον δώσει

ὑμῖν, ἵνα μεθ᾽ ὑμῶν εἰς τὸν αἰῶνα ᾖ, ¹⁷ τὸ πνεῦμα τῆς ἀληθείας,

ὃ ὁ κόσμος οὐ δύναται λαβεῖν, ὅτι οὐ θεωρεῖ αὐτὸ οὐδὲ γινώσκει·

ὑμεῖς γινώσκετε αὐτό, ὅτι παρ᾽ ὑμῖν μένει καὶ ἐν ὑμῖν ἔσται. ¹⁸ Οὐκ

ἀφήσω ὑμᾶς ὀρφανούς, ἔρχομαι πρὸς ὑμᾶς. ¹⁹ ἔτι μικρὸν καὶ ὁ κόσμος

με οὐκέτι θεωρεῖ, ὑμεῖς δὲ θεωρεῖτέ με, ὅτι ἐγὼ ζῶ καὶ ὑμεῖς ζήσετε.

²⁰ ἐν ἐκείνῃ τῇ ἡμέρᾳ γνώσεσθε ὑμεῖς ὅτι ἐγὼ ἐν τῷ πατρί μου καὶ ὑμεῖς

ἐν ἐμοὶ κἀγὼ ἐν ὑμῖν. ²¹ ὁ ἔχων τὰς ἐντολάς μου καὶ τηρῶν αὐτὰς ἐκεῖνός

ἐστιν ὁ ἀγαπῶν με· ὁ δὲ ἀγαπῶν με ἀγαπηθήσεται ὑπὸ τοῦ πατρός μου,

κἀγὼ ἀγαπήσω αὐτὸν καὶ ἐμφανίσω αὐτῷ ἐμαυτόν. ²² Λέγει αὐτῷ Ἰούδας,

οὐχ ὁ Ἰσκαριώτης, Κύριε, [καὶ] τί γέγονεν ὅτι ἡμῖν μέλλεις ἐμφανίζειν

σεαυτὸν καὶ οὐχὶ τῷ κόσμῳ; ²³ ἀπεκρίθη Ἰησοῦς καὶ εἶπεν αὐτῷ, Ἐάν τις

ἀγαπᾷ με τὸν λόγον μου τηρήσει, καὶ ὁ πατήρ μου ἀγαπήσει αὐτόν καὶ

---

¹² **κἀκεῖνος** crasis: καί + ἐκεῖνος
 μείζονα neuter plural: "greater things." Comparative of μέγας (sometimes contracted to μείζω). In this verse, the object compared is in the genitive case: τούτων.
¹³ **αἰτήσητε** αἰτέω "I ask" See the principal parts at 4:10.
¹⁵ **τηρήσετε** τηρέω "I keep" See the principal parts at 2:10.
¹⁶ **παράκλητον** παράκλητος, -ου ὁ "one who encourages, comforts"
 ᾖ εἰμί "I am"
¹⁷ **ἔσται** εἰμί "I am"
¹⁸ **ἀφήσω** ἀφίημι "I let go" See the principal parts at 4:3.
¹⁹ **μικρόν** μικρός, -ά, -όν "small, little" (assumes χρόνον, "time")
 ζῶ... ζήσετε ζάω "I live"
²¹ **ἐμφανίσω** ἐμφανίζω "I make known, inform, report"
²² **γέγονεν** γίνομαι "I become, happen" See the principal parts at 1:3.
 μέλλεις μέλλω "I am about to, going to" The verb introduces a phrase that is typically completed by an infinitive (here ἐμφανίζειν).

πρὸς αὐτὸν ἐλευσόμεθα καὶ μονὴν παρ' αὐτῷ ποιησόμεθα. ²⁴ ὁ μὴ ἀγαπῶν
με τοὺς λόγους μου οὐ τηρεῖ· καὶ ὁ λόγος ὃν ἀκούετε οὐκ ἔστιν ἐμὸς ἀλλὰ
τοῦ πέμψαντός με πατρός. ²⁵ Ταῦτα λελάληκα ὑμῖν παρ' ὑμῖν μένων·
²⁶ ὁ δὲ παράκλητος, τὸ πνεῦμα τὸ ἅγιον ὃ πέμψει ὁ πατὴρ ἐν τῷ ὀνόματί
μου, ἐκεῖνος ὑμᾶς διδάξει πάντα καὶ ὑπομνήσει ὑμᾶς πάντα ἃ εἶπον ὑμῖν
[ἐγώ]. ²⁷ Εἰρήνην ἀφίημι ὑμῖν, εἰρήνην τὴν ἐμὴν δίδωμι ὑμῖν· οὐ καθὼς
ὁ κόσμος δίδωσιν ἐγὼ δίδωμι ὑμῖν. μὴ ταρασσέσθω ὑμῶν ἡ καρδία μηδὲ
δειλιάτω. ²⁸ ἠκούσατε ὅτι ἐγὼ εἶπον ὑμῖν, Ὑπάγω καὶ ἔρχομαι πρὸς
ὑμᾶς. εἰ ἠγαπᾶτέ με ἐχάρητε ἄν ὅτι πορεύομαι πρὸς τὸν πατέρα, ὅτι
ὁ πατὴρ μείζων μού ἐστιν. ²⁹ καὶ νῦν εἴρηκα ὑμῖν πρὶν γενέσθαι, ἵνα
ὅταν γένηται πιστεύσητε. ³⁰ οὐκέτι πολλὰ λαλήσω μεθ' ὑμῶν, ἔρχεται γὰρ
ὁ τοῦ κόσμου ἄρχων· καὶ ἐν ἐμοὶ οὐκ ἔχει οὐδέν, ³¹ ἀλλ' ἵνα γνῷ ὁ κόσμος
ὅτι ἀγαπῶ τὸν πατέρα, καὶ καθὼς ἐνετείλατο μοι ὁ πατήρ, οὕτως ποιῶ.
Ἐγείρεσθε, ἄγωμεν ἐντεῦθεν.

---

²³ **ἐλευσόμεθα** ἔρχομαι "I come, go" See the principal parts at 1:7.
²⁵ **λελάληκα** λαλέω "I speak"
²⁶ **διδάξει** διδάσκω "I teach"
ὑπομνήσει ὑπο + μιμνήσκω "I remind, call to mind" See the principal parts at 2:22.
²⁷ **Εἰρήνην** εἰρήνη, -ης ἡ "peace"
ταρασσέσθω See 14:1.
δειλιάτω δειλιάω "I am afraid" Like ταρασσέσθω, this verb is a third person imperative. Translate with helping word "let."
²⁸ **ἐχάρητε** χαίρω "I rejoice"

1. Present Active	2. Future Active	3. Aorist Active	4. Perfect Active	5. Perfect Middle	6. Aorist Passive
χαίρω	χαρήσομαι	---	---	---	ἐχάρην

²⁹ **εἴρηκα** λέγω "I say" See the principal parts at 4:18.
πρὶν γενέσθαι the word πρίν can take an infinitive to form an independent clause: "before (πρίν) it happens (γενέσθαι)"
³⁰ **ἄρχων** -οντος ὁ "ruler"
³¹ **γνῷ** γινώσκω "I know" See the principal parts at 1:10.
ἐνετείλατο ἐντέλλομαι "I order, command"
Ἐγείρεσθε ἐγείρω "I rise, wake" See the principal parts at 2:19.
ἄγωμεν ἄγω "I lead, go"; hortatory subjunctive.
ἐντεῦθεν "from here"

¹ Ἐγώ εἰμι ἡ ἄμπελος ἡ ἀληθινή, καὶ ὁ πατήρ μου ὁ γεωργός ἐστιν. ² πᾶν κλῆμα ἐν ἐμοὶ μὴ φέρον καρπὸν αἴρει αὐτό, καὶ πᾶν τὸ καρπὸν φέρον καθαίρει αὐτὸ ἵνα καρπὸν πλείονα φέρῃ. ³ ἤδη ὑμεῖς καθαροί ἐστε διὰ τὸν λόγον ὃν λελάληκα ὑμῖν· ⁴ μείνατε ἐν ἐμοί, κἀγὼ ἐν ὑμῖν. καθὼς τὸ κλῆμα οὐ δύναται καρπὸν φέρειν ἀφ' ἑαυτοῦ ἐὰν μὴ μένῃ ἐν τῇ ἀμπέλῳ, οὕτως οὐδὲ ὑμεῖς ἐὰν μὴ ἐν ἐμοὶ μένητε. ⁵ ἐγώ εἰμι ἡ ἄμπελος, ὑμεῖς τὰ κλήματα. ὁ μένων ἐν ἐμοὶ κἀγὼ ἐν αὐτῷ οὗτος φέρει καρπὸν πολύν, ὅτι χωρὶς ἐμοῦ οὐ δύνασθε ποιεῖν οὐδέν. ⁶ ἐὰν μή τις μένῃ ἐν ἐμοί, ἐβλήθη ἔξω ὡς τὸ κλῆμα καὶ ἐξηράνθη καὶ συνάγουσιν αὐτὰ καὶ εἰς τὸ πῦρ βάλλουσιν καὶ καίεται. ⁷ ἐὰν μείνητε ἐν ἐμοὶ καὶ τὰ ῥήματά μου ἐν ὑμῖν μείνῃ, ὃ ἐὰν θέλητε αἰτήσασθε, καὶ γενήσεται ὑμῖν. ⁸ ἐν τούτῳ ἐδοξάσθη ὁ πατήρ μου, ἵνα καρπὸν πολὺν φέρητε καὶ γένησθε ἐμοὶ μαθηταί. ⁹ καθὼς ἠγάπησέν με ὁ πατήρ, κἀγὼ ὑμᾶς ἠγάπησα· μείνατε ἐν τῇ ἀγάπῃ τῇ ἐμῇ. ¹⁰ ἐὰν τὰς ἐντολάς μου τηρήσητε, μενεῖτε ἐν τῇ ἀγάπῃ μου, καθὼς ἐγὼ τὰς ἐντολὰς τοῦ πατρός μου τετήρηκα καὶ μένω αὐτοῦ ἐν τῇ ἀγάπῃ. ¹¹ Ταῦτα λελάληκα ὑμῖν ἵνα ἡ χαρὰ ἡ ἐμὴ ἐν ὑμῖν ᾖ καὶ ἡ χαρὰ ὑμῶν πληρωθῇ. ¹² αὕτη ἐστὶν ἡ ἐντολὴ ἡ ἐμή, ἵνα ἀγαπᾶτε ἀλλήλους καθὼς

AIDS TO PARSING AND TRANSLATING

¹ **ἄμπελος**, -ου ἡ "vine" Note that this word is a *feminine* second declension noun.
γεωργός, -οῦ ὁ "farmer, vine-dresser"

² **κλῆμα**, κλήματος τό "branch"
φέρον Neuter participle of φέρω, "I yield, produce [fruit]"
καθαίρω "I make clean, purify, prune" Cf. the adjective καθαρός, -ά, -όν ("clean") in the next verse and in John 13:10-11. Note also the cognate noun καθαρισμός, -οῦ ὁ ("purification") at John 2:6.

⁵ **χωρίς** "without, apart from"

⁶ **ἐβλήθη** βάλλω "I throw, put, place" This verb form, like ἐξηράνθη to follow are gnomic aorists. I.e. they make a point valid for all time and are translated as though present tense: "is thrown."
ἐξηράνθη ξηραίνω "I dry up, wither" Here "withers," per previout note. In the hot and arid climate of the ancient Near East, death manifests itself not so much by rotting or molding as by withering.
καίεται καίω "I burn up"

⁸ **ἵνα** The ἵνα clause is not "purpose" but explains the "content" of τούτῳ. "(My father is glorified) in your bearing much fruit" (CFD Moule, 146).

¹⁰ **ἐντολάς** ἐντολή, -ῆς ἡ "a command, precept" See 10:18.

ἠγάπησα ὑμᾶς. ¹³ μείζονα ταύτης ἀγάπην οὐδεὶς ἔχει, ἵνα τις τὴν ψυχὴν αὐτοῦ θῇ ὑπὲρ τῶν φίλων αὐτοῦ. ¹⁴ ὑμεῖς φίλοι μού ἐστε ἐὰν ποιῆτε ἃ ἐγὼ ἐντέλλομαι ὑμῖν. ¹⁵ οὐκέτι λέγω ὑμᾶς δούλους, ὅτι ὁ δοῦλος οὐκ οἶδεν τί ποιεῖ αὐτοῦ ὁ κύριος· ὑμᾶς δὲ εἴρηκα φίλους, ὅτι πάντα ἃ ἤκουσα παρὰ τοῦ πατρός μου ἐγνώρισα ὑμῖν. ¹⁶ οὐχ ὑμεῖς με ἐξελέξασθε, ἀλλ᾽ ἐγὼ ἐξελεξάμην ὑμᾶς καὶ ἔθηκα ὑμᾶς ἵνα ὑμεῖς ὑπάγητε καὶ καρπὸν φέρητε καὶ ὁ καρπὸς ὑμῶν μένῃ, ἵνα ὅ τι ἂν αἰτήσητε τὸν πατέρα ἐν τῷ ὀνόματί μου δῷ ὑμῖν. ¹⁷ ταῦτα ἐντέλλομαι ὑμῖν, ἵνα ἀγαπᾶτε ἀλλήλους. ¹⁸ Εἰ ὁ κόσμος ὑμᾶς μισεῖ, γινώσκετε ὅτι ἐμὲ πρῶτον ὑμῶν μεμίσηκεν. ¹⁹ εἰ ἐκ τοῦ κόσμου ἦτε, ὁ κόσμος ἂν τὸ ἴδιον ἐφίλει· ὅτι δὲ ἐκ τοῦ κόσμου οὐκ ἐστέ, ἀλλ᾽ ἐγὼ ἐξελεξάμην ὑμᾶς ἐκ τοῦ κόσμου, διὰ τοῦτο μισεῖ ὑμᾶς ὁ κόσμος. ²⁰ μνημονεύετε τοῦ λόγου οὗ ἐγὼ εἶπον ὑμῖν, Οὐκ ἔστιν δοῦλος μείζων τοῦ κυρίου αὐτοῦ. εἰ ἐμὲ ἐδίωξαν, καὶ ὑμᾶς διώξουσιν· εἰ τὸν λόγον μου ἐτήρησαν, καὶ τὸν ὑμέτερον τηρήσουσιν. ²¹ ἀλλὰ ταῦτα πάντα ποιήσουσιν εἰς ὑμᾶς διὰ τὸ ὄνομά μου, ὅτι οὐκ οἴδασιν τὸν πέμψαντά με. ²² εἰ μὴ ἦλθον καὶ ἐλάλησα αὐτοῖς,

---

¹³ **μείζονα** Comparative of μέγας The *alpha* ending of the uncontracted form, μείζονα, is feminine singular accusative with ἀγάπην (contracted form μείζω).

θῇ τίθημι "I put, place" (here, "lay down") See the principal parts at 2:10.

¹⁴ **ἐντέλλομαι** See 15:10.

¹⁵ **εἴρηκα** λέγω "I say, speak" See the principal parts at 4:18.

¹⁶ **ἐξελέξασθε... ἐξελεξάμην** ἐκλέγομαι "I choose, select" See the principal parts at John 6:70. This verb also occurs at 13:18 and 15:19.

ἔθηκα τίθημι "I put, place" See the principal parts at 2:10.

ὑπάγητε ὑπάγω "I go, I depart"

¹⁸ **μισεῖ** μισέω "I hate" See 3:20.

¹⁹ **εἰ. . . ἦτε, ὁ κόσμος ἄν. . . ἐφίλει** A contrary to fact condition.

²⁰ **μνημονεύετε** μνημονεύω "I remember" See also 16:4.

ἐδίωξαν... διώξουσιν διώκω "I harass, persecute" See the principal parts at 5:16.

ἁμαρτίαν οὐκ εἴχοσαν· νῦν δὲ πρόφασιν οὐκ ἔχουσιν περὶ τῆς ἁμαρτίας αὐτῶν. ²³ ὁ ἐμὲ μισῶν καὶ τὸν πατέρα μου μισεῖ. ²⁴ εἰ τὰ ἔργα μὴ ἐποίησα ἐν αὐτοῖς ἃ οὐδεὶς ἄλλος ἐποίησεν, ἁμαρτίαν οὐκ εἴχοσαν· νῦν δὲ καὶ ἑωράκασιν καὶ μεμισήκασιν καὶ ἐμὲ καὶ τὸν πατέρα μου. ²⁵ ἀλλ' ἵνα πληρωθῇ ὁ λόγος ὁ ἐν τῷ νόμῳ αὐτῶν γεγραμμένος ὅτι Ἐμίσησάν με δωρεάν. ²⁶ Ὅταν ἔλθῃ ὁ παράκλητος ὃν ἐγὼ πέμψω ὑμῖν παρὰ τοῦ πατρός, τὸ πνεῦμα τῆς ἀληθείας ὃ παρὰ τοῦ πατρὸς ἐκπορεύεται, ἐκεῖνος μαρτυρήσει περὶ ἐμοῦ. ²⁷ καὶ ὑμεῖς δὲ μαρτυρεῖτε, ὅτι ἀπ' ἀρχῆς μετ' ἐμοῦ ἐστε.

---

²² **εἴχοσαν** An irregular imperfect of ἔχω (usually εἴχον). See also 15:23. The verb functions within another contrary to fact condition (as 15:19).
πρόφασιν πρόφασις, -εως ἡ "pretext, excuse"
²⁴ **ἑωράκασιν** ὁράω "I see" See the principal parts at 1:18.
μεμισήκασιν μισέω "I hate"
²⁵ **δωρεάν** Usually "gratis, freely" but here "without reason"

¹ Ταῦτα λελάληκα ὑμῖν ἵνα μὴ σκανδαλισθῆτε. ² ἀποσυναγώγους ποιήσουσιν ὑμᾶς· ἀλλ᾽ ἔρχεται ὥρα ἵνα πᾶς ὁ ἀποκτείνας ὑμᾶς δόξῃ λατρείαν προσφέρειν τῷ θεῷ. ³ καὶ ταῦτα ποιήσουσιν ὅτι οὐκ ἔγνωσαν τὸν πατέρα οὐδὲ ἐμέ. ⁴ ἀλλὰ ταῦτα λελάληκα ὑμῖν ἵνα ὅταν ἔλθῃ ἡ ὥρα αὐτῶν μνημονεύητε αὐτῶν ὅτι ἐγὼ εἶπον ὑμῖν. Ταῦτα δὲ ὑμῖν ἐξ ἀρχῆς οὐκ εἶπον, ὅτι μεθ᾽ ὑμῶν ἤμην. ⁵ νῦν δὲ ὑπάγω πρὸς τὸν πέμψαντά με, καὶ οὐδεὶς ἐξ ὑμῶν ἐρωτᾷ με, Ποῦ ὑπάγεις; ⁶ ἀλλ᾽ ὅτι ταῦτα λελάληκα ὑμῖν ἡ λύπη πεπλήρωκεν ὑμῶν τὴν καρδίαν. ⁷ ἀλλ᾽ ἐγὼ τὴν ἀλήθειαν λέγω ὑμῖν, συμφέρει ὑμῖν ἵνα ἐγὼ ἀπέλθω. ἐὰν γὰρ μὴ ἀπέλθω, ὁ παράκλητος οὐκ ἐλεύσεται πρὸς ὑμᾶς· ἐὰν δὲ πορευθῶ, πέμψω αὐτὸν πρὸς ὑμᾶς. ⁸ καὶ ἐλθὼν ἐκεῖνος ἐλέγξει τὸν κόσμον περὶ ἁμαρτίας καὶ περὶ δικαιοσύνης καὶ περὶ κρίσεως· ⁹ περὶ ἁμαρτίας μέν, ὅτι οὐ πιστεύουσιν εἰς ἐμέ· ¹⁰ περὶ δικαιοσύνης δέ, ὅτι πρὸς τὸν πατέρα ὑπάγω καὶ οὐκέτι θεωρεῖτέ με· ¹¹ περὶ δὲ κρίσεως, ὅτι ὁ ἄρχων τοῦ κόσμου τούτου κέκριται. ¹² Ἔτι πολλὰ ἔχω ὑμῖν λέγειν, ἀλλ᾽ οὐ δύνασθε βαστάζειν ἄρτι· ¹³ ὅταν δὲ ἔλθῃ ἐκεῖνος, τὸ πνεῦμα τῆς ἀληθείας, ὁδηγήσει ὑμᾶς ἐν τῇ ἀληθείᾳ πάσῃ· οὐ

AIDS TO PARSING AND TRANSLATING

¹ **λελάληκα** λαλέω "I talk, speak" This verb occurs 10 times in John 16.

² **ἀποσυναγώγους** "excluded from the synagogue, excommunicated" Only in John (9:22; 12:42; 16:2).

ὁ ἀποκτείνας Aorist participle of ἀποκτείνω "I kill" See the principal parts at 5:18.

λατρείαν λατρεία, -ας ἡ "worship (of God)"

⁴ **μνημονεύετε** μνημονεύω "I remember" See John 15:20.

⁵ **ὑπάγω** "I go away" See also 7:33; 13:3;16:10, 17 and many other passages in John.

ἐρωτᾷ ἐρωτάω "I ask, inquire" See the principal parts at 1:21.

⁶ **λύπη**, -ης ἡ "grief, sorrow"

⁷ **συμφέρει** " it benefits, is useful" (usually 3ʳᵈ person, impersonal) See 11:50 and 18:14.

ἀπέλθω ἀπ + ἔρχομαι ἐλεύσεται is the future of ἔρχομαι. See the principal parts at 1:7.

πορευθῶ πορεύομαι "I go, proceed" (deponent) What form is this verb? Note: it follows ἐάν and has a θ in its ending.

⁸ **ἐλέγξει** ἐλέγχω "I bring to light, expose, convict" See the principal parts at 3:20; also at 8:46. BDAG defines the verb as meaning "to convict with regard to the uprightness of Jesus."

κρίσεως genitive singular of κρίσις, -εως ἡ "judgment" See the note at 5:22 as well as occurrences at 5:24, 29; 12:31; and 16:11.

¹¹ **ἄρχων τοῦ κόσμου τούτου** "the ruler of this world" See 12:31; 14:30.

¹² **βαστάζειν** βαστάζω "I carry, bear (a burden)"

¹³ **ὁδηγήσει** ὁδηγέω "I lead, guide"

γὰρ λαλήσει ἀφ᾽ ἑαυτοῦ, ἀλλ᾽ ὅσα ἀκούσει λαλήσει καὶ τὰ ἐρχόμενα ἀναγγελεῖ ὑμῖν. ¹⁴ ἐκεῖνος ἐμὲ δοξάσει, ὅτι ἐκ τοῦ ἐμοῦ λήμψεται καὶ ἀναγγελεῖ ὑμῖν. ¹⁵ πάντα ὅσα ἔχει ὁ πατὴρ ἐμά ἐστιν· διὰ τοῦτο εἶπον ὅτι ἐκ τοῦ ἐμοῦ λαμβάνει καὶ ἀναγγελεῖ ὑμῖν. ¹⁶ Μικρὸν καὶ οὐκέτι θεωρεῖτέ με, καὶ πάλιν μικρὸν καὶ ὄψεσθέ με. ¹⁷ εἶπαν οὖν ἐκ τῶν μαθητῶν αὐτοῦ πρὸς ἀλλήλους, Τί ἐστιν τοῦτο ὃ λέγει ἡμῖν, Μικρὸν καὶ οὐ θεωρεῖτέ με, καὶ πάλιν μικρὸν καὶ ὄψεσθέ με; καὶ, Ὅτι ὑπάγω πρὸς τὸν πατέρα; ¹⁸ ἔλεγον οὖν, Τί ἐστιν τοῦτο [ὃ λέγει] τὸ μικρόν; οὐκ οἴδαμεν τί λαλεῖ. ¹⁹ ἔγνω [ὁ] Ἰησοῦς ὅτι ἤθελον αὐτὸν ἐρωτᾶν, καὶ εἶπεν αὐτοῖς, Περὶ τούτου ζητεῖτε μετ᾽ ἀλλήλων ὅτι εἶπον, Μικρὸν καὶ οὐ θεωρεῖτέ με, καὶ πάλιν μικρὸν καὶ ὄψεσθέ με; ²⁰ ἀμὴν ἀμὴν λέγω ὑμῖν ὅτι κλαύσετε καὶ θρηνήσετε ὑμεῖς, ὁ δὲ κόσμος χαρήσεται. ὑμεῖς λυπηθήσεσθε, ἀλλ᾽ ἡ λύπη ὑμῶν εἰς χαρὰν γενήσεται. ²¹ ἡ γυνὴ ὅταν τίκτῃ λύπην ἔχει, ὅτι ἦλθεν ἡ ὥρα αὐτῆς· ὅταν δὲ γεννήσῃ τὸ παιδίον, οὐκέτι μνημονεύει τῆς θλίψεως διὰ τὴν χαρὰν ὅτι ἐγεννήθη ἄνθρωπος εἰς τὸν κόσμον. ²² καὶ ὑμεῖς οὖν νῦν μὲν λύπην ἔχετε· πάλιν δὲ ὄψομαι ὑμᾶς, καὶ χαρήσεται ὑμῶν ἡ καρδία, καὶ τὴν χαρὰν ὑμῶν οὐδεὶς αἴρει ἀφ᾽ ὑμῶν. ²³ καὶ ἐν ἐκείνῃ τῇ ἡμέρᾳ ἐμὲ οὐκ ἐρωτήσετε οὐδέν. ἀμὴν ἀμὴν λέγω ὑμῖν, ἄν τι

ἀναγγελεῖ ἀναγγέλλω "I announce, proclaim" This verb occurs at 16:13, 14, 15. See also 4:25 (principal parts) and 5:15.

¹⁴ **λήμψεται** λαμβάνω "I take, receive" See the principal parts at 1:5.

¹⁶ **μικρόν** "shortly, in a little while" Occurs seven times in 16:16-19. See also 14:19. On the accusative neuter as adverb, see 1:41.

θεωρεῖτέ θεωρέω "I see, perceive"

ὄψεσθέ ὁράω "I see, perceive" See the principal parts at 1:18.

¹⁹ **ἤθελον** imperfect tense of θέλω "I want, desire"

ζητεῖτε ζητέω "I seek, examine" and here: "I deliberate"

²⁰ **κλαύσετε** κλαίω "I weep" See the principal parts at 11:31.

θρηνήσατε θρηνέω "I lament"

χαρήσεται χαίρω "I rejoice" See the principal parts at 14:28.

λυπηθήσεσθε λυπέω "I grieve, be sorrowful" Cognate of λύπη "sorrow, grief" at 16:6, 20, 21, 22.

²¹ **τίκτω** "I give birth, bear" Cognate of τέκνον, -ου τό "child"

γεννήσῃ... ἐγεννήθη γεννάω "I bear (a child)" See the principal parts at 3:3.

²² **χαράν** χαρά, -ᾶς ἡ "joy" Cognate of the verb χαίρω "rejoice" (16:20 and 22).

²³ **ἐρωτήσετε** ἐρωτάω "I ask, inquire" See the principal parts at 1:21.

αἰτήσητε τὸν πατέρα ἐν τῷ ὀνόματί μου δώσει ὑμῖν. ²⁴ ἕως ἄρτι οὐκ ἠτήσατε οὐδὲν ἐν τῷ ὀνόματί μου· αἰτεῖτε καὶ λήμψεσθε, ἵνα ἡ χαρὰ ὑμῶν ᾖ πεπληρωμένη. ²⁵ Ταῦτα ἐν παροιμίαις λελάληκα ὑμῖν· ἔρχεται ὥρα ὅτε οὐκέτι ἐν παροιμίαις λαλήσω ὑμῖν, ἀλλὰ παρρησίᾳ περὶ τοῦ πατρὸς ἀπαγγελῶ ὑμῖν. ²⁶ ἐν ἐκείνῃ τῇ ἡμέρᾳ ἐν τῷ ὀνόματί μου αἰτήσεσθε, καὶ οὐ λέγω ὑμῖν ὅτι ἐγὼ ἐρωτήσω τὸν πατέρα περὶ ὑμῶν· ²⁷ αὐτὸς γὰρ ὁ πατὴρ φιλεῖ ὑμᾶς, ὅτι ὑμεῖς ἐμὲ πεφιλήκατε καὶ πεπιστεύκατε ὅτι ἐγὼ παρὰ [τοῦ] θεοῦ ἐξῆλθον. ²⁸ ἐξῆλθον παρὰ τοῦ πατρὸς καὶ ἐλήλυθα εἰς τὸν κόσμον· πάλιν ἀφίημι τὸν κόσμον καὶ πορεύομαι πρὸς τὸν πατέρα. ²⁹ Λέγουσιν οἱ μαθηταὶ αὐτοῦ, Ἴδε νῦν ἐν παρρησίᾳ λαλεῖς καὶ παροιμίαν οὐδεμίαν λέγεις. ³⁰ νῦν οἴδαμεν ὅτι οἶδας πάντα καὶ οὐ χρείαν ἔχεις ἵνα τίς σε ἐρωτᾷ· ἐν τούτῳ πιστεύομεν ὅτι ἀπὸ θεοῦ ἐξῆλθες. ³¹ ἀπεκρίθη αὐτοῖς Ἰησοῦς, Ἄρτι πιστεύετε; ³² ἰδοὺ ἔρχεται ὥρα καὶ ἐλήλυθεν ἵνα σκορπισθῆτε ἕκαστος εἰς τὰ ἴδια κἀμὲ μόνον ἀφῆτε· καὶ οὐκ εἰμὶ μόνος, ὅτι ὁ πατὴρ μετ᾽ ἐμοῦ ἐστιν. ³³ ταῦτα λελάληκα ὑμῖν ἵνα ἐν ἐμοὶ εἰρήνην ἔχητε· ἐν τῷ κόσμῳ θλῖψιν ἔχετε, ἀλλὰ θαρσεῖτε, ἐγὼ νενίκηκα τὸν κόσμον.

αἰτήσητε αἰτέω "I ask, ask for" The verb occurs four times in 16:23-26. See the principal parts at 4:10.

²⁵ **παροιμίαις** παροιμία, -ας ἡ "veiled saying, figure of speech, simile" 16:25 and 29. Also at 10:6.

παρρησίᾳ παρρησία, -ας ἡ Of speech that is marked by "courage, boldness, openness" Occurs ten times in John, always in the dative: "plainly, boldly, openly, publicly." In this chapter (16:25, 29, 32) speaking παρρησίᾳ and speaking ἐν παροιμίαις are opposites.

²⁷ **φιλεῖ... πεφιλήκατε** φιλέω "I love" See the principal parts at 12:25.

²⁸ **ἐξ-ῆλθον** and **ἐλήλυθα** are forms of ἔρχομαι ("I come, go") See the principal parts at 1:7.

ἀφίημι "I leave, depart from" Occurs here and in 16:32.

³⁰ **χρείαν** χρεία, -ας ἡ "need"

³² **σκορπισθῆτε** σκορπίζω "I scatter" See 11:52.

ἕκαστος, -η, -ον "each one"

εἰς τὰ ἴδια "to his own (home)" See also 1:11; 19:27.

κἀμέ crasis: καί + με

ἀφῆτε ἀφίημι "I forgive, leave" See 16:28 as well as the principal parts at 4:3.

³³ **θλῖψιν** θλῖψις, -εως ἡ "distress, affliction, trouble"

θαρσεῖτε θαρσέω "I am firm, brave, courageous"

νενίκηκα νικάω "I conquer, overcome"

¹ Ταῦτα ἐλάλησεν Ἰησοῦς, καὶ ἐπάρας τοὺς ὀφθαλμοὺς αὐτοῦ εἰς τὸν οὐρανὸν εἶπεν, Πάτερ, ἐλήλυθεν ἡ ὥρα· δόξασόν σου τὸν υἱόν, ἵνα ὁ υἱὸς δοξάσῃ σέ, ² καθὼς ἔδωκας αὐτῷ ἐξουσίαν πάσης σαρκός, ἵνα πᾶν ὃ δέδωκας αὐτῷ δώσῃ αὐτοῖς ζωὴν αἰώνιον. ³ αὕτη δέ ἐστιν ἡ αἰώνιος ζωή ἵνα γινώσκωσιν σὲ τὸν μόνον ἀληθινὸν θεὸν καὶ ὃν ἀπέστειλας Ἰησοῦν Χριστόν. ⁴ ἐγώ σε ἐδόξασα ἐπὶ τῆς γῆς τὸ ἔργον τελειώσας ὃ δέδωκάς μοι ἵνα ποιήσω· ⁵ καὶ νῦν δόξασόν με σύ, πάτερ, παρὰ σεαυτῷ τῇ δόξῃ ᾗ εἶχον πρὸ τοῦ τὸν κόσμον εἶναι παρὰ σοί. ⁶ Ἐφανέρωσά σου τὸ ὄνομα τοῖς ἀνθρώποις οὓς ἔδωκάς μοι ἐκ τοῦ κόσμου. σοὶ ἦσαν κἀμοὶ αὐτοὺς ἔδωκας καὶ τὸν λόγον σου τετήρηκαν. ⁷ νῦν ἔγνωκαν ὅτι πάντα ὅσα δέδωκάς μοι παρὰ σοῦ εἰσιν· ⁸ ὅτι τὰ ῥήματα ἃ ἔδωκάς μοι δέδωκα αὐτοῖς, καὶ αὐτοὶ ἔλαβον καὶ ἔγνωσαν ἀληθῶς ὅτι παρὰ σοῦ ἐξῆλθον, καὶ ἐπίστευσαν ὅτι σύ με ἀπέστειλας. ⁹ ἐγὼ περὶ

AIDS TO PARSING AND TRANSLATING

¹ **ἐπάρας** ἐπ + αἴρω "I lift up" See the principal parts at 2:16. See also 6:5.
ἐλήλυθεν ἔρχομαι "I come, go" See the principal parts at 1:7.
δόξασον δοξάζω "I glorify" 23 times in the Fourth Gospel as a whole; 5 times in John 17. In the Fourth Gospel, Jesus is "glorified" on the cross, where he "finishes" the work God has given him to do. See 7:39 and 12:23. The -σον ending here and in 17:5 is seen in the phrase κύριε, ἐλέησον.
² **πᾶν** The neuter singular πᾶν and the masculine plural αὐτοῖς refer to the same people, all those given to him by God. John stresses that Jesus "lost" not one of those "given" to him (6:12, 37, 39; 17:12; 18:9; see also 3:16; 10:28; 11:50).
³ **ἵνα γινώσκωσιν** Not a purpose clause like ἵνα...δοξάσῃ in the preceding verse, but a "content clause" or "epexegetic clause." Answers the question, "What is life eternal?"
ἀπέστειλας ἀποστέλλω is a liquid verb and so lacks the sigma-alpha combination that is characteristic of the first aorist.
⁴ **τελειώσας** τελειόω "I finish" The ending is like that of πᾶς. See note at 5:36.
⁵ **παρὰ σεαυτῷ** "alongside you, with you, in your own presence"
εἶχον ἔχω "I have" See the principal parts at 2:3.
πρὸ τοῦ ... εἶναι Remember that an infinitive is a verbal noun. See 1:48. τὸν κόσμον is the subject of the infinitive.
⁶ **Ἐφανέρωσά** φανερόω "I reveal" See the principal parts at 1:31.
κἀμοί crasis: καί + ἐμοί
τετήρηκαν τηρέω "I keep" Also at 17:11, 12, 15. See the principal parts at 2:10.
⁷ **παρὰ σου** same phrase in 17:8.
⁸ **ῥήματα** ῥῆμα, ῥήματος τό "word, statement"

αὐτῶν ἐρωτῶ, οὐ περὶ τοῦ κόσμου ἐρωτῶ ἀλλὰ περὶ ὧν δέδωκάς μοι, ὅτι σοί εἰσιν, ¹⁰ καὶ τὰ ἐμὰ πάντα σά ἐστιν καὶ τὰ σὰ ἐμά, καὶ δεδόξασμαι ἐν αὐτοῖς. ¹¹ καὶ οὐκέτι εἰμὶ ἐν τῷ κόσμῳ, καὶ αὐτοὶ ἐν τῷ κόσμῳ εἰσίν, κἀγὼ πρὸς σὲ ἔρχομαι. Πάτερ ἅγιε, τήρησον αὐτοὺς ἐν τῷ ὀνόματί σου ᾧ δέδωκάς μοι, ἵνα ὦσιν ἓν καθὼς ἡμεῖς. ¹² ὅτε ἤμην μετ' αὐτῶν ἐγὼ ἐτήρουν αὐτοὺς ἐν τῷ ὀνόματί σου ᾧ δέδωκάς μοι, καὶ ἐφύλαξα, καὶ οὐδεὶς ἐξ αὐτῶν ἀπώλετο εἰ μὴ ὁ υἱὸς τῆς ἀπωλείας, ἵνα ἡ γραφὴ πληρωθῇ. ¹³ νῦν δὲ πρὸς σὲ ἔρχομαι καὶ ταῦτα λαλῶ ἐν τῷ κόσμῳ ἵνα ἔχωσιν τὴν χαρὰν τὴν ἐμὴν πεπληρωμένην ἐν ἑαυτοῖς. ¹⁴ ἐγὼ δέδωκα αὐτοῖς τὸν λόγον σου καὶ ὁ κόσμος ἐμίσησεν αὐτούς, ὅτι οὐκ εἰσὶν ἐκ τοῦ κόσμου καθὼς ἐγὼ οὐκ εἰμὶ ἐκ τοῦ κόσμου. ¹⁵ οὐκ ἐρωτῶ ἵνα ἄρῃς αὐτοὺς ἐκ τοῦ κόσμου, ἀλλ' ἵνα τηρήσῃς αὐτοὺς ἐκ τοῦ πονηροῦ. ¹⁶ ἐκ τοῦ κόσμου οὐκ εἰσὶν καθὼς ἐγὼ οὐκ εἰμὶ ἐκ τοῦ κόσμου. ¹⁷ ἁγίασον αὐτοὺς ἐν τῇ ἀληθείᾳ· ὁ λόγος ὁ σὸς ἀλήθειά ἐστιν. ¹⁸ καθὼς ἐμὲ ἀπέστειλας εἰς τὸν κόσμον, κἀγὼ ἀπέστειλα αὐτοὺς εἰς τὸν κόσμον·

---

⁹ **ἐρωτῶ** ἐρωτάω "I ask" See the principal parts at 1:21.

¹⁰ **ἐμά** and **σά** are neuter plurals of these two adjectives: ἐμός, ἐμέ, ἐμόν ("my, mine") and σός, σή, σόν ("your"). You are probably more familiar with the genitive of the personal pronoun (μου and σου) functioning as "my" and "your." As neuter plural τὰ ἐμά = "the my (things)" or "my things, my possessions."

¹¹ **οὐκέτι** Combination of οὐ "not" and ἔτι "still, yet." So "no longer."
   τήρησον See τηρέω in 17:6 and the -σον ending in 17:1.
   ὦσιν εἰμί "I am" Note that ὦσιν follows ἵνα.
   ἕν is the neuter singular numeral "one." εἷς, μία, ἕν See the table at 1:3. To be "lost" is to be "scattered" and receiving life is described as being "gathered into one" (11:51-52).

¹² **ἐφύλαξα** φυλάσσω "I guard, keep safe" See the principal parts at 12:25.
   ἀπώλετο ἀπόλλυμι Middle: "I perish." See the principal parts at 3:16. ἀπώλεια, -ας ἡ "destruction, perishing" "son of destruction" = "one destined to be destroyed or to perish." The same phrase in 2 Thess 2:3 is used of the Lawless One.

¹⁴ **ἐμίσησεν** μισέω "I hate"

¹⁵ **ἄρῃς** αἴρω "I lift, raise, take" Principal parts at 2:16.

¹⁷ **ἁγίασον** ἁγιάζω "I dedicate, consecrate, sanctify" For the –σον ending see 17:1.

¹⁹ καὶ ὑπὲρ αὐτῶν [ἐγὼ] ἁγιάζω ἐμαυτόν, ἵνα ὦσιν καὶ αὐτοὶ ἡγιασμένοι ἐν ἀληθείᾳ. ²⁰ Οὐ περὶ τούτων δὲ ἐρωτῶ μόνον, ἀλλὰ καὶ περὶ τῶν πιστευόντων διὰ τοῦ λόγου αὐτῶν εἰς ἐμέ, ²¹ ἵνα πάντες ἓν ὦσιν, καθὼς σύ, πάτερ, ἐν ἐμοὶ κἀγὼ ἐν σοί, ἵνα καὶ αὐτοὶ ἐν ἡμῖν ὦσιν, ἵνα ὁ κόσμος πιστεύῃ ὅτι σύ με ἀπέστειλας. ²² κἀγὼ τὴν δόξαν ἣν δέδωκάς μοι δέδωκα αὐτοῖς, ἵνα ὦσιν ἓν καθὼς ἡμεῖς ἕν· ²³ ἐγὼ ἐν αὐτοῖς καὶ σὺ ἐν ἐμοί, ἵνα ὦσιν τετελειωμένοι εἰς ἕν, ἵνα γινώσκῃ ὁ κόσμος ὅτι σύ με ἀπέστειλας καὶ ἠγάπησας αὐτοὺς καθὼς ἐμὲ ἠγάπησας. ²⁴ Πάτερ, ὃ δέδωκάς μοι, θέλω ἵνα ὅπου εἰμὶ ἐγὼ κἀκεῖνοι ὦσιν μετ' ἐμοῦ, ἵνα θεωρῶσιν τὴν δόξαν τὴν ἐμήν, ἣν δέδωκάς μοι ὅτι ἠγάπησάς με πρὸ καταβολῆς κόσμου. ²⁵ πάτερ δίκαιε, καὶ ὁ κόσμος σε οὐκ ἔγνω, ἐγὼ δὲ σε ἔγνων, καὶ οὗτοι ἔγνωσαν ὅτι σύ με ἀπέστειλας· ²⁶ καὶ ἐγνώρισα αὐτοῖς τὸ ὄνομά σου καὶ γνωρίσω, ἵνα ἡ ἀγάπη ἣν ἠγάπησάς με ἐν αὐτοῖς ᾖ κἀγὼ ἐν αὐτοῖς.

¹⁹ **ὑπέρ** "on behalf of"
ἡγιασμένοι ἁγιάζω "-μενος means middle or passive participle." This participle has a lengthened initial vowel. Participles do not take augments, so the lengthening must indicate _____.
²¹ **ἓν ὦσιν** See 17:11.
²³ **τετελειωμένοι** See the note on ἡγιασμένοι at 17:19.
²⁴ **καταβολῆς** καταβολή, -ῆς ἡ "foundation" Cognate of καταβάλλω, "lay down a foundation"
²⁵ **δίκαιε** δίκαιος "righteous" Ending as in κύριε.
ἔγνω Note that aorists of γινώσκω ("I know") as well as both aorist and future forms of γνωρίζω ("I make known") occur in verses 25-26. See the principal parts at 1:10.

¹ Ταῦτα εἰπὼν ᾽Ιησοῦς ἐξῆλθεν σὺν τοῖς μαθηταῖς αὐτοῦ πέραν τοῦ χειμάρρου τοῦ Κεδρὼν ὅπου ἦν κῆπος, εἰς ὃν εἰσῆλθεν αὐτὸς καὶ οἱ μαθηταὶ αὐτοῦ. ² ᾔδει δὲ καὶ ᾽Ιούδας ὁ παραδιδοὺς αὐτὸν τὸν τόπον, ὅτι πολλάκις συνήχθη ᾽Ιησοῦς ἐκεῖ μετὰ τῶν μαθητῶν αὐτοῦ. ³ ὁ οὖν ᾽Ιούδας λαβὼν τὴν σπεῖραν καὶ ἐκ τῶν ἀρχιερέων καὶ ἐκ τῶν Φαρισαίων ὑπηρέτας ἔρχεται ἐκεῖ μετὰ φανῶν καὶ λαμπάδων καὶ ὅπλων. ⁴ ᾽Ιησοῦς οὖν εἰδὼς πάντα τὰ ἐρχόμενα ἐπ᾽ αὐτὸν ἐξῆλθεν καὶ λέγει αὐτοῖς, Τίνα ζητεῖτε; ⁵ ἀπεκρίθησαν αὐτῷ, ᾽Ιησοῦν τὸν Ναζωραῖον. λέγει αὐτοῖς, ᾽Εγώ εἰμι. εἱστήκει δὲ καὶ ᾽Ιούδας ὁ παραδιδοὺς αὐτὸν μετ᾽ αὐτῶν. ⁶ ὡς οὖν εἶπεν αὐτοῖς, ᾽Εγώ εἰμι, ἀπῆλθον εἰς τὰ ὀπίσω καὶ ἔπεσαν χαμαί. ⁷ πάλιν οὖν ἐπηρώτησεν αὐτούς, Τίνα ζητεῖτε; οἱ δὲ εἶπαν, ᾽Ιησοῦν τὸν Ναζωραῖον. ⁸ ἀπεκρίθη ᾽Ιησοῦς, Εἶπον ὑμῖν ὅτι ἐγώ εἰμι· εἰ οὖν ἐμὲ ζητεῖτε, ἄφετε τούτους ὑπάγειν· ⁹ ἵνα πληρωθῇ ὁ λόγος ὃν εἶπεν ὅτι Οὓς

AIDS TO PARSING AND TRANSLATING

¹ **πέραν** "beyond, on the other side of"

χειμάρρου χείμαρρος, -ου ὁ "wadi, ravine, winter watercourse" (χειμών "winter" + ῥέω "I flow")

κῆπος, -ου ὁ "garden"

² **ᾔδει** pluperfect of οἶδα ("I know") Translate as simple past.

πολλάκις "often"

συνήχθη συνάγω "I gather"

³ **λαβών** λαμβάνω "I take, receive"

σπεῖραν σπεῖρα, -ας ἡ a military unit of 600 soldiers, 1/10th of a legion, "a cohort"

ὑπηρέτας ὑπηρέτης, -ου ὁ "assistant, attendant" (here, a temple police officer)

φανῶν φανός, -ου ὁ "lamp, lantern"

λαμπάδων ἡ λαμπάς, τῆς λαμπάδος "torch"

ὅπλων ὅπλον, -ου τό "weapon"

⁵ **εἱστήκει** ἵστημι "I stand" See the principal parts at 1:26. See also 1:35.

⁶ **ὀπίσω** "back, behind" With ἀπέρχομαι, "I pull or shrink back"

ἔπεσαν πίπτω "I fall" See the principal parts at 12:24.

χαμαί "to the ground"

⁷ **ἐπηρώτησεν** is a compound form of ἐρωτάω "I ask" See also below at 18:19 and 21 (twice). Principal parts at 1:21.

⁸ **ἄφετε** ἀφίημι "I permit, let" See the principal parts at 4:3.

ὑπάγειν ὑπάγω "I go away, depart, leave"

δέδωκάς μοι οὐκ ἀπώλεσα ἐξ αὐτῶν οὐδένα. ¹⁰ Σίμων οὖν Πέτρος ἔχων μάχαιραν εἵλκυσεν αὐτὴν καὶ ἔπαισεν τὸν τοῦ ἀρχιερέως δοῦλον καὶ ἀπέκοψεν αὐτοῦ τὸ ὠτάριον τὸ δεξιόν· ἦν δὲ ὄνομα τῷ δούλῳ Μάλχος. ¹¹ εἶπεν οὖν ὁ Ἰησοῦς τῷ Πέτρῳ, Βάλε τὴν μάχαιραν εἰς τὴν θήκην· τὸ ποτήριον ὃ δέδωκέν μοι ὁ πατὴρ οὐ μὴ πίω αὐτό; ¹² Ἡ οὖν σπεῖρα καὶ ὁ χιλίαρχος καὶ οἱ ὑπηρέται τῶν Ἰουδαίων συνέλαβον τὸν Ἰησοῦν καὶ ἔδησαν αὐτὸν ¹³ καὶ ἤγαγον πρὸς Ἄνναν πρῶτον· ἦν γὰρ πενθερὸς τοῦ Καϊάφα, ὃς ἦν ἀρχιερεὺς τοῦ ἐνιαυτοῦ ἐκείνου· ¹⁴ ἦν δὲ Καϊάφας ὁ συμβουλεύσας τοῖς Ἰουδαίοις ὅτι συμφέρει ἕνα ἄνθρωπον ἀποθανεῖν ὑπὲρ τοῦ λαοῦ. ¹⁵ Ἠκολούθει δὲ τῷ Ἰησοῦ Σίμων Πέτρος καὶ ἄλλος μαθητής. ὁ δὲ μαθητὴς ἐκεῖνος ἦν γνωστὸς τῷ ἀρχιερεῖ καὶ συνεισῆλθεν τῷ Ἰησοῦ εἰς τὴν αὐλὴν τοῦ ἀρχιερέως, ¹⁶ ὁ δὲ Πέτρος εἱστήκει πρὸς τῇ θύρᾳ ἔξω.

---

9 **πληρωθῇ** πληρόω "I fulfill" See the principal parts at 3:29.
   ἀπώλεσα ἀπόλλυμι "I lose" See the principal parts at 3:16.
10 **μάχαιραν** μάχαιρα, -ας ἡ "sword"
   εἵλκυσεν ἕλκω "I draw, drag" Principal parts at 12:32.
   ἔπαισεν παίω "I strike"
   ἀπέκοψεν ἀποκόπτω "I cut off"
   ὠτάριον, -ου τό "ear"
11 **θήκην** θήκη, -ης ἡ "sheath"
   ποτήριον, -ου τό "cup"
   πίω πίνω "I drink"
12 **σπεῖρα** See 18:3
   χιλίαρχος, -ου ὁ "military tribune"
   ὑπηρέται ὑπηρέτης, -ου ὁ See 18:3
   συνέλαβον συλλαμβάνω "I seize, arrest"
   ἔδησαν δέω "I bind, tie"
13 **πρῶτον** "first, first of all" (adv)
   πενθερός, -οῦ ὁ "father in law"
   ἐνιαυτοῦ ἐνιαυτός, -οῦ ὁ "year"
14 **συμβουλεύσας** συμβουλεύω "I advise"
   συμφέρει "it benefits, is useful" (usually 3ʳᵈ person, impersonal)
   ἀποθανεῖν ἀποθνήσκω "I die"
15 **γνωστός**, -ή, -όν "known; masc, fem: acquaintance, friend "
   συνεισῆλθεν συνεισέρχομαι "I enter with"
   αὐλήν αὐλή, -ῆς ἡ "courtyard" At 10:1, "sheepfold."

ἐξῆλθεν οὖν ὁ μαθητὴς ὁ ἄλλος ὁ γνωστὸς τοῦ ἀρχιερέως καὶ εἶπεν τῇ θυρωρῷ καὶ εἰσήγαγεν τὸν Πέτρον. ¹⁷ λέγει οὖν τῷ Πέτρῳ ἡ παιδίσκη ἡ θυρωρός, Μὴ καὶ σὺ ἐκ τῶν μαθητῶν εἶ τοῦ ἀνθρώπου τούτου; λέγει ἐκεῖνος, Οὐκ εἰμί. ¹⁸ εἱστήκεισαν δὲ οἱ δοῦλοι καὶ οἱ ὑπηρέται ἀνθρακιὰν πεποιηκότες, ὅτι ψῦχος ἦν, καὶ ἐθερμαίνοντο· ἦν δὲ καὶ ὁ Πέτρος μετ᾽ αὐτῶν ἑστὼς καὶ θερμαινόμενος. ¹⁹ Ὁ οὖν ἀρχιερεὺς ἠρώτησεν τὸν Ἰησοῦν περὶ τῶν μαθητῶν αὐτοῦ καὶ περὶ τῆς διδαχῆς αὐτοῦ. ²⁰ ἀπεκρίθη αὐτῷ Ἰησοῦς, Ἐγὼ παρρησίᾳ λελάληκα τῷ κόσμῳ, ἐγὼ πάντοτε ἐδίδαξα ἐν συναγωγῇ καὶ ἐν τῷ ἱερῷ, ὅπου πάντες οἱ Ἰουδαῖοι συνέρχονται, καὶ ἐν κρυπτῷ ἐλάλησα οὐδέν. ²¹ τί με ἐρωτᾷς; ἐρώτησον τοὺς ἀκηκοότας τί ἐλάλησα αὐτοῖς· ἴδε οὗτοι οἴδασιν ἃ εἶπον ἐγώ. ²² ταῦτα δὲ αὐτοῦ εἰπόντος εἷς παρεστηκὼς τῶν ὑπηρετῶν ἔδωκεν ῥάπισμα τῷ Ἰησοῦ εἰπών, Οὕτως ἀποκρίνῃ τῷ ἀρχιερεῖ; ²³ ἀπεκρίθη αὐτῷ Ἰησοῦς, Εἰ κακῶς ἐλάλησα, μαρτύρησον περὶ τοῦ κακοῦ· εἰ δὲ καλῶς, τί

---

¹⁶ **θύρα**   θύρα, -ας ἡ "the door" (see 10:1-2,7)   Here (and 5 other times in NT) the preposition πρός is used with the dative and means "at."

  θυρωρῷ   θυρωρός, -οῦ ὁ "doorkeeper" (see 10:3) But notice here that the doorkeeper is a παιδίσκη so its gender is feminine and its article is ἡ.

¹⁷ **παιδίσκη**, -ης ἡ "slave girl"   Note the use of μή in this question.
  εἶ   εἰμί

¹⁸ **ἀνθρακιάν** ἀνθρακιά, -ᾶς ἡ "a charcoal fire" See also 21:9.
  ψῦχος, -ους τὸ "cold"
  ἐθερμαίνοντο θερμαίνομαι "I warm myself"

²⁰ **παρρησίᾳ** "clearly, explicitly"; opposite of ἐν κρυπτῷ, "secretly"

²¹ **ἐρωτᾷς... ἐρώτησον** ἐρωτάω "I ask" See 18:7. ἐρώτησον: Another verb with the –σον ending at vs 23, μαρτύρησον. Think of κύριε, ἐλέησον.
  ἀκηκοότας Perfect active participle of ἀκούω ("I hear")

²² **αὐτοῦ εἰπόντος**   A noun or pronoun in the genitive with a participle in the genitive is a _____ construction.
  εἷς, μία, ἕν "one" See 1:3.
  παρεστηκώς Perfect active participle of παρίστημι "I am present" See the principal parts at 1:26.
  ῥάπισμα, ῥαπίσματος τό "slap"

²³ **κακῶς....καλῶς** "badly....well"

με δέρεις; ²⁴ ἀπέστειλεν οὖν αὐτὸν ὁ Ἄννας δεδεμένον πρὸς Καϊάφαν τὸν ἀρχιερέα. ²⁵ Ἦν δὲ Σίμων Πέτρος ἑστὼς καὶ θερμαινόμενος. εἶπον οὖν αὐτῷ, Μὴ καὶ σὺ ἐκ τῶν μαθητῶν αὐτοῦ εἶ; ἠρνήσατο ἐκεῖνος καὶ εἶπεν, Οὐκ εἰμί. ²⁶ λέγει εἷς ἐκ τῶν δούλων τοῦ ἀρχιερέως, συγγενὴς ὢν οὗ ἀπέκοψεν Πέτρος τὸ ὠτίον, Οὐκ ἐγώ σε εἶδον ἐν τῷ κήπῳ μετ' αὐτοῦ; ²⁷ πάλιν οὖν ἠρνήσατο Πέτρος, καὶ εὐθέως ἀλέκτωρ ἐφώνησεν. ²⁸ Ἄγουσιν οὖν τὸν Ἰησοῦν ἀπὸ τοῦ Καϊάφα εἰς τὸ πραιτώριον· ἦν δὲ πρωΐ· καὶ αὐτοὶ οὐκ εἰσῆλθον εἰς τὸ πραιτώριον, ἵνα μὴ μιανθῶσιν ἀλλὰ φάγωσιν τὸ πάσχα. ²⁹ ἐξῆλθεν οὖν ὁ Πιλᾶτος ἔξω πρὸς αὐτοὺς καὶ φησίν, Τίνα κατηγορίαν φέρετε [κατὰ] τοῦ ἀνθρώπου τούτου; ³⁰ ἀπεκρίθησαν καὶ εἶπαν αὐτῷ, Εἰ μὴ ἦν οὗτος κακὸν ποιῶν, οὐκ ἄν σοι παρεδώκαμεν αὐτόν. ³¹ εἶπεν οὖν αὐτοῖς ὁ Πιλᾶτος, Λάβετε αὐτὸν ὑμεῖς καὶ κατὰ τὸν νόμον ὑμῶν κρίνατε αὐτόν. εἶπον αὐτῷ οἱ Ἰουδαῖοι, Ἡμῖν οὐκ ἔξεστιν ἀποκτεῖναι οὐδένα· ³² ἵνα ὁ λόγος τοῦ Ἰησοῦ πληρωθῇ ὃν εἶπεν σημαίνων ποίῳ θανάτῳ ἤμελλεν ἀποθνήσκειν. ³³ Εἰσῆλθεν οὖν πάλιν εἰς τὸ πραιτώριον ὁ Πιλᾶτος καὶ ἐφώνησεν τὸν Ἰησοῦν καὶ εἶπεν αὐτῷ, Σὺ εἶ

δέρεις δέρω "beat, strike, whip"
²⁵ **ἠρνήσατο** ἀρνέομαι "I deny" See the principal parts at 1:20.
²⁶ **συγγενής**, -οῦ ὁ "a male relative, kin"
ὠτίον, -ου τό "ear" (as English "otic, otitis") Both ὠτίον and ὠτάριον (18:10) are diminutives of οὖς, ὠτός τό, but in the NT all three words are synonyms.
²⁷ **ἀλέκτωρ**, -ορος ὁ "rooster"
²⁸ **πραιτώριον**, -ου τό "praetorium" Official residence of the governor.
μιανθῶσιν μιαίνω "I stain, defile" Aorist active: ἐμίανα Aorist passive: ἐμιάνθην. So what form is μιανθῶσιν? Note that it follows ἵνα μή.
φάγωσιν ἐσθίω ("I eat"); aorist indicative: ἔφαγον. See principal parts at 2:17.
²⁹ **φησίν** 3ʳᵈ singular of φημί "I say"
κατηγορίαν κατηγορία, -ας ἡ "accusation" κατηγορέω ("I accuse") at 5:45 and 8:6. At Revelation 12:10, the devil is called κατήγωρ, "accuser" of God's people. In many ways ὁ κατήγωρ is the opposite of ὁ παράκλητος.
³² **σημαίνων** σημαίνω "I indicate" See also 12:33; 21:19. Cognate of σημεῖον, "a sign."
ποίῳ "by what kind of …" (instrumental dative)
ἤμελλεν μέλλω "I am about to" Also at 4:47; 6:6, 15, 71; 7:35; 12:4. To say that something is not merely imminent but "destined or inevitable" as with ἀποθνήσκειν at 11:55; 12:33; 18:32.

ὁ βασιλεὺς τῶν Ἰουδαίων; [34] ἀπεκρίθη Ἰησοῦς, Ἀπὸ σεαυτοῦ σὺ τοῦτο λέγεις ἢ ἄλλοι εἶπόν σοι περὶ ἐμοῦ; [35] ἀπεκρίθη ὁ Πιλᾶτος, Μήτι ἐγὼ Ἰουδαῖός εἰμι; τὸ ἔθνος τὸ σὸν καὶ οἱ ἀρχιερεῖς παρέδωκάν σε ἐμοί· τί ἐποίησας; [36] ἀπεκρίθη Ἰησοῦς, Ἡ βασιλεία ἡ ἐμὴ οὐκ ἔστιν ἐκ τοῦ κόσμου τούτου· εἰ ἐκ τοῦ κόσμου τούτου ἦν ἡ βασιλεία ἡ ἐμή, οἱ ὑπηρέται οἱ ἐμοὶ ἠγωνίζοντο [ἄν] ἵνα μὴ παραδοθῶ τοῖς Ἰουδαίοις· νῦν δὲ ἡ βασιλεία ἡ ἐμὴ οὐκ ἔστιν ἐντεῦθεν. [37] εἶπεν οὖν αὐτῷ ὁ Πιλᾶτος, Οὐκοῦν βασιλεὺς εἶ σύ; ἀπεκρίθη ὁ Ἰησοῦς, Σὺ λέγεις ὅτι βασιλεύς εἰμι. ἐγὼ εἰς τοῦτο γεγέννημαι καὶ εἰς τοῦτο ἐλήλυθα εἰς τὸν κόσμον, ἵνα μαρτυρήσω τῇ ἀληθείᾳ· πᾶς ὁ ὢν ἐκ τῆς ἀληθείας ἀκούει μου τῆς φωνῆς. [38] λέγει αὐτῷ ὁ Πιλᾶτος, Τί ἐστιν ἀλήθεια; Καὶ τοῦτο εἰπὼν πάλιν ἐξῆλθεν πρὸς τοὺς Ἰουδαίους καὶ λέγει αὐτοῖς, Ἐγὼ οὐδεμίαν εὑρίσκω ἐν αὐτῷ αἰτίαν. [39] ἔστιν δὲ συνήθεια ὑμῖν ἵνα ἕνα ἀπολύσω ὑμῖν ἐν τῷ πάσχα· βούλεσθε οὖν ἀπολύσω ὑμῖν τὸν βασιλέα τῶν Ἰουδαίων; [40] ἐκραύγασαν οὖν πάλιν λέγοντες, Μὴ τοῦτον ἀλλὰ τὸν Βαραββᾶν. ἦν δὲ ὁ Βαραββᾶς λῃστής.

---

[36] **ἠγωνίζοντο** ἀγωνίζομαι "I fight, struggle" (English: "agonize")

ἐντεῦθεν "from here," that is, does not have its source here in this κόσμος.

[37] **οὐκοῦν βασιλεὺς εἶ σύ;** οὐκοῦν occurs only here in NT. "So then, you are a king?" or "So, after all, you are a king, are you?"

[38] **οὐδεμίαν... αἰτίαν** "no basis for a formal legal charge"

[39] **συνήθεια**, -ας ἡ "custom"

βούλεσθε βούλομαι "I wish, desire, want" Supply ἵνα before ἀπολύσω.

[40] **ἐκραύγασαν** κραυγάζω "I shout, scream"

λῃστής, -οῦ ὁ "bandit, revolutionary, insurgent" See 10:1.

¹ Τότε οὖν ἔλαβεν ὁ Πιλᾶτος τὸν Ἰησοῦν καὶ ἐμαστίγωσεν. ² καὶ οἱ στρατιῶται πλέξαντες στέφανον ἐξ ἀκανθῶν ἐπέθηκαν αὐτοῦ τῇ κεφαλῇ, καὶ ἱμάτιον πορφυροῦν περιέβαλον αὐτόν ³ καὶ ἤρχοντο πρὸς αὐτὸν καὶ ἔλεγον, Χαῖρε ὁ βασιλεὺς τῶν Ἰουδαίων· καὶ ἐδίδοσαν αὐτῷ ῥαπίσματα. ⁴ Καὶ ἐξῆλθεν πάλιν ἔξω ὁ Πιλᾶτος καὶ λέγει αὐτοῖς, Ἴδε ἄγω ὑμῖν αὐτὸν ἔξω, ἵνα γνῶτε ὅτι οὐδεμίαν αἰτίαν εὑρίσκω ἐν αὐτῷ. ⁵ ἐξῆλθεν οὖν ὁ Ἰησοῦς ἔξω, φορῶν τὸν ἀκάνθινον στέφανον καὶ τὸ πορφυροῦν ἱμάτιον. καὶ λέγει αὐτοῖς, Ἰδοὺ ὁ ἄνθρωπος. ⁶ ὅτε οὖν εἶδον αὐτὸν οἱ ἀρχιερεῖς καὶ οἱ ὑπηρέται ἐκραύγασαν λέγοντες, Σταύρωσον σταύρωσον. λέγει αὐτοῖς ὁ Πιλᾶτος, Λάβετε αὐτὸν ὑμεῖς καὶ σταυρώσατε· ἐγὼ γὰρ οὐχ εὑρίσκω ἐν αὐτῷ αἰτίαν. ⁷ ἀπεκρίθησαν αὐτῷ οἱ Ἰουδαῖοι, Ἡμεῖς νόμον ἔχομεν· καὶ κατὰ τὸν νόμον ὀφείλει ἀποθανεῖν, ὅτι υἱὸν θεοῦ ἑαυτὸν ἐποίησεν. ⁸ Ὅτε οὖν ἤκουσεν ὁ Πιλᾶτος τοῦτον τὸν λόγον, μᾶλλον ἐφοβήθη, ⁹ καὶ εἰσῆλθεν εἰς τὸ πραιτώριον πάλιν καὶ λέγει τῷ Ἰησοῦ, Πόθεν εἶ σύ; ὁ δὲ Ἰησοῦς ἀπόκρισιν οὐκ ἔδωκεν αὐτῷ. ¹⁰ λέγει οὖν αὐτῷ ὁ Πιλᾶτος, Ἐμοὶ οὐ λαλεῖς; οὐκ οἶδας ὅτι ἐξουσίαν ἔχω ἀπολῦσαί σε καὶ

AIDS TO PARSING AND TRANSLATING

¹ **ἐμαστίγωσεν** μαστιγόω "I whip, scourge"

² **στρατιῶται** στρατιώτης, -ου ὁ "soldier"

πλέξαντες πλέκω "I weave"

στέφανον στέφανος, -ου ὁ "(victor's) crown" τὸ διάδημα is a "royal crown" (Rev 12:3; 13:1; 19:12)

ἀκανθῶν ἄκανθα, -ης ἡ "thorn plant"

ἐπέθηκαν ἐπι + τίθημι   See the principal parts at 2:10.

πορφυροῦν πορφυροῦς, -ᾶ, -οῦν "purple" (also in 19:5)

περιέβαλον περιβάλλω "I clothe" (with two accusatives, indicating both the person clothed and the garment with which the person is clothed)

³ **ἐδίδοσαν** Imperfect tense of δίδωμι ("I give")

ῥαπίσματα ῥάπισμα, ῥαπίσματος τό "a blow, slap" (also John 18:22)

⁴ **οὐδεμίαν αἰτίαν** See John 18:38.

⁵ **φορῶν** φορέω "I bear regularly," and so "I wear"

⁶ **αἰτίαν** αἰτία, -ας ἡ "a charge, grounds (for action)" See 18:38; 19:4.

⁷ **ὀφείλει** ὀφείλω "I ought" Often, as here, functions with an infinitive.

ἀποθανεῖν ἀποθνήσκω "I die" See the principal parts at 4:47.

⁸ **μᾶλλον** "more"

⁹ **πραιτώριον**, -ου τό   See John 18:28, 33.

ἀπόκρισιν ἀπόκρισις, -εως ἡ "an answer"

ἐξουσίαν ἔχω σταυρῶσαί σε; ¹¹ ἀπεκρίθη [αὐτῷ] Ἰησοῦς, Οὐκ εἶχες ἐξουσίαν κατ' ἐμοῦ οὐδεμίαν εἰ μὴ ἦν δεδομένον σοι ἄνωθεν· διὰ τοῦτο ὁ παραδούς μέ σοι μείζονα ἁμαρτίαν ἔχει. ¹² ἐκ τούτου ὁ Πιλᾶτος ἐζήτει ἀπολῦσαι αὐτόν· οἱ δὲ Ἰουδαῖοι ἐκραύγασαν λέγοντες, Ἐὰν τοῦτον ἀπολύσῃς, οὐκ εἶ φίλος τοῦ Καίσαρος· πᾶς ὁ βασιλέα ἑαυτὸν ποιῶν ἀντιλέγει τῷ Καίσαρι. ¹³ Ὁ οὖν Πιλᾶτος ἀκούσας τῶν λόγων τούτων ἤγαγεν ἔξω τὸν Ἰησοῦν καὶ ἐκάθισεν ἐπὶ βήματος εἰς τόπον λεγόμενον Λιθόστρωτον, Ἑβραϊστὶ δὲ Γαββαθα. ¹⁴ ἦν δὲ παρασκευὴ τοῦ πάσχα, ὥρα ἦν ὡς ἕκτη. καὶ λέγει τοῖς Ἰουδαίοις, Ἴδε ὁ βασιλεὺς ὑμῶν. ¹⁵ ἐκραύγασαν οὖν ἐκεῖνοι, Ἆρον ἆρον, σταύρωσον αὐτόν. λέγει αὐτοῖς ὁ Πιλᾶτος, Τὸν βασιλέα ὑμῶν σταυρώσω; ἀπεκρίθησαν οἱ ἀρχιερεῖς, Οὐκ ἔχομεν βασιλέα εἰ μὴ Καίσαρα. ¹⁶ τότε οὖν [ὁ Πιλᾶτος] παρέδωκεν αὐτὸν αὐτοῖς ἵνα σταυρωθῇ. Παρέλαβον οὖν τὸν Ἰησοῦν, ¹⁷ καὶ βαστάζων ἑαυτῷ τὸν σταυρὸν ἐξῆλθεν εἰς τὸν λεγόμενον Κρανίου Τόπον, ὃ λέγεται Ἑβραϊστὶ Γολγοθα, ¹⁸ ὅπου αὐτὸν ἐσταύρωσαν, καὶ μετ' αὐτοῦ

---

¹¹ **εἶχες** (imperfect of ἔχω)....**εἰ μὴ ἦν δεδομένον** A condition: "you would not have....if it were not given" but translate as though pluperfect, "if it had not been given...."

ἄνωθεν "from above" See John 3:3, 7, 27, 31.

παραδούς παρα + δίδωμι "I give over" aorist active participle

μείζονα comparative of μέγας, hence "greater" Modifies ἁμαρτίαν

¹² **ἀντιλέγει** ἀντιλέγω "I oppose, speak against"

¹³ **ἐκάθισεν** καθίζω Here probably "I cause to sit down, seat" and not simply "I sit."

βήματος βῆμα, βήματος τό "judge's bench, tribunal" So John pictures Pilate as seating Jesus on the βῆμα or judgment seat. Who is the real judge in this scene!?

Λιθόστρωτον λιθόστρατος, -ου ὁ "stone or mosaic pavement"

¹⁴ **παρασκευή**, -ῆς ἡ "preparation, the day of preparation for a festival" In modern Greek παρασκευή is simply "Friday" from the fact that it is the day of preparation for the sabbath.

¹⁶ **τότε** "then"

παρέδωκεν παραδίδωμι "I hand over [prisoner], hand down [tradition]" See the principal parts at 1:12.

σταυρωθῇ σταυρόω "I crucify"

Παρέλαβον παραλαμβάνω "I take, receive"

¹⁷ **βαστάζων** βαστάζω "I carry, bear, tolerate"

ἑαυτῷ is a reflexive pronoun. See 1:22, 9:21, 12:32. Note the function of the case of this pronoun.

σταυρόν σταυρός, σταυροῦ ὁ "cross"

Κρανίου κρανίον, κρανίου τό "skull" (as "cranium")

Ἑβραϊστί adverb, meaning "in Hebrew"

ἄλλους δύο ἐντεῦθεν καὶ ἐντεῦθεν, μέσον δὲ τὸν Ἰησοῦν. ¹⁹ ἔγραψεν δὲ καὶ τίτλον ὁ Πιλᾶτος καὶ ἔθηκεν ἐπὶ τοῦ σταυροῦ· ἦν δὲ γεγραμμένον· Ἰησοῦς ὁ Ναζωραῖος ὁ βασιλεὺς τῶν Ἰουδαίων. ²⁰ τοῦτον οὖν τὸν τίτλον πολλοὶ ἀνέγνωσαν τῶν Ἰουδαίων, ὅτι ἐγγὺς ἦν ὁ τόπος τῆς πόλεως ὅπου ἐσταυρώθη ὁ Ἰησοῦς· καὶ ἦν γεγραμμένον Ἑβραϊστί, Ῥωμαϊστί, Ἑλληνιστί. ²¹ ἔλεγον οὖν τῷ Πιλάτῳ οἱ ἀρχιερεῖς τῶν Ἰουδαίων, Μὴ γράφε· Ὁ βασιλεὺς τῶν Ἰουδαίων, ἀλλ' ὅτι ἐκεῖνος εἶπεν, Βασιλεύς εἰμι τῶν Ἰουδαίων. ²² ἀπεκρίθη ὁ Πιλᾶτος, Ὃ γέγραφα, γέγραφα. ²³ Οἱ οὖν στρατιῶται ὅτε ἐσταύρωσαν τὸν Ἰησοῦν, ἔλαβον τὰ ἱμάτια αὐτοῦ καὶ ἐποίησαν τέσσαρα μέρη, ἑκάστῳ στρατιώτῃ μέρος, καὶ τὸν χιτῶνα. ἦν δὲ ὁ χιτὼν ἄραφος, ἐκ τῶν ἄνωθεν ὑφαντὸς δι' ὅλου. ²⁴ εἶπαν οὖν πρὸς ἀλλήλους, Μὴ σχίσωμεν αὐτόν, ἀλλὰ λάχωμεν περὶ αὐτοῦ τίνος ἔσται. ἵνα ἡ γραφὴ πληρωθῇ [ἡ λέγουσα]· Διεμερίσαντο τὰ ἱμάτιά μου

---

¹⁸ **ἐντεῦθεν καὶ ἐντεῦθεν** literalistically "from here and from here"; translate "one on either side"
μέσον is the neuter form of the adjective μέσος, -η, -ον functioning adverbially: "in the middle."
¹⁹ **τίτλον** τίτλος, τίτλου ὁ "inscription, notice" (as "title")
ἔθηκεν τίθημι "I put, place" See the principal parts at 2:10.
ἦν... γεγραμμένον is a periphrastic form of the verb. See 1:9 and 2:17.
²⁰ **πολλοί... τῶν Ἰουδαίων** is the (split) subject of the sentence.
ἀνέγνωσαν ἀναγινώσκω "I read" A compound of ἀνά and γινώσκω. See the principal parts at 1:10.
Ῥωμαϊστί, Ἑλληνιστί function similarly to Ἑβραϊστί in 19:17.
²¹ **ἀρχιερεῖς** ἀρχιερεύς, ἀρχιερέως ὁ "high priest"
γράφε How should we think of the force of this present imperative?
²³ **στρατιῶται** στρατιώτης, στρατιώτου ὁ "soldier"
ἱμάτια ἱμάτιον, ἱματίου τό ("outer garment")
τέσσαρα "four" (as "tetrahedron")
μέρη μέρος, μέρους τό "part" Declines like γένος.
ἑκάστῳ ἕκαστος, -η, -ον "each" Note the "distributive" function of the dative case here.
χιτῶνα χιτών, χιτῶνος ὁ "inner garment"
ἄραφος is a form of the adjective ἄραφος, -ον meaning "without ('alpha privative') seam (ῥαφή)."
Recall that compound adjectives have only two sets of endings (see 3:12).
ὑφαντός ὑφαντός, -ή, όν "woven"
²⁴ **Μὴ σχίσωμεν** σχίζω "I divide" Note that this verb is a "hortatory" subjunctive.
λάχωμεν λαγχάνω "I obtain by lot"

1. Present Active	2. Future Active	3. Aorist Active	4. Perfect Active	5. Perfect Middle	6. Aorist Passive
λαγχάνω	λήξομαι	ἔλαχον	εἴληχα	εἴληγμαι	ἐλήχθην

Διεμερίσαντο διαμερίζω "I divide" (as "meridian")

102

ἑαυτοῖς καὶ ἐπὶ τὸν ἱματισμόν μου ἔβαλον κλῆρον. Οἱ μὲν οὖν στρατιῶται ταῦτα ἐποίησαν. ²⁵ εἱστήκεισαν δὲ παρὰ τῷ σταυρῷ τοῦ Ἰησοῦ ἡ μήτηρ αὐτοῦ καὶ ἡ ἀδελφὴ τῆς μητρὸς αὐτοῦ, Μαρία ἡ τοῦ Κλωπᾶ καὶ Μαρία ἡ Μαγδαληνή. ²⁶ Ἰησοῦς οὖν ἰδὼν τὴν μητέρα καὶ τὸν μαθητὴν παρεστῶτα ὃν ἠγάπα, λέγει τῇ μητρί, Γύναι, ἴδε ὁ υἱός σου. ²⁷ εἶτα λέγει τῷ μαθητῇ, Ἴδε ἡ μήτηρ σου. καὶ ἀπ᾽ ἐκείνης τῆς ὥρας ἔλαβεν ὁ μαθητὴς αὐτὴν εἰς τὰ ἴδια. ²⁸ Μετὰ τοῦτο εἰδὼς ὁ Ἰησοῦς ὅτι ἤδη πάντα τετέλεσται, ἵνα τελειωθῇ ἡ γραφή, λέγει, Διψῶ. ²⁹ σκεῦος ἔκειτο ὄξους μεστόν· σπόγγον οὖν μεστὸν τοῦ ὄξους ὑσσώπῳ περιθέντες προσήνεγκαν αὐτοῦ τῷ στόματι. ³⁰ ὅτε οὖν ἔλαβεν τὸ ὄξος [ὁ] Ἰησοῦς εἶπεν, Τετέλεσται, καὶ κλίνας τὴν κεφαλὴν παρέδωκεν τὸ πνεῦμα.

ἑαυτοῖς is a reflexive pronoun ("themselves").

κλῆρον κλῆρος, κλήρου ὁ "lots, dice"

²⁵ **εἱστήκεισαν** ἵστημι "I stand" See the principal parts at 1:26. Can you identify the tense of this verb? See 1:35.

²⁶ **παρεστῶτα** the accusative singular masculine perfect participle form of the verb παρίστημι meaning "I stand alongside" from παρά + ἵστημι. See the principal parts at 1:26. Recall that ἵστημι in the *perfect* tense has the *present* meaning "stand." The nominative singular masculine form of this "second perfect" participle (as at 12:25) is ἑστώς, ἑστῶτος ("standing").

ἠγάπα an imperfect form of the alpha-contract verb ἀγαπάω meaning "I love."

²⁷ **τὰ ἴδια** See 1:11.

²⁸ **εἰδώς** See 13:1.

τετέλεσται τελέω "I finish, complete"

τελειωθῇ τελειόω "I make complete, make perfect"

Διψῶ is the textual form of the verb whose dictionary entry is διψάω ("I thirst"). See θεωρῶ (4:19).

²⁹ **σκεῦος** σκεῦος, σκεύους τό "vessel"

ἔκειτο an imperfect form of the verb κεῖμαι meaning "I lie (there)." Translate "was lying there."

ὄξους ὄξος, ὄξους τό "sour wine, vinegar" Be certain to note the case of this third-declension noun.

μεστόν μεστός, -ή, -όν "full"

σπόγγον σπόγγος, σπόγγου ὁ "sponge"

ὑσσώπῳ ὕσσωπος, ὑσσώπου ὁ "hyssop"

περιθέντες περιτίθημι "I place around, place on"

προσήνεγκαν προσφέρω "I bring to, offer"

στόματι στόμα, στόματος τό "mouth"

³⁰ **κλίνας** κλίνω "I lie, recline" Note the "liquid" at the end of the stem.

κεφαλήν κεφαλή, κεφαλῆς ἡ "head" (as "encephalogram")

¹ Τῇ δὲ μιᾷ τῶν σαββάτων Μαρία ἡ Μαγδαληνὴ ἔρχεται πρωῒ σκοτίας ἔτι οὔσης εἰς τὸ μνημεῖον καὶ βλέπει τὸν λίθον ἠρμένον ἐκ τοῦ μνημείου. ² τρέχει οὖν καὶ ἔρχεται πρὸς Σίμωνα Πέτρον καὶ πρὸς τὸν ἄλλον μαθητὴν ὃν ἐφίλει ὁ Ἰησοῦς καὶ λέγει αὐτοῖς, Ἦραν τὸν κύριον ἐκ τοῦ μνημείου, καὶ οὐκ οἴδαμεν ποῦ ἔθηκαν αὐτόν. ³ ἐξῆλθεν οὖν ὁ Πέτρος καὶ ὁ ἄλλος μαθητής, καὶ ἤρχοντο εἰς τὸ μνημεῖον. ⁴ ἔτρεχον δὲ οἱ δύο ὁμοῦ· καὶ ὁ ἄλλος μαθητὴς προέδραμεν τάχιον τοῦ Πέτρου καὶ ἦλθεν πρῶτος εἰς τὸ μνημεῖον, ⁵ καὶ παρακύψας βλέπει κείμενα τὰ ὀθόνια, οὐ μέντοι εἰσῆλθεν. ⁶ ἔρχεται οὖν καὶ Σίμων Πέτρος ἀκολουθῶν αὐτῷ καὶ εἰσῆλθεν εἰς τὸ μνημεῖον, καὶ θεωρεῖ τὰ ὀθόνια κείμενα, ⁷ καὶ τὸ σουδάριον, ὃ ἦν

AIDS TO PARSING AND TRANSLATING

¹ **Τῇ δὲ μιᾷ** As customary, a particular noun has been elided. If you do not recall this noun, see the note at 1:29.

τῶν σαββάτων Translate "of the week."

πρωῒ an adverb "in the morning"

σκοτίας ἔτι οὔσης A *genitive* noun and a *genitive* participle mark this temporal phrase: it is a genitive absolute.

μνημεῖον μνημεῖον, μνημείου τό "tomb" (as "mnemonic, memorial") This noun occurs repeatedly in the verses that follow.

λίθον λίθος, λίθου ὁ "stone" (as "lithography") See 2:6.

ἠρμένον is a form of the verb αἴρω ("I lift up, remove"). See the principal parts at 2:16.

² **τρέχει** τρέχω "I run" Associate the root δρα- with τρέχω.

1. Present Active	2. Future Active	3. Aorist Active	4. Perfect Active	5. Perfect Middle	6. Aorist Passive
τρέχω	δραμοῦμαι	ἔδραμον	δεδράμηκα	δεδράμημαι	---

Ἦραν αἴρω "I lift" See the principal parts at 2:16.

⁴ **ἔτρεχον** τρέχω "I run" See the principal parts immediately above.

ὁμοῦ an adverb "together" See 4:36; 9:22.

προέδραμεν τρέχω ("I run") with the prefix προ- ("before, ahead"). See 20:2 immediately above.

τάχιον is the comparative form of ταχύς "quick, fast" (as "tachometer").

τοῦ Πέτρου is a genitive of comparison. See 1:15, 30, 50; 4:12.

⁵ **παρακύψας** παρακύπτω "I bend over, stoop." Note that there is no augment.

κείμενα a present participial form of the verb κεῖμαι meaning "I lie (there)" (see 19:26).

ὀθόνια ὀθόνιον, ὀθονίου τό "linen cloth"

μέντοι conjunction "although, however"

⁷ **σουδάριον** σουδάριον, σουδαρίου τό "handkerchief, face cloth"

ἐπὶ τῆς κεφαλῆς αὐτοῦ, οὐ μετὰ τῶν ὀθονίων κείμενον ἀλλὰ χωρὶς ἐντετυλιγμένον εἰς ἕνα τόπον. ⁸ τότε οὖν εἰσῆλθεν καὶ ὁ ἄλλος μαθητὴς ὁ ἐλθὼν πρῶτος εἰς τὸ μνημεῖον καὶ εἶδεν καὶ ἐπίστευσεν· ⁹ οὐδέπω γὰρ ᾔδεισαν τὴν γραφὴν ὅτι δεῖ αὐτὸν ἐκ νεκρῶν ἀναστῆναι. ¹⁰ ἀπῆλθον οὖν πάλιν πρὸς αὐτοὺς οἱ μαθηταί. ¹¹ Μαρία δὲ εἱστήκει πρὸς τῷ μνημείῳ ἔξω κλαίουσα. ὡς οὖν ἔκλαιεν, παρέκυψεν εἰς τὸ μνημεῖον ¹² καὶ θεωρεῖ δύο ἀγγέλους ἐν λευκοῖς καθεζομένους, ἕνα πρὸς τῇ κεφαλῇ καὶ ἕνα πρὸς τοῖς ποσίν, ὅπου ἔκειτο τὸ σῶμα τοῦ Ἰησοῦ. ¹³ καὶ λέγουσιν αὐτῇ ἐκεῖνοι, Γύναι, τί κλαίεις; λέγει αὐτοῖς ὅτι Ἦραν τὸν κύριόν μου, καὶ οὐκ οἶδα ποῦ ἔθηκαν αὐτόν. ¹⁴ ταῦτα εἰποῦσα ἐστράφη εἰς τὰ ὀπίσω, καὶ θεωρεῖ

χωρίς   functions here as an adverb meaning "separate, by itself."

ἐντετυλιγμένον   ἐντυλίσσω   "I wrap in"   This verb is a compound of ἐν + τυλίσσω.

1. Present Active	2. Future Active	3. Aorist Active	4. Perfect Active	5. Perfect Middle	6. Aorist Passive
τυλίσσω	τυλίξω	ἐτύλιξα	τετύλιχα	τετύλιγμαι	ἐτυλίχθην

ἕνα   See 1:3.

⁹ **οὐδέπω**   is an adverb meaning "not yet."

ᾔδεισαν   is the pluperfect form of the verb οἶδα, translated simply as the past tense ("knew"). See 1:31.

νεκρῶν   a substantive form of the adjective νεκρός, -ή, -όν "dead"

ἀναστῆναι   complements the verb δεῖ (see John 3:7). The infinitive is a form of the compound verb ἀνίστημι (ἀνά ["up"]+ ἵστημι ["stand"]). See the principal parts at 1:26.

¹¹ **εἱστήκει**   the pluperfect form of the verb ἵστημι translated simply as the past tense ("stood"). See the principal parts at 1:26.

κλαίουσα and **ἔκλαιεν**   κλαίω "cry, weep"

¹² **δύο**   means "two" (as "duet, duo").

λευκοῖς   See 4:35. The noun must be supplied (literally "white things"; perhaps "garments").

καθεζομένους   καθέζομαι   "I sit" (as "cathedral")

ποσίν   is the dative plural form of the third declension noun πούς, ποδός ὁ meaning "foot."

ἔκειτο   See 19:29.

¹⁴ **εἰποῦσα**   an aorist participial form of λέγω.

ἐστράφη   στρέφω   "I turn around"   See the principal parts at 1:38. In the passive voice this verb is intransitive, so translate this form simply "turned around."

εἰς τὰ ὀπίσω   By itself, the word ὀπίσω is a preposition meaning "after" or an adverb meaning "behind." This particular expression as whole, however, translates "backwards" or "around."

τὸν Ἰησοῦν ἑστῶτα, καὶ οὐκ ᾔδει ὅτι Ἰησοῦς ἐστιν. ¹⁵ λέγει αὐτῇ

Ἰησοῦς, Γύναι, τί κλαίεις; τίνα ζητεῖς; ἐκείνη δοκοῦσα ὅτι ὁ κηπουρός

ἐστιν λέγει αὐτῷ· Κύριε, εἰ σὺ ἐβάστασας αὐτόν, εἰπέ μοι ποῦ ἔθηκας

αὐτόν, κἀγὼ αὐτὸν ἀρῶ. ¹⁶ λέγει αὐτῇ Ἰησοῦς, Μαριάμ.

στραφεῖσα ἐκείνη λέγει αὐτῷ Ἑβραϊστί, Ραββουνι [ὃ λέγεται

Διδάσκαλε]. ¹⁷ λέγει αὐτῇ Ἰησοῦς, Μή μου ἅπτου, οὔπω γὰρ ἀναβέβηκα

πρὸς τὸν πατέρα· πορεύου δὲ πρὸς τοὺς ἀδελφούς μου καὶ εἰπὲ αὐτοῖς,

Ἀναβαίνω πρὸς τὸν πατέρα μου καὶ πατέρα ὑμῶν καὶ θεόν μου καὶ θεὸν

ὑμῶν. ¹⁸ ἔρχεται Μαριὰμ ἡ Μαγδαληνὴ ἀγγέλλουσα τοῖς μαθηταῖς ὅτι

Ἑώρακα τὸν κύριον, καὶ ταῦτα εἶπεν αὐτῇ.

ἑστῶτα See 19:26.
ᾔδει See 20:9 above and 1:31.
¹⁵ **δοκοῦσα** δοκέω "I think, seem"
κηπουρός κηπουρός, κηπουροῦ ὁ "gardener"
ἀρῶ αἴρω "I lift, take, remove" See the principal parts at 2:16.
¹⁶ **στραφεῖσα** στρέφω "I turn around." See the principal parts immediately above.
¹⁷ **ἅπτου** is a present middle imperative of the verb ἅπτω. In the middle voice, ἅπτω means "I touch": "cease touching me" or "stop holding on to me."
ἀναβέβηκα ἀναβαίνω "I go up, ascend" See the principal parts at 2:12.
πορεύου πορεύομαι "I go"
¹⁸ **ἀγγέλλουσα** ἀγγέλλω "I announce"
καὶ ταῦτα εἶπεν αὐτῇ Supply an additional ὅτι for clarity: καὶ [ὅτι] ταῦτα εἶπεν αὐτῇ

¹⁹ οὔσης οὖν ὀψίας τῇ ἡμέρᾳ ἐκείνῃ τῇ μιᾷ σαββάτων καὶ τῶν θυρῶν κεκλεισμένων ὅπου ἦσαν οἱ μαθηταὶ διὰ τὸν φόβον τῶν Ἰουδαίων, ἦλθεν ὁ Ἰησοῦς καὶ ἔστη εἰς τὸ μέσον καὶ λέγει αὐτοῖς, Εἰρήνη ὑμῖν. ²⁰ καὶ τοῦτο εἰπὼν ἔδειξεν τὰς χεῖρας καὶ τὴν πλευρὰν αὐτοῖς. ἐχάρησαν οὖν οἱ μαθηταὶ ἰδόντες τὸν κύριον. ²¹ εἶπεν οὖν αὐτοῖς [ὁ Ἰησοῦς] πάλιν, Εἰρήνη ὑμῖν· καθὼς ἀπέσταλκέν με ὁ πατήρ, κἀγὼ πέμπω ὑμᾶς. ²² καὶ τοῦτο εἰπὼν ἐνεφύσησεν καὶ λέγει αὐτοῖς, Λάβετε πνεῦμα ἅγιον· ²³ ἄν τινων ἀφῆτε τὰς ἁμαρτίας ἀφέωνται αὐτοῖς, ἄν τινων κρατῆτε κεκράτηνται. ²⁴ Θωμᾶς δὲ εἷς ἐκ τῶν δώδεκα, ὁ λεγόμενος Δίδυμος, οὐκ ἦν μετ᾽ αὐτῶν ὅτε ἦλθεν Ἰησοῦς. ²⁵ ἔλεγον οὖν αὐτῷ οἱ ἄλλοι μαθηταί, Ἑωράκαμεν τὸν κύριον. ὁ δὲ εἶπεν αὐτοῖς, Ἐὰν μὴ ἴδω ἐν ταῖς χερσὶν αὐτοῦ τὸν τύπον τῶν ἥλων καὶ βάλω τὸν δάκτυλόν μου εἰς τὸν τύπον τῶν

AIDS TO PARSING AND TRANSLATING

¹⁹ **οὔσης οὖν ὀψίας** This phrase consists of a participle in the genitive and the subject of that participle in the genitive, both set off from the rest of the sentence. What construction is this?

κεκλεισμένων κλείω "I shut, close, lock"

1. Present Active	2. Future Active	3. Aorist Active	4. Perfect Active	5. Perfect Middle	6. Aorist Passive
κλείω	κλείσω	ἔκλεισα	κέκληκα	κέκλεισμαι	ἐκλείσθην

τῶν θυρῶν κεκλεισμένων is a genitive absolute construction.

φόβον φόβος, φόβου ὁ "fear" (as "phobia")

τῶν Ἰουδαίων is classified in this context as an "objective genitive": "the Jews" (that is, the leaders of Judea) are the *object* of the fear rather than its subject.

ἔστη ἵστημι "I stand" See the principal parts at 1:26.

μέσον is a substantival use of the adjective μέσος, -η, -ον meaning "middle."

Εἰρήνη εἰρήνη, εἰρήνης ἡ "peace" (as "Irene, irenic")

²⁰ **ἔδειξεν** δείκνυμι "I show" See the principal parts at 14:8.

πλευράν πλευρά, πλευρᾶς ἡ "side" (as "pleurisy")

ἐχάρησαν χαίρω "I rejoice" See the principal parts at 14:28.

²² **ἐνεφύσησεν** ἐμφυσάω "I breathe upon"

ἐμφυσάω	ἐμφυσήσω	---	---	---	---

Λάβετε λαμβάνω "I take, receive" Note the mood in this context.

²³ **τινων** is an indefinite pronoun ("of any [persons]") that modifies τὰς ἁμαρτίας.

ἀφῆτε is an aorist subjunctive form of ἀφίημι meaning "I let go, forgive." See the principal parts at 4:3.

ἀφέωνται is a perfect passive indicative form of ἀφίημι (from the 4ᵗʰ principal part).

κρατῆτε κεκράτηνται are both forms of the verb κρατέω meaning "I hold fast, hold back."

κρατέω	κρατήσω	ἐκράτησα	κεκράτηκα	**κεκράτημαι**	ἐκρατήθην

²⁴ **εἷς** Note the breathing mark. See 1:3.

δώδεκα "twelve" (as "dodecahedron")

²⁵ **χερσίν** dative plural χείρ, χειρός ἡ "hand"

τύπον τύπος, τύπου ὁ "pattern, mark, scar" (as "type, prototype")

ἥλων καὶ βάλω μου τὴν χεῖρα εἰς τὴν πλευρὰν αὐτοῦ, οὐ μὴ πιστεύσω. ²⁶ καὶ μεθ᾽ ἡμέρας ὀκτὼ πάλιν ἦσαν ἔσω οἱ μαθηταὶ αὐτοῦ καὶ Θωμᾶς μετ᾽ αὐτῶν. ἔρχεται ὁ Ἰησοῦς τῶν θυρῶν κεκλεισμένων καὶ ἔστη εἰς τὸ μέσον καὶ εἶπεν, Εἰρήνη ὑμῖν. ²⁷ εἶτα λέγει τῷ Θωμᾷ, Φέρε τὸν δάκτυλόν σου ὧδε καὶ ἴδε τὰς χεῖράς μου, καὶ φέρε τὴν χεῖρά σου καὶ βάλε εἰς τὴν πλευράν μου, καὶ μὴ γίνου ἄπιστος ἀλλὰ πιστός. ²⁸ ἀπεκρίθη Θωμᾶς καὶ εἶπεν αὐτῷ, Ὁ κύριός μου καὶ ὁ Θεός μου. ²⁹ λέγει αὐτῷ ὁ Ἰησοῦς, Ὅτι ἑώρακάς με πεπίστευκας; μακάριοι οἱ μὴ ἰδόντες καὶ πιστεύσαντες. ³⁰ πολλὰ μὲν οὖν καὶ ἄλλα σημεῖα ἐποίησεν ὁ Ἰησοῦς ἐνώπιον τῶν μαθητῶν [αὐτοῦ], ἃ οὐκ ἔστιν γεγραμμένα ἐν τῷ βιβλίῳ τούτῳ· ³¹ ταῦτα δὲ γέγραπται ἵνα πιστεύ[σ]ητε ὅτι Ἰησοῦς ἐστιν ὁ Χριστὸς ὁ υἱὸς τοῦ θεοῦ, καὶ ἵνα πιστεύοντες ζωὴν ἔχητε ἐν τῷ ὀνόματι αὐτοῦ.

ἥλων ἧλος, ἥλου ὁ "nail"

δάκτυλόν δάκτυλος, δακτύλου ὁ "finger" (as "pterodactyl, dactylic hexameter")

οὐ μὴ πιστεύσω If read as subjunctive, the verb functions independently in the expression of an *emphatic denial*. The verb could be read as a future indicative as well (cf. BDF 365).

²⁶ **μεθ᾽** is a contraction of the preposition μετά. The final unbreathed tau (μετ᾽) has been changed to a breathed theta (μεθ᾽) to match the rough breathing which follows. μετά with the accusative case means "after."

ἔσω is an adverb meaning "inside" (as "esoteric"). It is the opposite of **ἔξω** "outside" (as "exoskeleton").

τῶν θυρῶν κεκλεισμένων is a genitive absolute construction. Cf. v.19.

ἔστη ἵστημι "I stand" See the principal parts at 1:26.

²⁷ **Φέρε** φέρω "I bring" Note the mood in this context.

γίνου is a second person singular present imperative of the deponent verb γίνομαι ("I happen, become, be").

ἄπιστος is a form of the compound adjective ἄπιστος, -ον meaning "without ('alpha privative'; see 19:23) faith (πίστις)." Recall that compound adjectives have only two sets of endings (see 3:12).

πιστός πιστός, ή, -όν "faithful"

²⁹ **μακάριοι** μακάριος, -α, -ον "blessed, happy"

³⁰ **πολλά** accusative plural *neuter*: "many" modifying ἄλλα σημεῖα

ἄλλα accusative plural neuter ἄλλος, -η, -ον "other." This word modifies the noun σημεῖα. (Accentuation differentiates this word from the conjunction ἀλλά which means "but.")

ἐνώπιον is a preposition meaning "in the presence of" that takes an object in the genitive case.

³¹ **πιστεύ[σ]ητε** The sigma in brackets means that some ancient Greek manuscripts read πιστεύητε and some read πιστεύσητε. The present might mean "in order that you may keep on believing." The aorist might mean "in order that you may come to faith." Was John's Gospel written primarily for believers or for those outside of the community?

¹ Μετὰ ταῦτα ἐφανέρωσεν ἑαυτὸν πάλιν ὁ Ἰησοῦς τοῖς μαθηταῖς ἐπὶ τῆς θαλάσσης τῆς Τιβεριάδος· ἐφανέρωσεν δὲ οὕτως. ² ἦσαν ὁμοῦ Σίμων Πέτρος καὶ Θωμᾶς ὁ λεγόμενος Δίδυμος καὶ Ναθαναὴλ ὁ ἀπὸ Κανὰ τῆς Γαλιλαίας καὶ οἱ τοῦ Ζεβεδαίου καὶ ἄλλοι ἐκ τῶν μαθητῶν αὐτοῦ δύο. ³ λέγει αὐτοῖς Σίμων Πέτρος, Ὑπάγω ἁλιεύειν. λέγουσιν αὐτῷ, Ἐρχόμεθα καὶ ἡμεῖς σὺν σοί. ἐξῆλθον καὶ ἐνέβησαν εἰς τὸ πλοῖον, καὶ ἐν ἐκείνῃ τῇ νυκτὶ ἐπίασαν οὐδέν. ⁴ πρωΐας δὲ ἤδη γενομένης ἔστη Ἰησοῦς εἰς τὸν αἰγιαλόν, οὐ μέντοι ᾔδεισαν οἱ μαθηταὶ ὅτι Ἰησοῦς ἐστιν. ⁵ λέγει οὖν αὐτοῖς [ὁ] Ἰησοῦς, Παιδία, μή τι προσφάγιον ἔχετε; ἀπεκρίθησαν αὐτῷ, Οὔ. ⁶ ὁ δὲ εἶπεν αὐτοῖς, Βάλετε εἰς τὰ δεξιὰ μέρη τοῦ πλοίου τὸ δίκτυον, καὶ εὑρήσετε. ἔβαλον οὖν, καὶ οὐκέτι αὐτὸ ἑλκύσαι ἴσχυον ἀπὸ τοῦ πλήθους τῶν ἰχθύων. ⁷ λέγει οὖν ὁ μαθητὴς ἐκεῖνος ὃν ἠγάπα ὁ Ἰησοῦς τῷ Πέτρῳ, Ὁ κύριός ἐστιν. Σίμων οὖν Πέτρος ἀκούσας ὅτι ὁ κύριός ἐστιν τὸν ἐπενδύτην διεζώσατο, ἦν γὰρ γυμνός, καὶ ἔβαλεν ἑαυτὸν εἰς τὴν θάλασσαν, ⁸ οἱ δὲ ἄλλοι μαθηταὶ τῷ πλοιαρίῳ ἦλθον, οὐ γὰρ ἦσαν μακρὰν ἀπὸ τῆς γῆς ἀλλὰ ὡς ἀπὸ πηχῶν διακοσίων, σύροντες

---

² **ὁμοῦ** "together"

³ **ἁλιεύειν** ἁλιεύω "I fish" ὑπάγω ἁλιεύειν "I am going fishing"
ἐνέβησαν ἐν ("into") + βαίνω ("I go") ἐμβαίνω "I step into" See the principal parts at 2:12.
πλοῖον, -ου τό "boat"
ἐπίασαν πιάζω "I catch" (But compare 7:30, 32; 10:39; 11:57.)

⁴ **πρωΐας... γενομένης** Genitive absolute. Literally: "morning having come"
αἰγιαλόν αἰγιαλός, -οῦ ὁ "shore or beach"
μέντοι "although"

⁵ **Παιδία** παιδίον, -ου τό "child, or one who is cherished as a child is cherished by a parent"
προσφάγιον, -ου τό "food to eat" See the principal parts at 2:17.

⁶ **εἰς τὰ δεξιὰ μέρη** "to the right hand side"
δίκτυον, -ου τό "net" (recurs in 21:8 and 11)
ἑλκύσαι ἕλκω "I draw, haul" See the principal parts at 6:44.
ἴσχυον ἰσχύω "I am strong, strong enough to, able"
ἀπό Translate "because of"
πλήθους πλῆθος, -ους τό "quantity, abundance"

⁷ **ἐπενδύτην** ἐπενδύτης, -ου ὁ "outer garment"
διεζώσατο διαζώννυμι "I tie around, put on" See also 13:4-5.

⁸ **πλοιαρίῳ** πλοιάριον, -ου τό "small boat" This noun is a diminutive of πλοῖον (21:3).
πηχῶν πῆχυς, -εως ὁ "cubit"
διακοσίων διακόσιοι, -ων "two hundred"

τὸ δίκτυον τῶν ἰχθύων. ⁹ ὡς οὖν ἀπέβησαν εἰς τῆς γῆς βλέπουσιν
ἀνθρακιὰν κειμένην καὶ ὀψάριον ἐπικείμενον καὶ ἄρτον. ¹⁰ λέγει αὐτοῖς
ὁ Ἰησοῦς, Ἐνέγκατε ἀπὸ τῶν ὀψαρίων ὧν ἐπιάσατε νῦν. ¹¹ ἀνέβη οὖν
Σίμων Πέτρος καὶ εἵλκυσεν τὸ δίκτυον εἰς τὴν γῆν μεστὸν ἰχθύων
μεγάλων ἑκατὸν πεντήκοντα τριῶν· καὶ τοσούτων ὄντων οὐκ ἐσχίσθη τὸ
δίκτυον. ¹² λέγει αὐτοῖς ὁ Ἰησοῦς, Δεῦτε ἀριστήσατε. οὐδεὶς δὲ
ἐτόλμα τῶν μαθητῶν ἐξετάσαι αὐτόν, Σὺ τίς εἶ; εἰδότες ὅτι ὁ κύριός
ἐστιν. ¹³ ἔρχεται Ἰησοῦς καὶ λαμβάνει τὸν ἄρτον καὶ δίδωσιν αὐτοῖς, καὶ
τὸ ὀψάριον ὁμοίως. ¹⁴ τοῦτο ἤδη τρίτον ἐφανερώθη Ἰησοῦς τοῖς μαθηταῖς
ἐγερθεὶς ἐκ νεκρῶν. ¹⁵ Ὅτε οὖν ἠρίστησαν λέγει τῷ Σίμωνι Πέτρῳ
ὁ Ἰησοῦς, Σίμων Ἰωάννου, ἀγαπᾷς με πλέον τούτων; λέγει αὐτῷ, Ναί,
κύριε, σὺ οἶδας ὅτι φιλῶ σε. λέγει αὐτῷ, Βόσκε τὰ ἀρνία μου. ¹⁶ λέγει
αὐτῷ πάλιν δεύτερον, Σίμων Ἰωάννου, ἀγαπᾷς με; λέγει αὐτῷ, Ναί κύριε,
σὺ οἶδας ὅτι φιλῶ σε. λέγει αὐτῷ, Ποίμαινε τὰ πρόβατά μου. ¹⁷ λέγει
αὐτῷ τὸ τρίτον, Σίμων Ἰωάννου, φιλεῖς με; ἐλυπήθη ὁ Πέτρος ὅτι εἶπεν

σύροντες σύρω "I drag, draw"

⁹ **ἀπέβησαν** ἀποβαίνω "I go away" Compare ἐμβαίνω (21:3) and other -βαινω verbs: ἀναβαίνω,
    καταβαίνω, μεταβαίνω.

ἀνθρακιάν ἀνθρακιά, -ᾶς ἡ "charcoal fire"

κειμένην κεῖμαι "I lie (there)"

ὀψάριον, -ου τό "fish" See John 6:9, 11; 21:9-10, 13.

ἐπικείμενον ἐπίκειμαι "I lie upon"

¹⁰ **Ἐνέγκατε** φέρω "I bear, carry, bring" See the principal parts at 2:8.

¹¹ **μεστόν** μεστός, -ή, -όν "full"

τοσούτων τοσοῦτος, τοσαύτη, τοσοῦτον Singular: "so much" Plural: "so many" Used here
    in a genitive absolute.

ἐσχίσθη σχίζω "I split"

¹² **δεῦτε** "come, come on" See 4:29.

ἀριστήσατε ἀριστάω "I eat, eat breakfast"

ἐτόλμα τολμάω "I dare"

ἐξετάσαι ἐξετάζω "I question, ask, inquire"

¹⁵ **ἠρίστησαν** ἀριστάω "I eat, eat breakfast" See 21:12.

πλέον Comparative of πολύς, "much," so it means "more."

τούτων The "genitive of comparison" so "more *than these*."

βόσκε βόσκω "I tend, feed"

ἀρνία ἀρνίον, -ου τό "lamb"

¹⁶ **ποίμαινε** ποιμαίνω "I tend, care for, shepherd, lead to pasture"

¹⁷ **ἐλυπήθη** λυπέω passive: "I am sad or distressed"

αὐτῷ τὸ τρίτον, Φιλεῖς με; καὶ λέγει αὐτῷ, Κύριε, πάντα σὺ οἶδας, σὺ γινώσκεις ὅτι φιλῶ σε. λέγει αὐτῷ [ὁ Ἰησοῦς], Βόσκε τὰ πρόβατά μου. [18] ἀμὴν ἀμὴν λέγω σοι, ὅτε ἦς νεώτερος, ἐζώννυες σεαυτὸν καὶ περιεπάτεις ὅπου ἤθελες· ὅταν δὲ γηράσῃς, ἐκτενεῖς τὰς χεῖράς σου, καὶ ἄλλος σε ζώσει καὶ οἴσει ὅπου οὐ θέλεις. [19] τοῦτο δὲ εἶπεν σημαίνων ποίῳ θανάτῳ δοξάσει τὸν θεόν. καὶ τοῦτο εἰπὼν λέγει αὐτῷ, Ἀκολούθει μοι. [20] Ἐπιστραφεὶς ὁ Πέτρος βλέπει τὸν μαθητὴν ὃν ἠγάπα ὁ Ἰησοῦς ἀκολουθοῦντα, ὃς καὶ ἀνέπεσεν ἐν τῷ δείπνῳ ἐπὶ τὸ στῆθος αὐτοῦ καὶ εἶπεν, Κύριε, τίς ἐστιν ὁ παραδιδούς σε; [21] τοῦτον οὖν ἰδὼν ὁ Πέτρος λέγει τῷ Ἰησοῦ, Κύριε, οὗτος δὲ τί; [22] λέγει αὐτῷ ὁ Ἰησοῦς, Ἐὰν αὐτὸν θέλω μένειν ἕως ἔρχομαι, τί πρὸς σέ; σύ μοι ἀκολούθει. [23] ἐξῆλθεν οὖν οὗτος ὁ λόγος εἰς τοὺς ἀδελφοὺς ὅτι ὁ μαθητὴς ἐκεῖνος οὐκ ἀποθνήσκει. οὐκ εἶπεν δὲ αὐτῷ ὁ Ἰησοῦς ὅτι οὐκ ἀποθνήσκει· ἀλλ', Ἐὰν αὐτὸν θέλω μένειν ἕως ἔρχομαι[, τί πρὸς σέ]; [24] Οὗτός ἐστιν ὁ μαθητὴς ὁ μαρτυρῶν περὶ τούτων καὶ ὁ γράψας ταῦτα, καὶ οἴδαμεν ὅτι ἀληθὴς αὐτοῦ ἡ μαρτυρία ἐστίν. [25] Ἔστιν δὲ καὶ ἄλλα πολλὰ ἃ ἐποίησεν ὁ Ἰησοῦς, ἅτινα ἐὰν γράφηται καθ' ἕν, οὐδ' αὐτὸν οἶμαι τὸν κόσμον χωρῆσαι τὰ γραφόμενα βιβλία.

---

[18] **νεώτερος**, -α, -ον Comparative of *νέος* "(new,) young"
  ἐζώννυες *ζώννυμι* "I gird, belt (someone)" See 21:7.
  γηράσῃς *γηράσκω* "I grow old" (as "geriatric, gerontology")
  ἐκτενεῖς *ἐκτείνω* (future: *ἐκτενῶ*) "I stretch out, extend"
  ζώσει future of *ζώννυμι*
  οἴσει *φέρω* "I bear" See the principal parts at 2:8.
[19] **σημαίνω** "I signify, suggest, indicate" (Cognate of *σημεῖον*, "sign")
  ποίῳ "by what kind of . . ."
[20] **ἐπιστραφεὶς** *ἐπιστρέφω* "I turn around" See the principal parts at 1:38.
  ἀνέπεσεν *ἀναπίπτω* "I recline (while eating), lean back" See the principal parts at 6:10; see also 13:12, 25.
  δείπνῳ *δεῖπνον*, -ου τό "supper, dinner" (The main meal of the day) See John 12:2; 13:4.
  στῆθος, -ους τό "breast, chest" In John 13:25 this noun is used as synonym of *κόλπος* (13:23).
[24] **γράψας** *γράφω* "I write" Perhaps causative: "caused to be written" See 19:19, 22.
[25] **καθ' ἕν** "one after the other" or "each and every one" BDAG s.v. *εἷς*, 5e.
  οἶμαι Contracted form of *οἴομαι* "I think, suppose"
  χωρῆσαι *χωρέω* "I hold, have room for, contain"

Part Two: The Complete Text of 1 John

¹ Ὃ ἦν ἀπ' ἀρχῆς, ὃ ἀκηκόαμεν, ὃ ἑωράκαμεν τοῖς ὀφθαλμοῖς ἡμῶν, ὃ ἐθεασάμεθα καὶ αἱ χεῖρες ἡμῶν ἐψηλάφησαν περὶ τοῦ λόγου τῆς ζωῆς ² καὶ ἡ ζωὴ ἐφανερώθη, καὶ ἑωράκαμεν καὶ μαρτυροῦμεν καὶ ἀπαγγέλλομεν ὑμῖν τὴν ζωὴν τὴν αἰώνιον ἥτις ἦν πρὸς τὸν πατέρα καὶ ἐφανερώθη ἡμῖν ³ ὃ ἑωράκαμεν καὶ ἀκηκόαμεν, ἀπαγγέλλομεν καὶ ὑμῖν, ἵνα καὶ ὑμεῖς κοινωνίαν ἔχητε μεθ' ἡμῶν. καὶ ἡ κοινωνία δὲ ἡ ἡμετέρα μετὰ τοῦ πατρὸς καὶ μετὰ τοῦ υἱοῦ αὐτοῦ Ἰησοῦ Χριστοῦ. ⁴ καὶ ταῦτα γράφομεν ἡμεῖς, ἵνα ἡ χαρὰ ἡμῶν ᾖ πεπληρωμένη. ⁵ καὶ ἔστιν αὕτη ἡ ἀγγελία ἣν ἀκηκόαμεν ἀπ' αὐτοῦ καὶ ἀναγγέλλομεν ὑμῖν, ὅτι ὁ θεὸς φῶς ἐστιν καὶ σκοτία ἐν αὐτῷ οὐκ ἔστιν οὐδεμία. ⁶ Ἐὰν εἴπωμεν ὅτι κοινωνίαν ἔχομεν μετ' αὐτοῦ καὶ ἐν τῷ σκότει περιπατῶμεν, ψευδόμεθα καὶ οὐ ποιοῦμεν τὴν ἀλήθειαν· ⁷ ἐὰν δὲ ἐν τῷ φωτὶ περιπατῶμεν ὡς αὐτός ἐστιν ἐν τῷ φωτί, κοινωνίαν ἔχομεν μετ' ἀλλήλων καὶ τὸ αἷμα Ἰησοῦ τοῦ υἱοῦ αὐτοῦ

AIDS TO PARSING AND TRANSLATING

¹ **Ὃ... ὃ... ὃ... ὃ...** These neuter pronouns stand in for the objects of the main verb ἀπαγγέλλομεν καὶ ὑμῖν (verse 3). The author presents a list of items that are announced (ἀπαγγέλλω) to his audience: "what... that which... that which... that which... we also announce to you (1:1-3).

ἀκηκόαμεν Incorporate the appropriate tense into your translation. See the principal parts at John 4:42.

ἑωράκαμεν Again, note the tense. See the principal parts at John 1:18.

ἐψηλάφησαν ψηλαφάω "I touch"

² **ἐφανερώθη** φανερόω "I reveal" See the principal parts at 1:31.

ἥτις ὅστις, ἥτις, ὅ τι "which, that"

³ **ἀπαγγέλλομεν** is the main verb of the sentence.

ἡμετέρα ἡμέτερος, ἡμετέρα, ἡμέτερον "our"

⁴ **ᾖ πεπληρωμένη** is a periphrastic form of πληρόω ("I fulfill"). See the principal parts of this verb at 3:29. Note that the form of the verb εἰμί that functions periphrastically with this passive participle is subjunctive. For more on periphrastic forms, see John 1:9, 24.

⁵ **σκοτία ἐν αὐτῷ οὐκ ἔστιν οὐδεμία** οὐδεμία modifies σκοτία. Note the use of the "double negative" in this negation.

⁶ **εἴπωμεν** This verb is a subjunctive form of λέγω. Note the conditional nature of the sentence. See the principal parts at John 4:18.

σκότει Not from σκοτία ("darkness," as 1:4), but from third declension σκότος (also "darkness"), which declines like γένος.

περιπατῶμεν περιπατέω "I walk" Also part of the condition and so subjunctive.

καθαρίζει ἡμᾶς ἀπὸ πάσης ἁμαρτίας. ⁸ ἐὰν εἴπωμεν ὅτι ἁμαρτίαν οὐκ

ἔχομεν, ἑαυτοὺς πλανῶμεν καὶ ἡ ἀλήθεια οὐκ ἔστιν ἐν ἡμῖν. ⁹ ἐὰν

ὁμολογῶμεν τὰς ἁμαρτίας ἡμῶν, πιστός ἐστιν καὶ δίκαιος, ἵνα ἀφῇ ἡμῖν

τὰς ἁμαρτίας καὶ καθαρίσῃ ἡμᾶς ἀπὸ πάσης ἀδικίας. ¹⁰ ἐὰν εἴπωμεν ὅτι

οὐχ ἡμαρτήκαμεν, ψεύστην ποιοῦμεν αὐτὸν καὶ ὁ λόγος αὐτοῦ οὐκ ἔστιν

ἐν ἡμῖν.

---

⁸ **πλανῶμεν** πλανάω "I deceive" Given its context (in the apodosis of a condition), this α-contract verb is indicative rather than subjunctive (though the forms are identical).

⁹ **ἀφῇ** ἀφίημι "I forgive" The form is aorist subjunctive, functioning within a ἵνα clause. Can you determine the tense? See the principal parts at 4:3.

¹⁰ **ἡμαρτήκαμεν** Forms of this verb (ἁμαρτάνω, "I sin") also occur twice in 2:1 below. See the principal parts at John 9:2.

ψεύστην from ψεύστης, which declines like προφήτης.

¹ Τεκνία μου, ταῦτα γράφω ὑμῖν ἵνα μὴ ἁμάρτητε. καὶ ἐάν τις ἁμάρτῃ, παράκλητον ἔχομεν πρὸς τὸν πατέρα Ἰησοῦν Χριστὸν δίκαιον· ² καὶ αὐτὸς ἱλασμός ἐστιν περὶ τῶν ἁμαρτιῶν ἡμῶν, οὐ περὶ τῶν ἡμετέρων δὲ μόνον ἀλλὰ καὶ περὶ ὅλου τοῦ κόσμου. ³ Καὶ ἐν τούτῳ γινώσκομεν ὅτι ἐγνώκαμεν αὐτόν, ἐὰν τὰς ἐντολὰς αὐτοῦ τηρῶμεν. ⁴ ὁ λέγων ὅτι Ἔγνωκα αὐτὸν καὶ τὰς ἐντολὰς αὐτοῦ μὴ τηρῶν, ψεύστης ἐστίν καὶ ἐν τούτῳ ἡ ἀλήθεια οὐκ ἔστιν· ⁵ ὃς δ' ἂν τηρῇ αὐτοῦ τὸν λόγον, ἀληθῶς ἐν τούτῳ ἡ ἀγάπη τοῦ θεοῦ τετελείωται, ἐν τούτῳ γινώσκομεν ὅτι ἐν αὐτῷ ἐσμεν. ⁶ ὁ λέγων ἐν αὐτῷ μένειν ὀφείλει καθὼς ἐκεῖνος περιεπάτησεν καὶ αὐτὸς [οὕτως] περιπατεῖν. ⁷ Ἀγαπητοί, οὐκ ἐντολὴν καινὴν γράφω ὑμῖν ἀλλ' ἐντολὴν παλαιὰν ἣν εἴχετε ἀπ' ἀρχῆς· ἡ ἐντολὴ ἡ παλαιά ἐστιν ὁ λόγος ὃν ἠκούσατε. ⁸ πάλιν ἐντολὴν καινὴν γράφω ὑμῖν, ὅ ἐστιν ἀληθὲς ἐν αὐτῷ καὶ ἐν ὑμῖν, ὅτι ἡ σκοτία παράγεται καὶ τὸ φῶς τὸ ἀληθινὸν ἤδη φαίνει. ⁹ ὁ λέγων ἐν τῷ φωτὶ εἶναι καὶ τὸν ἀδελφὸν αὐτοῦ μισῶν ἐν τῇ σκοτίᾳ ἐστὶν ἕως ἄρτι. ¹⁰ ὁ ἀγαπῶν τὸν ἀδελφὸν αὐτοῦ ἐν τῷ φωτὶ μένει καὶ σκάνδαλον ἐν αὐτῷ οὐκ ἔστιν· ¹¹ ὁ δὲ μισῶν τὸν ἀδελφὸν αὐτοῦ ἐν τῇ σκοτίᾳ ἐστὶν καὶ ἐν τῇ σκοτίᾳ περιπατεῖ καὶ οὐκ οἶδεν ποῦ ὑπάγει, ὅτι ἡ σκοτία ἐτύφλωσεν τοὺς ὀφθαλμοὺς αὐτοῦ. ¹² Γράφω ὑμῖν, τεκνία, ὅτι ἀφέωνται ὑμῖν αἱ ἁμαρτίαι διὰ τὸ ὄνομα αὐτοῦ. ¹³ γράφω ὑμῖν, πατέρες,

---

AIDS TO PARSING AND TRANSLATING

¹ **ἁμάρτητε** Working with the principal parts at 1:9, determine the tense and mood of this verb.

ἁμάρτῃ Again, note tense and mood.

³ **γινώσκομεν ὅτι ἐγνώκαμεν** Note that these verbs have different tenses. What are they? Note also the many similar sounds in the two verbs. How might these phonics function rhetorically?

⁸ **ἀληθές** is the neuter form of an adjective in -ης (ἀληθής).

παράγεται The verb παράγω has a special meaning in the middle voice.

¹² **ἀφέωνται** ἀφίημι ("I allow, let go, forgive") See the principal parts on the previous page.

ὅτι ἐγνώκατε τὸν ἀπ' ἀρχῆς. γράφω ὑμῖν, νεανίσκοι, ὅτι νενικήκατε τὸν πονηρόν. ¹⁴ἔγραψα ὑμῖν, παιδία, ὅτι ἐγνώκατε τὸν πατέρα. ἔγραψα ὑμῖν, πατέρες, ὅτι ἐγνώκατε τὸν ἀπ' ἀρχῆς. ἔγραψα ὑμῖν, νεανίσκοι, ὅτι ἰσχυροί ἐστε καὶ ὁ λόγος τοῦ θεοῦ ἐν ὑμῖν μένει καὶ νενικήκατε τὸν πονηρόν. ¹⁵ Μὴ ἀγαπᾶτε τὸν κόσμον μηδὲ τὰ ἐν τῷ κόσμῳ. ἐάν τις ἀγαπᾷ τὸν κόσμον, οὐκ ἔστιν ἡ ἀγάπη τοῦ πατρὸς ἐν αὐτῷ· ¹⁶ὅτι πᾶν τὸ ἐν τῷ κόσμῳ, ἡ ἐπιθυμία τῆς σαρκὸς καὶ ἡ ἐπιθυμία τῶν ὀφθαλμῶν καὶ ἡ ἀλαζονεία τοῦ βίου, οὐκ ἔστιν ἐκ τοῦ πατρὸς ἀλλ' ἐκ τοῦ κόσμου ἐστίν. ¹⁷καὶ ὁ κόσμος παράγεται καὶ ἡ ἐπιθυμία αὐτοῦ, ὁ δὲ ποιῶν τὸ θέλημα τοῦ θεοῦ μένει εἰς τὸν αἰῶνα. ¹⁸ Παιδία, ἐσχάτη ὥρα ἐστίν, καὶ καθὼς ἠκούσατε ὅτι ἀντίχριστος ἔρχεται, καὶ νῦν ἀντίχριστοι πολλοὶ γεγόνασιν, ὅθεν γινώσκομεν ὅτι ἐσχάτη ὥρα ἐστίν. ¹⁹ἐξ ἡμῶν ἐξῆλθαν ἀλλ' οὐκ ἦσαν ἐξ ἡμῶν· εἰ γὰρ ἐξ ἡμῶν ἦσαν, μεμενήκεισαν ἂν μεθ' ἡμῶν· ἀλλ' ἵνα φανερωθῶσιν ὅτι οὐκ εἰσὶν πάντες ἐξ ἡμῶν. ²⁰καὶ ὑμεῖς χρῖσμα ἔχετε ἀπὸ τοῦ ἁγίου καὶ οἴδατε πάντες. ²¹οὐκ ἔγραψα ὑμῖν ὅτι οὐκ οἴδατε τὴν ἀλήθειαν ἀλλ' ὅτι οἴδατε αὐτὴν καὶ ὅτι πᾶν ψεῦδος ἐκ τῆς ἀληθείας οὐκ ἔστιν. ²²Τίς ἐστιν ὁ ψεύστης εἰ μὴ ὁ ἀρνούμενος ὅτι Ἰησοῦς οὐκ ἔστιν ὁ Χριστός; οὗτός ἐστιν ὁ ἀντίχριστος, ὁ ἀρνούμενος τὸν πατέρα καὶ τὸν υἱόν. ²³πᾶς ὁ ἀρνούμενος τὸν υἱὸν οὐδὲ τὸν πατέρα

---

¹³ **νενικήκατε** νικάω ("I conquer") as the goddess and American brand name "Nike"
¹⁵ **Μή** This negation suggests that the mood of the verb it modifies is not in the indicative mood (typically negated by οὐ). What might be the mood of the verb ἀγαπᾶτε?
τά substantive pronoun, "the things"
¹⁷ **ποιῶν** Note that this is a participial form. What case, number, and gender are represented?
αἰῶνα Third declension αἰών, αἰῶνος ὁ ("eternity," as English "aeon")
¹⁸ **γεγόνασιν** Incorporate the tense into your translation. See the principal parts at John 1:3.
ὅθεν "from (-θεν) what (ὅ-)"
¹⁹ **ἐξῆλθαν** in reference to some group that has left the Johannine community in conflict (?)
μεμενήκεισαν μένω ("I remain") Be certain to identify the tense of this verb.
ἀλλ' ἵνα Reasserting the main verb adds clarity to an English translation: ἀλλ' ἐξῆλθαν ἵνα...
²² **ἀρνούμενος** ἀρνέομαι ("I deny") See the principal parts at John 9:2.

ἔχει, ὁ ὁμολογῶν τὸν υἱὸν καὶ τὸν πατέρα ἔχει. ²⁴ ὑμεῖς ὃ ἠκούσατε ἀπ᾽ ἀρχῆς, ἐν ὑμῖν μενέτω. ἐὰν ἐν ὑμῖν μείνῃ ὃ ἀπ᾽ ἀρχῆς ἠκούσατε, καὶ ὑμεῖς ἐν τῷ υἱῷ καὶ ἐν τῷ πατρὶ μενεῖτε. ²⁵ καὶ αὕτη ἐστὶν ἡ ἐπαγγελία ἣν αὐτὸς ἐπηγγείλατο ἡμῖν, τὴν ζωὴν τὴν αἰώνιον. ²⁶ Ταῦτα ἔγραψα ὑμῖν περὶ τῶν πλανώντων ὑμᾶς. ²⁷ καὶ ὑμεῖς τὸ χρῖσμα ὃ ἐλάβετε ἀπ᾽ αὐτοῦ, μένει ἐν ὑμῖν καὶ οὐ χρείαν ἔχετε ἵνα τις διδάσκῃ ὑμᾶς, ἀλλ᾽ ὡς τὸ αὐτοῦ χρῖσμα διδάσκει ὑμᾶς περὶ πάντων καὶ ἀληθές ἐστιν καὶ οὐκ ἔστιν ψεῦδος, καὶ καθὼς ἐδίδαξεν ὑμᾶς, μένετε ἐν αὐτῷ. ²⁸ Καὶ νῦν, τεκνία, μένετε ἐν αὐτῷ, ἵνα ἐὰν φανερωθῇ σχῶμεν παρρησίαν καὶ μὴ αἰσχυνθῶμεν ἀπ᾽ αὐτοῦ ἐν τῇ παρουσίᾳ αὐτοῦ. ²⁹ ἐὰν εἰδῆτε ὅτι δίκαιός ἐστιν, γινώσκετε ὅτι καὶ πᾶς ὁ ποιῶν τὴν δικαιοσύνην ἐξ αὐτοῦ γεγέννηται.

---

²⁴ **ὑμεῖς... μενέτω** "You" (ὑμεῖς) is the subject of ἠκούσατε. ὃ ἠκούσατε ἀπ᾽ ἀρχῆς is the subject of μενέτω ("let it remain"). ὃ ἠκούσατε ἀπ᾽ ἀρχῆς. "It" is to abide ἐν ὑμῖν.

μείνῃ ... καί ... μενεῖτε Note how these verbs are, respectively, aorist subjunctive and future indicative forms of the verb μένω ("I remain, abide"). See the principal parts at John 1:32.

²⁵ **ἐπηγγείλατο** A compound verb (ἐπί + ἀγγέλλω). See the principal parts at John 4:25. Note also the cognant noun in this sentence, ἐπαγγελία, -ας ἡ ("promise").

²⁶ **πλανώντων** πλανάω ("I make wander, go astray") The form is a present active participle in the genitive plural ("of those leading astray").

²⁷ **ὑμεῖς** "You" may be read as the subject of the verb ἔχετε, which occurs much later in the sentence. Another concept interrupts the connection between this subject and verb: τὸ χρῖσμα ὃ ἐλάβετε ἀπ᾽ αὐτοῦ, μένει ἐν ὑμῖν.

διδάσκῃ διδάσκω "I teach"

²⁸ **ἵνα... σχῶμεν... καὶ μὴ αἰσχυνθῶμεν** The word ἵνα ("so that") governs both verbs σχῶμεν (from ἔχω, "I have") and αἰσχυνθῶμεν (a passive form of αἰσχύνω, "I shame").

²⁸ **παρρησίαν** παρρησία, -ας ἡ "boldness"

²⁹ **εἰδῆτε** οἶδα "I know" The form is perfect subjunctive, translated as though in the present tense. See the principal parts at John 1:26.

γεγέννηται γεννάω "I bear" See the principal parts at John 3:3.

¹ ἴδετε ποταπὴν ἀγάπην δέδωκεν ἡμῖν ὁ πατήρ, ἵνα τέκνα θεοῦ κληθῶμεν,

καὶ ἐσμέν. διὰ τοῦτο ὁ κόσμος οὐ γινώσκει ἡμᾶς, ὅτι οὐκ ἔγνω αὐτόν.

² Ἀγαπητοί, νῦν τέκνα θεοῦ ἐσμεν, καὶ οὔπω ἐφανερώθη τί ἐσόμεθα.

οἴδαμεν ὅτι ἐὰν φανερωθῇ, ὅμοιοι αὐτῷ ἐσόμεθα, ὅτι ὀψόμεθα αὐτὸν καθώς

ἐστιν. ³ καὶ πᾶς ὁ ἔχων τὴν ἐλπίδα ταύτην ἐπ᾽ αὐτῷ ἁγνίζει ἑαυτόν,

καθὼς ἐκεῖνος ἁγνός ἐστιν. ⁴ Πᾶς ὁ ποιῶν τὴν ἁμαρτίαν καὶ τὴν ἀνομίαν

ποιεῖ, καὶ ἡ ἁμαρτία ἐστὶν ἡ ἀνομία. ⁵ καὶ οἴδατε ὅτι ἐκεῖνος ἐφανερώθη,

ἵνα τὰς ἁμαρτίας ἄρῃ, καὶ ἁμαρτία ἐν αὐτῷ οὐκ ἔστιν. ⁶ πᾶς ὁ ἐν αὐτῷ

μένων οὐχ ἁμαρτάνει· πᾶς ὁ ἁμαρτάνων οὐχ ἑώρακεν αὐτὸν οὐδὲ ἔγνωκεν

αὐτόν. ⁷ Τεκνία, μηδεὶς πλανάτω ὑμᾶς· ὁ ποιῶν τὴν δικαιοσύνην δίκαιός

ἐστιν, καθὼς ἐκεῖνος δίκαιός ἐστιν· ⁸ ὁ ποιῶν τὴν ἁμαρτίαν ἐκ τοῦ

διαβόλου ἐστίν, ὅτι ἀπ᾽ ἀρχῆς ὁ διάβολος ἁμαρτάνει. εἰς τοῦτο

ἐφανερώθη ὁ υἱὸς τοῦ θεοῦ, ἵνα λύσῃ τὰ ἔργα τοῦ διαβόλου. ⁹ Πᾶς

ὁ γεγεννημένος ἐκ τοῦ θεοῦ ἁμαρτίαν οὐ ποιεῖ, ὅτι σπέρμα αὐτοῦ ἐν αὐτῷ

μένει, καὶ οὐ δύναται ἁμαρτάνειν, ὅτι ἐκ τοῦ θεοῦ γεγέννηται. ¹⁰ ἐν

τούτῳ φανερά ἐστιν τὰ τέκνα τοῦ θεοῦ καὶ τὰ τέκνα τοῦ διαβόλου· πᾶς

AIDS TO PARSING AND TRANSLATING

¹ **ἴδετε** "(you all) look!" (plural of ἴδε), an imperative from the third principal part of ὁράω, thus no augment. See the principal parts at John 1:18.

ποταπήν ποταπός, ποταπή, ποταπόν a correlative adjective meaning "what sort of"

δέδωκεν δίδωμι "I give" See the principal parts at John 1:12.

κληθῶμεν a subjunctive form of καλέω. See the principal parts at John 1:42.

² **ἐσόμεθα** a future form of εἰμί.

ὀψόμεθα is another form of ὁράω. See the principal parts at 3:1.

⁵ **ἄρῃ** aorist subjunctive form of αἱρέω ("I lift, take"). See the principal parts at 2:16.

⁷ **πλανάτω** third singular imperative. Translate "Let him/her _____."

⁸ **λύσῃ** aorist subjunctive form of λύω.

⁹ **γεγεννημένος... γεγέννηται** See the principal parts of γεννάω at 2:29.

ὁ μὴ ποιῶν δικαιοσύνην οὐκ ἔστιν ἐκ τοῦ θεοῦ, καὶ ὁ μὴ ἀγαπῶν τὸν

ἀδελφὸν αὐτοῦ. ¹¹ Ὅτι αὕτη ἐστὶν ἡ ἀγγελία ἣν ἠκούσατε ἀπ᾽ ἀρχῆς, ἵνα

ἀγαπῶμεν ἀλλήλους, ¹² οὐ καθὼς Κάϊν ἐκ τοῦ πονηροῦ ἦν καὶ ἔσφαξεν τὸν

ἀδελφὸν αὐτοῦ· καὶ χάριν τίνος ἔσφαξεν αὐτόν; ὅτι τὰ ἔργα αὐτοῦ πονηρὰ

ἦν τὰ δὲ τοῦ ἀδελφοῦ αὐτοῦ δίκαια. ¹³ [καὶ] μὴ θαυμάζετε, ἀδελφοί, εἰ

μισεῖ ὑμᾶς ὁ κόσμος. ¹⁴ ἡμεῖς οἴδαμεν ὅτι μεταβεβήκαμεν ἐκ τοῦ

θανάτου εἰς τὴν ζωήν, ὅτι ἀγαπῶμεν τοὺς ἀδελφούς· ὁ μὴ ἀγαπῶν μένει

ἐν τῷ θανάτῳ. ¹⁵ πᾶς ὁ μισῶν τὸν ἀδελφὸν αὐτοῦ ἀνθρωποκτόνος ἐστίν,

καὶ οἴδατε ὅτι πᾶς ἀνθρωποκτόνος οὐκ ἔχει ζωὴν αἰώνιον ἐν αὐτῷ

μένουσαν. ¹⁶ ἐν τούτῳ ἐγνώκαμεν τὴν ἀγάπην, ὅτι ἐκεῖνος ὑπὲρ ἡμῶν τὴν

ψυχὴν αὐτοῦ ἔθηκεν· καὶ ἡμεῖς ὀφείλομεν ὑπὲρ τῶν ἀδελφῶν τὰς ψυχὰς

θεῖναι. ¹⁷ ὃς δ᾽ ἂν ἔχῃ τὸν βίον τοῦ κόσμου καὶ θεωρῇ τὸν ἀδελφὸν αὐτοῦ

χρείαν ἔχοντα καὶ κλείσῃ τὰ σπλάγχνα αὐτοῦ ἀπ᾽ αὐτοῦ, πῶς ἡ ἀγάπη

τοῦ θεοῦ μένει ἐν αὐτῷ; ¹⁸ Τεκνία, μὴ ἀγαπῶμεν λόγῳ μηδὲ τῇ γλώσσῃ

ἀλλὰ ἐν ἔργῳ καὶ ἀληθείᾳ. ¹⁹ [Καὶ] ἐν τούτῳ γνωσόμεθα ὅτι ἐκ τῆς

---

¹² **ἔσφαξεν** σφάζω "I slay, butcher, slaughter"

χάριν τίνος The preposition χάριν, meaning "on account of," takes the genitive case. With inspecific τις as here, χάριν τίνος means simply "why?" ("on account of what?").

αὐτοῦ δίκαια A second expression of the verb "to be" is assumed here: τὰ ἔργα αὐτοῦ ἦν δίκαια

¹⁴ **μεταβεβήκαμεν** μετα + βαίνω "I cross over" See the principal parts at 2:12.

¹⁵ **ἀνθρωποκτόνος** A composite noun from ἄνθρωπος ("human") + κτείνω ("I kill") = "murderer" See the principal parts of ἀποκτείνω at 5:18.

μένουσαν Feminine active participle form of the verb μένω. What noun does the participle modify?

¹⁶ **ἔθηκεν... θεῖναι** Are both aorist forms of τίθημι. See the principal parts at John 2:10.

¹⁷ **κλείσῃ** κλείω ("I lock, close")

ἀληθείας ἐσμέν, καὶ ἔμπροσθεν αὐτοῦ πείσομεν τὴν καρδίαν ἡμῶν, [20] ὅτι ἐὰν καταγινώσκῃ ἡμῶν ἡ καρδία, ὅτι μείζων ἐστὶν ὁ θεὸς τῆς καρδίας ἡμῶν καὶ γινώσκει πάντα. [21] Ἀγαπητοί, ἐὰν ἡ καρδία [ἡμῶν] μὴ καταγινώσκῃ, παρρησίαν ἔχομεν πρὸς τὸν θεόν [22] καὶ ὃ ἐὰν αἰτῶμεν λαμβάνομεν ἀπ᾽ αὐτοῦ, ὅτι τὰς ἐντολὰς αὐτοῦ τηροῦμεν καὶ τὰ ἀρεστὰ ἐνώπιον αὐτοῦ ποιοῦμεν. [23] καὶ αὕτη ἐστὶν ἡ ἐντολὴ αὐτοῦ, ἵνα πιστεύσωμεν τῷ ὀνόματι τοῦ υἱοῦ αὐτοῦ Ἰησοῦ Χριστοῦ καὶ ἀγαπῶμεν ἀλλήλους, καθὼς ἔδωκεν ἐντολὴν ἡμῖν. [24] καὶ ὁ τηρῶν τὰς ἐντολὰς αὐτοῦ ἐν αὐτῷ μένει καὶ αὐτὸς ἐν αὐτῷ· καὶ ἐν τούτῳ γινώσκομεν ὅτι μένει ἐν ἡμῖν ἐκ τοῦ πνεύματος οὗ ἡμῖν ἔδωκεν.

---

[19] **πείσομεν**   πείθω   ("I persuade")

1. Present Active	2. Future Active	3. Aorist Active	4. Perfect Active	5. Perfect Middle	6. Aorist Passive
πείθω	πείσω	ἔπεισα	πέπεικα	πέπεισμαι	ἐπείσθην

[20] **καταγινώσκῃ**   καταγινώσκω   "I condemn"

  μείζων   Here the comparative is followed by the genitive case. Compare 1 John 4:4 below.

¹ Ἀγαπητοί, μὴ παντὶ πνεύματι πιστεύετε ἀλλὰ δοκιμάζετε τὰ πνεύματα εἰ ἐκ τοῦ θεοῦ ἐστιν, ὅτι πολλοὶ ψευδοπροφῆται ἐξεληλύθασιν εἰς τὸν κόσμον. ² ἐν τούτῳ γινώσκετε τὸ πνεῦμα τοῦ θεοῦ· πᾶν πνεῦμα ὃ ὁμολογεῖ Ἰησοῦν Χριστὸν ἐν σαρκὶ ἐληλυθότα ἐκ τοῦ θεοῦ ἐστιν, ³ καὶ πᾶν πνεῦμα ὃ μὴ ὁμολογεῖ τὸν Ἰησοῦν ἐκ τοῦ θεοῦ οὐκ ἔστιν· καὶ τοῦτό ἐστιν τὸ τοῦ ἀντιχρίστου, ὃ ἀκηκόατε ὅτι ἔρχεται, καὶ νῦν ἐν τῷ κόσμῳ ἐστὶν ἤδη. ⁴ ὑμεῖς ἐκ τοῦ θεοῦ ἐστε, τεκνία, καὶ νενικήκατε αὐτούς, ὅτι μείζων ἐστὶν ὁ ἐν ὑμῖν ἢ ὁ ἐν τῷ κόσμῳ. ⁵ αὐτοὶ ἐκ τοῦ κόσμου εἰσίν, διὰ τοῦτο ἐκ τοῦ κόσμου λαλοῦσιν καὶ ὁ κόσμος αὐτῶν ἀκούει. ⁶ ἡμεῖς ἐκ τοῦ θεοῦ ἐσμεν· ὁ γινώσκων τὸν θεὸν ἀκούει ἡμῶν, ὃς οὐκ ἔστιν ἐκ τοῦ θεοῦ οὐκ ἀκούει ἡμῶν. ἐκ τούτου γινώσκομεν τὸ πνεῦμα τῆς ἀληθείας καὶ τὸ πνεῦμα τῆς πλάνης. ⁷ Ἀγαπητοί, ἀγαπῶμεν ἀλλήλους, ὅτι ἡ ἀγάπη ἐκ τοῦ θεοῦ ἐστιν, καὶ πᾶς ὁ ἀγαπῶν ἐκ τοῦ θεοῦ γεγέννηται καὶ γινώσκει τὸν θεόν. ⁸ ὁ μὴ ἀγαπῶν οὐκ ἔγνω τὸν θεόν, ὅτι ὁ θεὸς ἀγάπη ἐστίν. ⁹ ἐν τούτῳ ἐφανερώθη ἡ ἀγάπη τοῦ θεοῦ ἐν ἡμῖν, ὅτι τὸν υἱόν αὐτοῦ τὸν μονογενῆ ἀπέσταλκεν ὁ θεὸς εἰς τὸν κόσμον ἵνα ζήσωμεν δι' αὐτοῦ. ¹⁰ ἐν τούτῳ ἐστὶν ἡ ἀγάπη, οὐχ ὅτι ἡμεῖς ἠγαπήκαμεν τὸν θεόν ἀλλ' ὅτι αὐτὸς ἠγάπησεν ἡμᾶς καὶ ἀπέστειλεν τὸν υἱὸν αὐτοῦ ἱλασμὸν περὶ τῶν ἁμαρτιῶν ἡμῶν. ¹¹ Ἀγαπητοί, εἰ οὕτως ὁ θεὸς ἠγάπησεν ἡμᾶς, καὶ ἡμεῖς ὀφείλομεν ἀλλήλους

AIDS TO PARSING AND TRANSLATING

¹ **ἐξεληλύθασιν** is a compound form of ἔρχομαι. See the principal parts at 1:7.

² **ἐληλυθότα** is a participial form of the verb in the previous note (ἔρχομαι). See the principal parts at 1:7. Can you identify the tense and gender?

⁴ See 1 John 2:13.
   μείζων... ἤ The particle ἤ conveys the comparison rather than genitive case (as at John 1:50; 4:12; 1 John 3:20).

⁵ **αὐτῶν ἀκούει** In this instance as often the verb ἀκούω takes a genitive object (αὐτῶν).

⁶ **ὁ γινώσκων** A present active participle: "the one who knows" The correlating expression employs a relative clause rather than a participle: ὃς οὐκ ἔστιν "the one who is not" (on the other hand)....

⁷ **ἀγαπῶμεν** Translate as a hortatory subjunctive ("let us...").

⁹ **ζήσωμεν** is an aorist subjunctive form of the alpha-contract verb ζάω ("I live").

¹⁰ **τὸν υἱὸν αὐτοῦ ἱλασμόν** Here ἱλασμόν is in apposition to υἱὸν. Translate "He sent his son *as* the atoning sacrifice...."

ἀγαπᾶν. ¹²θεὸν οὐδεὶς πώποτε τεθέαται. ἐὰν ἀγαπῶμεν ἀλλήλους, ὁ θεὸς ἐν ἡμῖν μένει καὶ ἡ ἀγάπη αὐτοῦ ἐν ἡμῖν τετελειωμένη ἐστιν. ¹³ Ἐν τούτῳ γινώσκομεν ὅτι ἐν αὐτῷ μένομεν καὶ αὐτὸς ἐν ἡμῖν, ὅτι ἐκ τοῦ πνεύματος αὐτοῦ δέδωκεν ἡμῖν. ¹⁴καὶ ἡμεῖς τεθεάμεθα καὶ μαρτυροῦμεν ὅτι ὁ πατὴρ ἀπέσταλκεν τὸν υἱὸν σωτῆρα τοῦ κόσμου. ¹⁵ὃς ἐὰν ὁμολογήσῃ ὅτι Ἰησοῦς ἐστιν ὁ υἱὸς τοῦ θεοῦ, ὁ θεὸς ἐν αὐτῷ μένει καὶ αὐτὸς ἐν τῷ θεῷ. ¹⁶καὶ ἡμεῖς ἐγνώκαμεν καὶ πεπιστεύκαμεν τὴν ἀγάπην ἣν ἔχει ὁ θεὸς ἐν ἡμῖν. Ὁ θεὸς ἀγάπη ἐστίν, καὶ ὁ μένων ἐν τῇ ἀγάπῃ ἐν τῷ θεῷ μένει καὶ ὁ θεὸς ἐν αὐτῷ μένει. ¹⁷ἐν τούτῳ τετελείωται ἡ ἀγάπη μεθ' ἡμῶν, ἵνα παρρησίαν ἔχωμεν ἐν τῇ ἡμέρᾳ τῆς κρίσεως, ὅτι καθὼς ἐκεῖνός ἐστιν καὶ ἡμεῖς ἐσμεν ἐν τῷ κόσμῳ τούτῳ. ¹⁸φόβος οὐκ ἔστιν ἐν τῇ ἀγάπῃ ἀλλ' ἡ τελεία ἀγάπη ἔξω βάλλει τὸν φόβον, ὅτι ὁ φόβος κόλασιν ἔχει, ὁ δὲ φοβούμενος οὐ τετελείωται ἐν τῇ ἀγάπῃ. ¹⁹ἡμεῖς ἀγαπῶμεν, ὅτι αὐτὸς πρῶτος ἠγάπησεν ἡμᾶς. ²⁰ἐάν τις εἴπῃ ὅτι Ἀγαπῶ τὸν θεόν καὶ τὸν ἀδελφὸν αὐτοῦ μισῇ, ψεύστης ἐστίν· ὁ γὰρ μὴ ἀγαπῶν τὸν ἀδελφὸν αὐτοῦ ὃν ἑώρακεν, τὸν θεὸν ὃν οὐχ ἑώρακεν οὐ δύναται ἀγαπᾶν. ²¹καὶ ταύτην τὴν ἐντολὴν ἔχομεν ἀπ' αὐτοῦ, ἵνα ὁ ἀγαπῶν τὸν θεὸν ἀγαπᾷ καὶ τὸν ἀδελφὸν αὐτοῦ.

---

¹¹ **ἀγαπᾶν** This present infinitive (of alpha-contract ἀγαπάω) complements the verb ὀφείλομεν.

¹² **τεθέαται** θεάομαι "I see" See the principal parts at John 1:32. (And compare the statement at John 1:18.)

τετελειωμένη ἐστιν Recognize the verb "to be" and the participle together as a *periphrastic* expression of the verb τελειόω ("I finish").

¹³ **δέδωκεν** See 1 John 3:1.

¹⁴ **τεθεάμεθα** Consult the principal parts at 1 John 4:12.

τὸν υἱὸν σωτῆρα As the ἱλασμόν at 4:10, so here σωτῆρα is in apposition to υἱὸν. Translate "the Father sent his Son *as* savior...." Note that σωτήρ, σωτῆρος ὁ is a third declension noun ("savior").

¹⁵ **ὃς ἐάν** "whoever"

¹⁸ **τελεία** feminine singular nominative form of the adjective τέλειος, τελεία, τέλειον.

²⁰ **ἀγαπᾶν** Here the present infinitive complements the verb δύναμαι ("I am able"). (Compare 1 John 4:11.)

²¹ **καί** Translate "also."

¹ Πᾶς ὁ πιστεύων ὅτι Ἰησοῦς ἐστιν ὁ Χριστὸς, ἐκ τοῦ θεοῦ γεγέννηται, καὶ πᾶς ὁ ἀγαπῶν τὸν γεννήσαντα ἀγαπᾷ [καὶ] τὸν γεγεννημένον ἐξ αὐτοῦ. ² ἐν τούτῳ γινώσκομεν ὅτι ἀγαπῶμεν τὰ τέκνα τοῦ θεοῦ, ὅταν τὸν θεὸν ἀγαπῶμεν καὶ τὰς ἐντολὰς αὐτοῦ ποιῶμεν. ³ αὕτη γάρ ἐστιν ἡ ἀγάπη τοῦ θεοῦ, ἵνα τὰς ἐντολὰς αὐτοῦ τηρῶμεν, καὶ αἱ ἐντολαὶ αὐτοῦ βαρεῖαι οὐκ εἰσίν. ⁴ ὅτι πᾶν τὸ γεγεννημένον ἐκ τοῦ θεοῦ νικᾷ τὸν κόσμον· καὶ αὕτη ἐστὶν ἡ νίκη ἡ νικήσασα τὸν κόσμον, ἡ πίστις ἡμῶν. ⁵ τίς [δέ] ἐστιν ὁ νικῶν τὸν κόσμον εἰ μὴ ὁ πιστεύων ὅτι Ἰησοῦς ἐστιν ὁ υἱὸς τοῦ θεοῦ; ⁶ Οὗτός ἐστιν ὁ ἐλθὼν δι’ ὕδατος καὶ αἵματος, Ἰησοῦς Χριστός, οὐκ ἐν τῷ ὕδατι μόνον ἀλλ’ ἐν τῷ ὕδατι καὶ ἐν τῷ αἵματι· καὶ τὸ πνεῦμά ἐστιν τὸ μαρτυροῦν, ὅτι τὸ πνεῦμά ἐστιν ἡ ἀλήθεια. ⁷ ὅτι τρεῖς εἰσιν οἱ μαρτυροῦντες, ⁸ τὸ πνεῦμα καὶ τὸ ὕδωρ καὶ τὸ αἷμα, καὶ οἱ τρεῖς εἰς τὸ ἕν εἰσιν. ⁹ εἰ τὴν μαρτυρίαν τῶν ἀνθρώπων λαμβάνομεν, ἡ μαρτυρία τοῦ θεοῦ μείζων ἐστίν· ὅτι αὕτη ἐστὶν ἡ μαρτυρία τοῦ θεοῦ ὅτι μεμαρτύρηκεν περὶ τοῦ υἱοῦ αὐτοῦ. ¹⁰ ὁ πιστεύων εἰς τὸν υἱὸν τοῦ θεοῦ ἔχει τὴν μαρτυρίαν ἐν ἑαυτῷ, ὁ μὴ πιστεύων τῷ θεῷ ψεύστην πεποίηκεν αὐτόν, ὅτι οὐ πεπίστευκεν εἰς τὴν μαρτυρίαν ἣν μεμαρτύρηκεν ὁ θεὸς περὶ τοῦ υἱοῦ αὐτοῦ. ¹¹ καὶ αὕτη ἐστὶν ἡ μαρτυρία, ὅτι ζωὴν αἰώνιον ἔδωκεν ἡμῖν ὁ θεός, καὶ αὕτη ἡ ζωὴ ἐν τῷ υἱῷ αὐτοῦ ἐστιν. ¹² ὁ ἔχων τὸν

AIDS TO PARSING AND TRANSLATING

¹ **γεννήσαντα**   Aorist active participle in the accusative singular masculine of the verb γεννάω. Translate "the one who bore" as an object of the participial expression πᾶς ὁ ἀγαπῶν.

³ **βαρεῖαι**   A feminine plural form of the third declension adjective βαρύς, βαρεῖα, βαρύ ("heavy, difficult, hard")

⁴ **νικήσασα**   Aorist active participle in the nominative singular *feminine* of the verb νικάω. This verb is the first of several participles in several genders. See also verse 6 below.

⁶ **ὁ ἐλθών** Aorist active participle in the nominative singular *masculine* of the verb ἔρχομαι. See the principal parts at 1:7.

τὸ μαρτυροῦν   Present active participle in the nominative singular *neuter* of the verb μαρτυρέω.

¹¹ **ἔδωκεν** δίδωμι ("I give") See the principal parts at 1:12.

υἱὸν ἔχει τὴν ζωήν· ὁ μὴ ἔχων τὸν υἱὸν τοῦ θεοῦ τὴν ζωὴν οὐκ ἔχει.
¹³ Ταῦτα ἔγραψα ὑμῖν ἵνα εἰδῆτε ὅτι ζωὴν ἔχετε αἰώνιον, τοῖς πιστεύουσιν εἰς τὸ ὄνομα τοῦ υἱοῦ τοῦ θεοῦ. ¹⁴ καὶ αὕτη ἐστὶν ἡ παρρησία ἣν ἔχομεν πρὸς αὐτόν ὅτι ἐάν τι αἰτώμεθα κατὰ τὸ θέλημα αὐτοῦ ἀκούει ἡμῶν. ¹⁵ καὶ ἐὰν οἴδαμεν ὅτι ἀκούει ἡμῶν ὃ ἐὰν αἰτώμεθα, οἴδαμεν ὅτι ἔχομεν τὰ αἰτήματα ἃ ἠτήκαμεν ἀπ᾽ αὐτοῦ. ¹⁶ Ἐάν τις ἴδη τὸν ἀδελφὸν αὐτοῦ ἁμαρτάνοντα ἁμαρτίαν μὴ πρὸς θάνατον, αἰτήσει καὶ δώσει αὐτῷ ζωήν, τοῖς ἁμαρτάνουσιν μὴ πρὸς θάνατον. ἔστιν ἁμαρτία πρὸς θάνατον· οὐ περὶ ἐκείνης λέγω ἵνα ἐρωτήση. ¹⁷ πᾶσα ἀδικία ἁμαρτία ἐστίν, καὶ ἔστιν ἁμαρτία οὐ πρὸς θάνατον. ¹⁸ Οἴδαμεν ὅτι πᾶς ὁ γεγεννημένος ἐκ τοῦ θεοῦ οὐχ ἁμαρτάνει, ἀλλ᾽ ὁ γεννηθεὶς ἐκ τοῦ θεοῦ τηρεῖ αὐτὸν καὶ ὁ πονηρὸς οὐχ ἅπτεται αὐτοῦ. ¹⁹ οἴδαμεν ὅτι ἐκ τοῦ θεοῦ ἐσμεν καὶ ὁ κόσμος ὅλος ἐν τῷ πονηρῷ κεῖται. ²⁰ οἴδαμεν δὲ ὅτι ὁ υἱὸς τοῦ θεοῦ ἥκει καὶ δέδωκεν ἡμῖν διάνοιαν ἵνα γινώσκωμεν τὸν ἀληθινόν, καὶ ἐσμὲν ἐν τῷ ἀληθινῷ, ἐν τῷ υἱῷ αὐτοῦ Ἰησοῦ Χριστῷ. οὗτός ἐστιν ὁ ἀληθινὸς θεὸς καὶ ζωὴ αἰώνιος. ²¹ Τεκνία, φυλάξατε ἑαυτὰ ἀπὸ τῶν εἰδώλων.

---

¹³ **εἰδῆτε**   See 1 John 2:29.
¹⁵ **ὃ ἐάν**   "(regarding) whatever"
  ἠτήκαμεν   is a form of the verb αἰτέω. See the principal parts at John 4:10.
¹⁶ **ἴδη**   Aorist active subjunctive (and therefore unaugmented) form of the verb ὁράω. See the principal
        parts at John 1:18.
  ἁμαρτάνοντα... τοῖς ἁμαρτάνουσιν   Both words are present active participial forms of the verb
        ἁμαρτάνω.
  ἐρωτήση   a form of the verb ἐρωτάω. Determine the tense and mood. See the principal parts at
        John 1:21.
¹⁸ **ἅπτεται**   In the middle voice, the verb ἅπτω means "I touch." Its direct object is in the genitive
case.
¹⁹ **κεῖται**   κεῖμαι "I lie"
²¹ **φυλάξατε**   φυλάσσω "I guard"   See the principal parts at 12:25.

³⁷ Τοσαῦτα δὲ αὐτοῦ σημεῖα πεποιηκότος ἔμπροσθεν αὐτῶν οὐκ ἐπίστευον εἰς αὐτόν, ³⁸ ἵνα ὁ λόγος Ἡσαΐου τοῦ προφήτου πληρωθῇ ὃν εἶπεν· κύριε, τίς ἐπίστευσεν τῇ ἀκοῇ ἡμῶν; καὶ ὁ βραχίων κυρίου τίνι ἀπεκαλύφθη; ³⁹ διὰ τοῦτο οὐκ ἠδύναντο πιστεύειν, ὅτι πάλιν εἶπεν Ἡσαΐας· ⁴⁰ τετύφλωκεν αὐτῶν τοὺς ὀφθαλμοὺς καὶ ἐπώρωσεν αὐτῶν τὴν καρδίαν, ἵνα μὴ ἴδωσιν τοῖς ὀφθαλμοῖς καὶ νοήσωσιν τῇ καρδίᾳ καὶ στραφῶσιν, καὶ ἰάσομαι αὐτούς. ⁴¹ ταῦτα εἶπεν Ἡσαΐας ὅτι εἶδεν τὴν δόξαν αὐτοῦ, καὶ ἐλάλησεν περὶ αὐτοῦ. ⁴² ὅμως μέντοι καὶ ἐκ τῶν ἀρχόντων πολλοὶ ἐπίστευσαν εἰς αὐτόν, ἀλλὰ διὰ τοὺς Φαρισαίους οὐχ ὡμολόγουν ἵνα μὴ ἀποσυνάγωγοι γένωνται· ⁴³ ἠγάπησαν γὰρ τὴν δόξαν τῶν ἀνθρώπων μᾶλλον ἤπερ τὴν δόξαν τοῦ θεοῦ. ⁴⁴ Ἰησοῦς δὲ ἔκραξεν καὶ εἶπεν·

AIDS TO PARSING AND TRANSLATING

³⁷ **Τοσαῦτα** Recall that correlatives in –οσ– communicate quantity, in this "so many."

πεποιηκότος ποιέω "I make, do" See the principal parts at 2:5. This "genitive absolute" conveys a concessive sense: "even though he had done." The objects of the clause remain the accusative. For more on this construction, see 2:3.

ἐπίστευον Note the use and impact of the imperfect tense here.

³⁸ **πληρωθῇ** The use of a *hina* clause here (with subordinated verb in the subjunctive mood, as expected) may suggest that source of the unbelief is ultimately the prophecy (Isaiah 53:1).

βραχίων βραχίων, -ονος ὁ "arm"

ἀπεκαλύφθη ἀποκαλύπτω "I reveal, disclose"

1. Present Active	2. Future Active	3. Aorist Active	4. Perfect Active	5. Perfect Middle	6. Aorist Passive
ἀποκαλύπτω	ἀποκαλύψω	ἀπεκάλυψα	ἀποκεκάλυκα	ἀποκεκάλυμμαι	**ἀπεκαλύφθην**

³⁹ **ἠδύναντο** δύναμαι "I am able" Look for the complimentary infinitive. See 1:46.

⁴⁰ **τετύφλωκεν** τυφλόω "I make blind" Verb of the "omega contract" family are often generative: "I make…." The entirety of the verse is drawn from Isaiah 6:10.

| τυφλόω | τυφλόσω | ἐτύφλωσα | **τετύφλωκα** | τετύφλωμαι | ἐτυφλώθην |

ἐπώρωσεν πωρόω "I make hard" Note a second "omega contract" verb with similar pattern.

| πωρόω | πωρόσω | **ἐπώρωσα** | πεπώρωκα | πεπώρωμαι | ἐπωρώθην |

ἴδωσιν… καὶ νοήσωσιν… καὶ στραφῶσιν Note the use of subjective within the *hina* clause. See 1:38 for the principle parts of στρέφω "I turn (around)."

⁴¹ **ἐλάλησεν** λαλέω "I speak, say"

⁴² **ὡμολόγουν** ὁμολογέω "I confess." See 1:20.

ἀποσυνάγωγοι ἀποσυνάγωγος "excluded from the synagogue; excommunicated" Only in John (9:22; 12:42; 16:2).

⁴³ **μᾶλλον ἤπερ** The suffix –περ intensifies the standard expression μᾶλλον ἤ ("more than").

ὁ πιστεύων εἰς ἐμὲ οὐ πιστεύει εἰς ἐμὲ ἀλλ᾽ εἰς τὸν πέμψαντά με, ⁴⁵ καὶ ὁ θεωρῶν

ἐμὲ θεωρεῖ τὸν πέμψαντά με. ⁴⁶ ἐγὼ φῶς εἰς τὸν κόσμον ἐλήλυθα,   ἵνα πᾶς

ὁ πιστεύων εἰς ἐμὲ ἐν τῇ σκοτίᾳ μὴ μείνῃ. ⁴⁷ καὶ ἐάν τίς μου ἀκούσῃ τῶν ῥημάτων

καὶ μὴ φυλάξῃ, ἐγὼ οὐ κρίνω αὐτόν· οὐ γὰρ ἦλθον ἵνα κρίνω τὸν κόσμον, ἀλλ᾽

ἵνα σώσω τὸν κόσμον. ⁴⁸ ὁ ἀθετῶν ἐμὲ καὶ μὴ λαμβάνων τὰ ῥήματά μου ἔχει τὸν

κρίνοντα αὐτόν· ὁ λόγος ὃν ἐλάλησα ἐκεῖνος κρινεῖ αὐτὸν ἐν τῇ ἐσχάτῃ ἡμέρᾳ.

⁴⁹ ὅτι ἐγὼ ἐξ ἐμαυτοῦ οὐκ ἐλάλησα, ἀλλ᾽ ὁ πέμψας με πατὴρ αὐτός μοι ἐντολὴν

δέδωκεν τί εἴπω καὶ τί λαλήσω. ⁵⁰ καὶ οἶδα ὅτι ἡ ἐντολὴ αὐτοῦ ζωὴ αἰώνιός ἐστιν.

ἃ οὖν ἐγὼ λαλῶ, καθὼς εἴρηκέν μοι ὁ πατήρ, οὕτως λαλῶ.

---

⁴⁴ **ἔκραξεν** κράζω "I cry out"
⁴⁵ **θεωρῶν** θεωρέω "I see"
⁴⁶ **ἐλήλυθα** ἔρχομαι "I come" See principle parts at 1:7.
  μείνῃ μένω "I remain, abide" See principle parts at 1:32.
⁴⁷ **ἀκούσῃ... καὶ μὴ φυλάξῃ** The subjunctive mood of the verbs (ἀκούω, φυλάσσω)are driven by the conditional clause they serve. In this same verse, two other verbs in the subjunctive mood serve as part of two *hina* clauses.
⁴⁸ **ὁ λόγος ὃν ἐλάλησα ἐκεῖνος** Five Greek words consisting of a definitive noun (ὁ λόγος) and an equative relative clause (ὃν ἐλάλησα ἐκεῖνος) serve as the subject of the entire eleven-word phrase: "[the word] [which that one has spoken] judges….."
⁴⁹ **τί εἴπω καὶ τί λαλήσω** The phrase brings specificity to the command (ἐντολὴν): "what I should I say (λέγω) and what I should speak (λαλέω)." Note the use of the subjunctive mood for independent verbs here.
⁵⁰ **εἴρηκέν** λέγω "I say" See the principal parts at 4:18.

2